KB203992

이 책은 갈라디아 교회를 둘러싼 위기의 본질에 대한 이해를 바탕으로 갈라디아서의 중심 논지를 자세히 풀어 간다. 즉 갈라디아 교회를 배교적 혼돈 상황으로 몰아간 율법의 행위로의 신앙적 퇴행을 구약성경의 아브라함의 신앙 여정, 이삭과 이스마엘, 사라와 하갈의 대조적 유비를 통해 명료하게 논파하는 바울을 자세히 주목하게 한다. 저자는 갈라디아서의 자유에 대해서 혹은 개신교의 이신칭의에 대해서 한국교회가 품고 있는 통속적 이해에 대한 비판을 곁들이지만, 전체적으로 사도 바울의 목회자적 고투를 잘 부각시킨다.

이 책을 읽고 나면 독자들은 두 가지를 확실히 깨닫게 된다. 먼저, 갈라디아서는 행위와 믿음, 율법과 복음의 대립을 다룬다기보다는 복음에 대한 올바른 응답(그리스도의 법을 성취하는 자유)과 복음에 대한 그릇된 응답(율법주의적 퇴행)을 다루고 있음을 알게 될 것이다. 또한 바울이 전한 복음이 가져다주는 자유가 얼마나 엄청난 그러나 부담스러운 선물인지를 깨닫게 될 것이다. 복음 신앙은 우리의 일상생활 전체를 그리스도와 연합하도록 추동하는 자유를 선사한다. 이 자유는 현재 우리가 누리고 있는 선물이지만, 우리가 지상의 신앙 여정을 마칠 때까지 겸손하고 신중하게 누려야 할 자유다. 따라서 우리가 받은 구원은 이미 성취된 구원이지만 성령의 감동에 응답하는 자유함을 통해 완성해 가야 할 구원인 것이다.

이 책은 갈라디아서의 중심 논지에 대한 입문서이지만 로마서의 중심 논지를 이해하는 데도 큰 도움이 될 것이다. 신학과 목회의 자리를 통전시켰던 바울처럼, 한국교회와 성경 텍스트 간의 간격을 좁히고 서로를 상관시키려는 저자의 분투가 선한 열매를 맺기를 기도한다.

김회권 숭실대학교 기독교학과 교수

한 책의 다른 변주다. 전작에서는 갈라디아서의 흐름에 따라 낯선 길을 자상하게 안내해 주더니, 이번에는 앞만 보고 따라온 지나온 길의 내력을 주제별로 잘 정리해 주고 있다. 글은 여전히 시원하고 논리는 명쾌하다. 질문은 예리하고 성찰은 매섭다. 탄탄하고 튼실한 책이다. 저자의 결론에 동의한다면 삶을 향한 도전에 직면할 것이고, 주저하더라도 자신의 갈라디아서 이해의 근거에 대해서 더 촘촘한 대답을 요구받게 될 것이다. 어느 쪽이든 일독의 가치는 충분하다. 갈라디아서의 무게 중심을 교리의 문제에서 삶과 윤리의 문제로, 과거의 관점에서 미래의 관점으로 옮겨 줌으로써 500년 전처럼 오늘도 갈라디아서가 심근경색으로 누워 있는 교회를 흔들어 깨우는 하나님의 음성이 되도록 그 원음을 재현하고 있다.

박대영 「묵상과 설교」 편집장, 광주소명교회 책임목사

갈라디아서는 원래 이렇게 '쉬운' 편지였다. 필요 이상으로 복잡해져 버린 바울 신학에 대한 권연경 교수의 설명은 더할 나위 없이 선명하고 명쾌하다. 그리고 우리가 잃어버린 중요한 퍼즐 하나를 되찾아 준다. 그의 바울 이해에 반대하는 사람도 자신이 반대하는 것이 무엇인지 분명하게 알게 해 주는 책이다.

정성국 아신대학교 신약학 교수

갈라디아서 산책

갈라디아서 산책

2018년 6월 18일 초판 1쇄 발행
2023년 6월 9일 초판 3쇄 발행

지은이 권연경
펴낸이 박종현

(주) 복 있는 사람
주소 서울특별시 마포구 연남동 246-21 (성미산로23길 26-6)
전화 02-723-7183, 7734 (영업·마케팅)
팩스 02-723-7184
이메일 hismessage@naver.com
등록 1998년 1월 19일 제1-2280호

ISBN 978-89-6360-253-0 03230

이 도서의 국립중앙도서관 출판예정도서목록(CIP)은
서지정보유통지원시스템 홈페이지(http://seoji.nl.go.kr)와 국가자료공동목록시스템
(http://www.nl.go.kr/kolisnet)에서 이용하실 수 있습니다. (CIP 제어번호: 2018016513)

갈라디아서 산책

갈라디아서가 전해 주는 바울의 복음

권연경

복 있는 사람

차례

서문

'갈라디아서'에 대한 또 하나의 책을 내어 놓는다. 이번에도 육중한 분위기를 자랑하는 주석은 아니다. 사실 내심 갈라디아서에 대한 다음 저서는 보다 '학문적인' 주석이 되리라 예상했었다. 그런데 그 계획은 여전히 마음속 미완의 계획으로 남겨 둔 채, '산책'이라는 소박한 제목의 책을 내게 되었다. 내용적으로야 그럴 이유가 없지만, 갈라디아서 본문을 차례대로 해설했던 앞의 책에 비해 어쩌면 덜 학문적으로 보일지도 모른다. 하지만 '산책'이라고 늘 가벼운 것도 아니며 또 힘겨운 등반에 비해 만족감이 적은 것도 아니다. 의도와 접근 방식이 다르니, 그 경험과 만족의 질감이 다를 뿐이다.

사실 같은 말을 또 하는 모양새가 되지 않을까 하는 염려가 없지 않다. 학술지에 발표했던 논문들이나 본문을 차근차근 해설한 책과는 접근 방식이 전혀 다르지만, 본문을 해석하는 내 입장 자체가 별로 달라진 게 없으니 내용을 두고 보면 대동소이해 보인다. 그러나 말하는 내용은 늘 해 오던 것일 수 있지만, 접근 방식을 달리하여 독자들의 이해를 돕고자 했다. 나무를 하나하나 살펴 나가며 숲의 전모를 파악하는 방식이 아니라, 숲을 전체적으로 조망하며 궁금한 질문들을 던지고 직접 숲 속을 걸으며 그 물음의 답을 찾아가는 방식을 취했다. 앞선 '로마서' 책처럼, 이 책의 제목이 '산책'인 이유다.

그러니까 갈라디아서 본문을 차례대로 해설했던 이전 책과는 달리, 이번 책은 일종의 주제별 해설서다. 주석이나 강해서처럼 본문의 순서를 따르는 대신, 갈라디아서에 대해 우리가 궁금해 할 만한 질문들을 하나씩 던지고, 본문을 자세히 뒤적여 그 답을 찾아간다. 그리고 그 답들을 모아 바울이 말하고자 하는 바의 전모를 파악해 나간다. 비유하자면, 갈라디아에 파견된 기자가 되어 그 교회들의 상황을 취재하고, 이에 대한 바울의 대응을 조명하는 형식이라 할 수 있다. 당시의 상황을 놓고 바울과 심층 인터뷰를 시도한 것이라 말해도 좋겠다. 연구를 위해서는 지난 번 책이 더 유익하다면, 갈라디아서를 전체적으로 조망하고 이해하는 데는 이 책이 오히려 더 효과적일 수 있다. 그럼에도 불구하고 비슷한 이야기의 반복이 불편할 독자들에게는 미리 너그러운 양해를 구한다.

한국교회라는 상황을 염두에 두고 하는 이야기라 이 책 속에는 전통적인 설명 방식에 대한 비판적 언급들이 자주 등장한다. 그때그때 맥락에 따라 내 입장을 분명히 하려는 시도의 산물이지만, 학문적 논의에 익숙한 이들에게는 이런 잦은 비판이 피곤하게 여겨질 수도 있을 것이다. 하지만 순차적으로 논증을 이어가는 책이 아니라, 서로 다른 질문을 던지며 그에 대한 답을 찾아가는 형식이라, 전체적으로는 그런 반복을 피하기가 쉽지 않다. 특히 한국교회처럼 신학적 '전통'과 성경적 '진리'가 쉽게 혼동되는 상황에서는, 그래서 나의 색다른 이야기들이 기존의 틀 속에서 곡해되기 쉬운 상황에서는 더욱 그렇다. 도도한 물결을 거슬러 헤엄을 치려다 보니 그렇다고 이해해 주시면 좋겠다. 물론 이렇게 물결을 거스르는 일이 꼭 필요한 일인지, 그리고 그 몸짓이 얼마나 설득력이 있는지는 또 다른 문제이겠지만.

십수 년 전 내가 처음 바울의 복음에 대해 '과격한' 소리를 할 때에 비하면 한국교회의 분위기가 많이 달라졌다. 처음엔 나의 강의에 격분하며 항의하는 장면이 자주 연출되곤 했었다. 학교에서도 그랬고, 교회들에서도 그랬다. 또 신학 사상 검증을 위해 어느 교단의 신학 위원회에 불려가기도 했고, '행위구원론자'라는 딱지가 붙어 지금도 강의 기피인물로 간주되곤 한다. 하지만 내가 처음에 겪곤 했던 수준의 당황스러운 일들이 이제는 거의 일어나지 않는다. 오히려 나의 '센' 이야기에도 격한 동의와 환영을 표현하는 성도들이 눈에 띄게 많아졌다. 이런 변화가 나의 세련된 외교술과 절묘한 수위조절 덕분인지, 아니면 나의 이야기가 더 그럴듯하게 들리도록 만드는 상황의 변화 때문인지는 독자의 판단에 맡긴다.

어쨌든 우리 교회는 그새에도 타락에 타락을 거듭해 왔고, 이제 그 타락의 끝자락까지도 조심스레 예상해 볼 수 있는 지점에 와 있다. 해수면보다 더 낮은 호수처럼, 세속사회의 상식보다 더 아래로 내려간 '한국교회'의 의식과 삶의 수준은 교회에 대한 실망을 넘어 복음 자체에 대한 회의로 이어지곤 한다. 한편으로 절망스런 상황이지만, 한편으론 전형적인 상황이기도 하다. 정도의 차이는 있지만,

복음은 언제나 그 주변 사회의 '소식'들과 경쟁하며 전해져 왔다. 물론 이 경쟁은 교회 밖이 아니라 교회 안에 가장 치열한 전선을 형성한다. 세상의 편리한 소식과 복음을 뒤섞으려는 유혹과, 그 유혹에 맞서 복음의 진리를 수호하려는 노력 사이의 전투다. 갈라디아서는 이런 투쟁에 대한 가장 생생한 기록의 하나다. 바울이 배교로 규정할 정도로 위험한 상황에 처한 교회, 그리고 그 속의 신자들을 향한 사도 바울의 절규. 이것이 바로 갈라디아서다. 그런 점에서 갈라디아서는 우리 나름의 방식으로 바닥을 치고 있는 우리에게 가장 생생하게 와 닿는 편지가 될 수 있다. 물론 이 생생함이 상황적 유사성을 넘어, 거기 선포된 복음 자체에 대한 생생한 깨우침으로 이어진다면 더할 나위가 없을 것이다.

이 책에서 우리는 우리 나름의 방식으로 갈라디아 교회의 위기·상황을 추적하면서, 바울이 그 상황에 어떻게 대처하는지를 살펴볼 것이다. 그리고 바울이 교회의 위기를 의식하며 선포한 이신칭의[以信稱義, justification by faith] 복음의 의미를 구체적 상황 속에서 새롭게 더듬어 갈 것이다. 그리고 이런 과정을 통해 바울이 선포했던 이 복음이 오늘 우리에게 어떻게 다가올 것인지 다시 음미해 볼 것이다. 모두가 동의할 수는 없을 것이다. 하지만 설령 생각이 달라지는 부분에서도 신중한 대화는 유익하고 즐거울 수 있다. 그런 의미에서 이 책의 탐구가 모든 이들에게 즐겁고 유익한 여행이 되기를 기대해 본다.

책이 혼자만의 노력으로 만들어지는 경우는 거의 없다. 여기 실린 글들은 애초에 「크리스천 인사이드」라는 신문에 연재되었던 것들이다. 책을 만들면서 모든 원고에 다시 손을 대었고 새로운 부분을 더하기도 했지만, 내용의 대부분은 그 연재 글에서 나왔다. 적지 않은 시간이 흘렀지만, 애초에 연재를 강권(?)해 주셨던 최선화 선생님께 감사드린다. 별로 마음에 없던 나에게 끈질기게 출판을 권유했던 '복 있는 사람'의 박종현 대표님과 문신준 팀장, 그리고 거친 원고를 책으로 잘 다듬어 준 박명준 편집자께 감사한다. 또한 부족한 사람을 늘 격려하고 도와주시는 학과의 동료 교수님들, 그리고 한국교회의 회복을 위해 함께 고민하고 땀 흘리는 기독연구원 느헤미야의 식구들에게도 사랑과 감사의 마음을 전한다. 그리고 이 책의 색인 작업은 숭실대 기독교학과 대학원의 이규범, 김종성 두 분께 빚을 졌다.

마지막으로, 든든한 사랑으로 나의 삶을 둘러선 사랑하는 식구들에게 감사한다. 출생과 결혼으로 맺어진 두 분의 어머니와 세 분의 형님, 형수님들께 사랑의 마음을 전한다. 지난 한 해 동안 새로운 환경에서, 결코 쉽지 않았을 아빠와의 삶을 잘 견뎌 준(?) 사랑하는 딸 세라를 향한 고마움도 크다. 물론 가장 큰 감사는 언제나처럼 사랑하는 아내(최인화)의 몫이다. 여러모로 만만찮은 삶을 살아가는 아내에게 부족한 남편의 마음이 작은 위로가 되었으면 하는 마음이다.

아버지가 가족의 곁을 떠나신 지 삼 년이 훌쩍 넘었다. 예상보다 빨랐던 이별은 여전히 아프지만, 아버지와 아들로 함께했던 그 시간들을 흐뭇한 기쁨과 고마움으로 추억할 수 있음에 감사한다. 이 책을 내어 보내며, 언제나 그리운 아버지를 새삼 추억한다.

2018년 5월

권연경　13

일러두기

이 책에 사용된 우리말 성경 본문은 성경 원문의 이해를 돕기 위해 저자가 사역(私譯)한 것이다. 성경 본문을 해설하면서 저자는 사역 본문뿐 아니라 추가적으로 다양한 우리말 표현으로 옮기기도 했고, 우리에게 익숙한 개역개정을 일부 사용하기도 했다.

갈라디아서

1장

1-5 사람들에 의해서나 사람을 통해서가 아니라 오히려 예수 그리스도와 그를 죽은 자들 가운데서 살리신 하나님 아버지를 통해 사도가 된 바울이, •나와 함께 있는 모든 형제들과 더불어 갈라디아의 교회들에게 편지합니다. •하나님 우리 아버지와 주 예수 그리스도께서 주시는 은혜와 평화가 여러분에게 있기를 바랍니다. •이 예수는 하나님 우리 아버지의 뜻에 따라 지금의 이 악한 세대로부터 우리를 건져 내시려고 우리 죄를 위해 자신을 내어 주셨습니다. •하나님께 영원무궁한 영광이 있기를. 아멘.

6-9 (그리스도의) 은혜로 여러분을 불러 주신 분을 떠나 이렇게 빨리 다른 복음에로 돌아서고 있다니 참 놀라운 일입니다. •물론 다른 복음이라는 것이 있을 리 없습니다. 그 다른 복음이란 사실 어떤 이들이 여러분들을 혼란스럽게 하고 그리스도의 복음을 변질시키려는 것일 뿐입니다. •그러나 우리 자신, 아니, 하늘에서 온 천사라 해도 우리가 여러

15

분들에게 전해 준 복음과 다른 복음을 전하면, 저주가 있을 것입니다.
• 내가 전에 말했던 것처럼 지금 다시 한 번 말합니다. 누구라도 여러
분들이 우리로부터 받은 복음과 다른 복음을 전하면, 저주가 있을 것
입니다.

10 내가 지금 사람을 설득합니까, 하나님을 설득합니까? 아니면 사람의
비위를 맞추려 하고 있습니까? 내가 아직도 사람의 비위를 맞추고 있
다면, 그리스도의 종이 아닙니다.

11-12 형제 여러분, 내가 전하는 복음에 대해 여러분이 알았으면 하는 사실
이 있습니다. 곧 그것이 사람에 의해 주어진 것이 아니라는 것입니다. •
왜냐하면 그것은 내가 사람에게서 받았거나 배운 것이 아니라 예수 그
리스도의 계시를 통해 받은 것이기 때문입니다.

13-14 여러분은 이전 유대교에 있을 때 내가 어떻게 행동했는지 들어 알고
있습니다. 지나칠 정도로 하나님의 교회를 박해하며 이를 없애 버리려
했고, • 유대교 안에서도 같은 동족 중 많은 동년배보다 더 앞서 나갔으
며, 내 조상들의 전통에 대해 매우 큰 열심을 갖고 있었습니다.

15-17 그러나 어머니의 태로부터 나를 구별하시고 그의 은혜로 불러 주신 하
나님께서 • 그의 아들을 이방에 전하게 하시려고 그를 내 속에 나타내
기를 기뻐하셨을 때, 나는 바로 사람〔혈육〕과 의논하지도 않았고, • 나
보다 먼저 된 사도들을 만나려고 예루살렘으로 올라가지도 않았으며,
오히려 아라비아로 떠나갔다가 다시 다메섹으로 돌아왔습니다.

18-23 그 후 삼 년 뒤 게바를 방문하려고 예루살렘에 올라가서 그와 함께 십
오 일을 머물렀습니다. • 하지만 주의 형제 야고보 말고는 그 외 다른
사도들은 보지 못했습니다. • 내가 여러분에게 쓰는 말은 하나님 앞에
서 단언컨대 결코 거짓말이 아닙니다. • 그다음 나는 시리아와 길리기

아 지방으로 갔습니다. • 그래서 나는 그리스도 안에 있는 유대의 교회들에게는 얼굴조차 알려지지 않았습니다. • 그들은 다만 '우리를 박해하던 자가 이제는 그때 없애려 하던 그 복음을 전하고 있다'는 말을 들으며 나를 두고 하나님께 영광을 돌릴 뿐이었습니다.

2장

1-2 그 후 십사 년 뒤 나는 바나바와 함께 다시 예루살렘으로 올라갔습니다. 이번에는 디도도 함께 데리고 갔습니다. • 이 방문은 계시를 따라 이루어진 것이었습니다. 예루살렘에 올라가서 나는 내가 이방인들 가운데서 선포하는 복음을 그들에게 제시하였습니다. (물론 이는 유력한 지도자들과 사적으로 만난 자리에서 그렇게 한 것입니다.) 내가 이렇게 한 것은 내가 이방인의 사도로서 달리고 있는 것과 지금까지 달려온 것이 헛수고가 되지 않게 하려는 것이었습니다.

3-5 하지만 나와 함께 있던 디도는 이방인이었음에도 불구하고 할례 받으라는 강요를 받지 않았습니다. • 오히려 (문제가 생긴 것은) 몰래 들어온 거짓 형제들 때문인데, 이들은 우리가 그리스도를 통해 얻은 자유를 염탐하여 우리를 종으로 삼으려고 몰래 들어온 사람들입니다. • 하지만 우리는 한순간도 그들에게 굴복하고 복종하지 않았는데, 이는 복음의 진리가 항상 여러분에게 머물러 있도록 하기 위해서였습니다.

6-10 하지만 유력한 지도자들로부터는…… (사실 그때 그들이 얼마나 유명한 사람들이었는지는 나에게 아무런 상관도 없습니다. 하나님은 사람의 겉모습을 따지는 분이 아닙니다.) 유력한 지도자로 여겨지는 그들은 아무것도 나에게 더하지 않았습니다. • 오히려 그들은 베드로가 할례자의 복음을 위임받은 것과 마찬가지로 내가 무할례자의 복음을 위임받았다는

17

사실을 보았습니다. • 베드로를 움직이셔서 할례자의 사도가 되게 하신 분이 또한 나를 움직이셔서 이방인의 사도가 되게 하셨기 때문입니다. • 이처럼 내게 (사도 직분이라는) 은혜를 주신 것을 알고서, (교회의) 기둥으로 인정받는 야고보와 게바와 요한도 우리에게 친교의 오른손을 내밀었고, 이리하여 우리는 이방인들에게로, 그들은 할례자들에게로 가게 되었던 것입니다. • 그들은 다만 가난한 자들을 기억해 달라고 우리에게 부탁했는데, 그것은 나 자신이 이전부터 부지런히 애써 왔던 일이었습니다.

11-14 그런데 게바가 안디옥에 왔을 때 면전에서 그에게 항의한 적이 있습니다. 그가 정죄 받을 만한 행동을 했기 때문입니다. • 왜냐하면 야고보에게서 어떤 사람들이 오기 전에 그는 이방인들과 함께 먹고 있었습니다. 그런데 그들이 오자 할례에 속한 사람들이 두려워 그 자리에서 물러나 자신을 이방인들로부터 분리시켰습니다. • 그러자 다른 유대인들도 그의 위선적 행동에 가세하였고, 급기야 바나바까지도 그 위선에 현혹되고 말았습니다. • 하지만 나는 그들이 복음의 진리를 따라 올곧게 행동하지 않는 것을 보고, 모든 사람이 보는 데서 게바에게 말했습니다. "당신은 유대인이면서도 이방인처럼 행동하고 유대인처럼 살지 않는데, 그러면서 어떻게 이방인들에게 유대인처럼 되라고 강요할 수 있습니까?

15-16 우리는 본래 유대인들이지 이방 죄인들이 아닙니다. 하지만 사람이 율법의 행위들을 통해서가 아니라 예수 그리스도를 믿음으로 의롭다 하심을 얻는 줄 알고서 우리 역시 그리스도 예수를 믿었습니다. 그것은 우리가 율법의 행위들을 통해서가 아니라 그리스도를 믿는 믿음으로 의롭다고 하심을 받고자 했기 때문입니다. 율법의 행위들로는 그 누구도 의롭다 하심을 얻을 수 없기 때문입니다.

17-18 우리가 그리스도 안에서 의롭게 되려 하다가 (당신의 행동이 시사하는 것처럼) 도리어 죄인이 되고 만다면, 그럼 그리스도께서 죄를 짓게 만든 장본인입니까? 말도 안 되는 이야기입니다.• 내가 허물었던 것을 다시 세우면, 내가 나 자신을 범법자로 만드는 것입니다.

19-21 나는 율법을 통해 율법에 대해서는 죽었습니다. 이는 하나님을 향하여 살기 위해서입니다.• 나는 그리스도와 함께 십자가에 못 박혔습니다. 이제는 더 이상 내가 살아가는 것이 아니라, 내 안에 그리스도께서 살아 계십니다. 지금 내가 육체 안에서 살아가는 이 삶은 나를 사랑하셔서 나를 위해 자신을 내어 주신 하나님의 아들을 믿는 믿음 안에서 살아가는 것입니다.• 나는 하나님의 은혜를 무효로 돌리지 않을 것입니다! 왜냐하면 만일 의로움이 율법을 통해 주어지는 것이라면, 그리스도께서 무의미하게 돌아가신 셈이 되기 때문입니다."

3장

1-5 참으로 어리석군요, 갈라디아인들이여! 십자가에 달리신 그리스도께서 여러분들의 눈앞에 그토록 분명하게 드러났는데, 누가 여러분을 홀렸습니까?• 여러분에게 이것 한 가지만 묻겠습니다. 여러분이 성령을 받은 것이 율법의 행위들을 통해서입니까, 듣고 믿어서였습니까?• 여러분이 그렇게 어리석습니까? 성령으로 시작했는데, 이제 와서 육체로 끝내겠다고요?• 여러분이 그렇게 많은 고난을 받았는데, 그게 다 소용없는 일입니까? 정말로 소용없는 일이 되는 것입니까?• 여러분에게 성령을 주시고 여러분들 중에서 기적을 행하시는 하나님이신데, 그게 율법의 행위들 때문입니까, 아니면 듣고 믿어서입니까?

6 아브라함이 하나님을 믿었고 그것이 그에게 의로 간주되었던 것과 마

찬가지입니다.

7 그러므로 여러분은 믿음을 따르는 사람들, 바로 그들이 아브라함의 자녀들이라는 사실을 알아야 합니다.

8-9 하나님께서 이방인들도 믿음으로 의롭게 하시리라는 것을 성경은 진즉부터 알고 있었습니다. 그래서, 아브라함에게 미리 복음을 전해 두었습니다. 곧 "모든 이방인들이 너를 통해 복을 받을 것이다"라고 말씀하신 것이 바로 그것입니다. • 그러므로 믿음을 따르는 사람들이 아브라함과 더불어 복을 받는 것입니다.

10-12 누구든지 율법의 행위들로 살아가는 자들은 저주 아래 있습니다. 왜냐하면 누구든지 율법 책에 기록된 모든 것들을 지속적으로 행하지 않는 사람은 저주를 받는다고 (성경에) 기록되었기 때문입니다. • 또 그 누구도 하나님 앞에서 율법으로 의롭게 되지 못하는 것이 분명합니다. 왜냐하면 믿음으로 의롭게 된 사람이 살게 될 것이기 때문입니다. • 율법은 믿음으로 된 것이 아닙니다. 그러나 그 계명들을 행하는 사람은 그것으로 살게 될 것입니다.

13-14 그리스도께서 우리를 위하여 저주가 되심으로써 우리를 율법의 저주에서 속량하셨습니다. "나무에 달린 자마다 저주 아래 있는 자"고 기록되어 있기 때문입니다. • 이는 그리스도 예수 안에서 아브라함의 복이 이방인에게도 주어질 수 있도록 하기 위해서, 그리고 우리들이 믿음을 통해 성령의 약속을 받도록 하기 위해서입니다.

15-18 형제 여러분, 인간적 방식으로 말해 보겠습니다. 사람의 유언이라도 일단 확정되면 아무도 내용을 추가하거나 무효화하거나 할 수 없습니다. • 그런데 아브라함과 그의 후손에게 말해진 것은 (율법이 아니라) 약속들이었습니다. 마치 많은 이를 두고 말하듯 '그리고 후손들에게'가

아니라, 한 사람을 두고 말하듯 '그리고 너의 후손에게'라고 말합니다. 그 자손이 바로 그리스도이십니다. • 그러니까 내가 말하고자 하는 바는 이것입니다. 하나님에 의해 이미 확정된 언약을 사백삼십 년 후에 생겨난 율법이 폐기하여 그 약속을 무효로 만들 수 없습니다. • 만일 유업이 율법으로부터 주어지는 것이라면 더 이상 약속으로부터 주어지는 것이 아니라는 말이 됩니다. 하지만 하나님은 아브라함에게 (율법이 아닌) 약속을 통해 은혜를 베푸셨습니다.

19-21 그렇다면 도대체 율법은 왜 주셨단 말입니까? 율법이란 범죄 때문에 (나중에) 더해진 것입니다. (아브라함과 함께) 약속을 받았던 바로 그 후손이 오실 때까지 [맡은 역할이 있어] 천사들을 통해 중재자의 손으로 주신 것입니다. • 중보자는 한편만 위한 자가 아니지만, 하나님은 한 분이십니다. • 그렇다면 율법이 하나님의 약속에 대항할 수 있을까요? 절대로 그렇지 않습니다. 만일 생명을 줄 능력을 가진 율법을 주신 것이라면, 의로움이 분명 율법에서 왔을 것입니다.

22-25 그러나 오히려 성경(율법)은 모든 것을 죄 아래 가두었습니다. 이는 예수 그리스도께 대한 믿음에서 생겨나는 약속이 믿는 자들에게 주어지도록 하기 위해서입니다. • 믿음이 오기 전에는 우리가 율법 아래 종속되어 있었고 계시될 믿음의 때까지 갇혀 있었습니다. • 이렇게 율법은 그리스도께서 오시기까지 우리들의 보호자 노릇을 했습니다. 그렇게 해서 우리가 믿음으로 의롭다 함을 얻게 하려는 것이었습니다. • 하지만 믿음이 온 이후 우리는 더 이상 보호자 아래 있지 않습니다.

26-28 여러분은 모두 믿음을 통해 그리스도 예수 안에서 하나님의 아들이 되었습니다. • 왜냐하면 세례를 받아 그리스도 안에 있게 된 사람은 누구든지 그리스도를 옷 입은 사람이기 때문입니다. • 유대인도 헬라인도

없고, 종도 자유인도 없고, 남자나 여자도 없습니다. 왜냐하면 그리스도 예수 안에서 여러분은 모두 하나이기 때문입니다.

29 여러분이 그리스도께 속했다면 아브라함의 후손, 곧 약속에 따른 상속자가 된 것입니다.

4장

1-7 이렇게 말할 수도 있습니다. 상속자가 어릴 때에는 종과 전혀 다를 바 없습니다. • 비록 모든 것의 주인이지만, 오히려 그의 아버지가 정한 때까지 후견인과 청지기 아래 있습니다. • 마찬가지로 우리도 어렸을 때에는 이 세상의 초보적 원리들 아래 종살이하고 있었습니다. • 하지만 때가 되자, 하나님께서 그 아들을 보내셔서 여자에게서 나게, 율법 아래 나게 하셨습니다. • 이는 율법 아래 있는 자들을 속량하시기 위해, 우리가 아들의 명분을 얻도록 하기 위해서였습니다. • 여러분이 자녀이므로 하나님께서 그 아들의 영을 우리 마음에 보내셔서 (성령이) '아바 아버지'라 부르게 하셨습니다. • 그러므로 여러분은 더 이상 종이 아니라 아들이며, 아들이라면 하나님을 통해 (세워진) 상속자인 것입니다.

8-12a 그러나 그때에는 여러분이 하나님을 알지 못하여 본래 신들이 아닌 것들에게 종살이했습니다. • 그런데 이제, 하나님을 알게 되었고, 더욱이 하나님께서 아시는 존재가 되었는데, 어떻게 다시 약하고 빈약한 초보적 원리들로 돌아가 다시 그들에게 새로 종살이하려고 합니까? • 여러분들이 날짜와 달과 절기와 해를 그토록 열심히 지키는 것을 보자니, • 내가 여러분을 위해 수고한 것이 모두 헛수고가 된 것이 아닌가 두렵습니다. • 형제 여러분, 내가 여러분들처럼 된 것과 같이 여러분도 나처럼 되었으면 좋겠습니다.

12b-16 여러분은 나를 조금도 나쁘게 대하지 않았습니다. • 여러분이 아는 것처럼, 나는 처음 몸이 아픈 중에 여러분에게 복음을 전했습니다. • 여러분에게 시험거리가 될 만한 것이 내 육체에 있었지만, 여러분은 이것을 멸시하지 않았고 경멸하지도 않았습니다. 오히려 여러분은 나를 하나님의 천사처럼, 그리스도 예수처럼 받아 주었습니다. • 여러분의 그 행복이 지금 어디로 가 버린 것입니까? 내가 분명히 말할 수 있지만, 할 수만 있었다면 여러분은 나한테 여러분의 눈이라도 빼 주려고 했을 것입니다. • 그랬던 것이 내가 여러분의 원수가 되어 버렸군요. 나는 (여전히) 진리를 말하고 있는데 말입니다.

17-18 그 사람들이 여러분에게 많은 관심을 쏟지만 그것은 좋은 의도에서가 아닙니다. 오히려 여러분을 배제함으로써 여러분들이 그들에게 관심을 쏟도록 만들려는 것입니다. • 좋은 의도로 누군가의 열정적인 관심을 받는 일이야 비단 내가 여러분들과 함께 있을 때뿐 아니라 언제라도 좋은 일이겠지만, (지금의 경우는 전혀 다르군요).

19-20 나의 자녀 여러분, 여러분 속에 그리스도께서 모양을 갖추실 때까지 내가 다시금 여러분을 위해 해산의 고통을 겪어야 하겠습니다. • 내가 지금이라도 여러분과 함께 있어서 내 언성을 높이고 싶은 것은 여러분들의 모습이 당혹스럽기 때문입니다.

21-23 한번 들어 보십시오, 율법 아래 있으려 하는 이들이여. 율법을 듣지 못했단 말입니까? • 성경에 기록된 것처럼, 아브라함에게 두 아들이 있는데, 하나는 여종에게서, 하나는 자유를 가진 여자에게서 태어났습니다. • 하지만 여종에게서 난 이는 육체를 따라 태어났고, 자유를 가진 여자에게서는 약속을 통해 태어났습니다.

24-27 이것은 알레고리로 해석해야 합니다. 이 여자들은 두 언약입니다. 하

나는 시내산으로부터 종을 낳은 여자, 곧 하갈입니다.• 이 하갈은 아라비아에 있는 시내산을 가리키는데, 현재의 예루살렘에 해당합니다. 예루살렘이 그 자녀들과 함께 종살이하고 있기 때문입니다.• 그러나 위에 있는 예루살렘은 자유로운 자인데, 그녀는 우리 어머니입니다.• [이렇게 해석할 수 있는 것은 성경에 이렇게] 기록되어 있기 때문입니다.

아이를 낳을 수 없는 여인아, 기뻐하라.

해산의 고통을 겪지 못한 여인아, 소리 지르고 외쳐라.

광야의 자녀들이 남편을 가진 자의 자녀보다 더 많기 때문이다.

28-31 형제 여러분, 여러분은 이삭과 같이 약속의 자녀들입니다.• 그러니 그때에 육체를 따라 태어난 자가 성령을 따라 태어난 자를 박해했던 것처럼, 지금도 그렇습니다.• 하지만 성경이 무엇이라고 말합니까? "여종과 그 아들을 내쫓아라. 여종의 아들은 자유를 가진 여자의 아들과 더불어 상속을 받을 수 없다."• 그러므로 형제 여러분, 우리는 여종의 자녀가 아니라 자유를 가진 여자의 자녀입니다.

5장

1-6 그리스도께서 우리를 자유롭게 하려고 자유를 주셨습니다. 그러므로 굳게 서서 다시는 종의 멍에를 메지 마십시오.• 보십시오. 나 바울이 여러분에게 분명히 말합니다. 만일 여러분이 할례를 받으면 여러분에게 그리스도가 아무 유익이 없을 것입니다.• 내가 할례를 받는 모든 사람에게 재차 증언하건대, 그는 율법 전체를 행할 의무를 지닌 사람입니다.• 율법을 통해 의롭게 되려는 사람은 그리스도에게서 끊어지고 은혜에서 떨어져 나간 사람입니다.• 왜냐하면 우리는 믿음에서 나는 성령으로 의의 소망을 기다리기 때문입니다.• 그리스도 예수 안에서는 할례나 무할

례가 무슨 효력이 있는 것이 아니기 때문입니다. (우리를 의의 소망으로 인도할) 효력이 있는 것은 오로지 사랑을 통해 작동하는 믿음뿐입니다.

7-12 여러분이 잘 달려왔는데, 누가 여러분을 막아서서 진리를 순종치 못하게 만들었습니까?• 그들의 설득은 여러분을 부르시는 이에게서 나온 것이 아닙니다.• 적은 누룩이 온 덩이를 부풀게 합니다.• 나는 여러분이 어떤 다른 마음도 품지 않을 것이라고 주 안에서 확신합니다. 그러나 누구라도 여러분을 혼란케 하는 자는 심판을 받게 될 것입니다.• 형제 여러분, 내가 여태 할례를 전하고 있다면 왜 여태 박해를 받겠습니까? 그랬다면 십자가가 더 이상 걸림돌이 되지 않았을 것입니다.• 여러분을 혼란케 하는 자들이 아예 거세를 했으면 좋겠습니다.

13-15 여러분들은 자유를 위해 부르심을 입었습니다. 형제 여러분, 다만 그 자유를 육체의 빌미로 삼지 말고 사랑으로 서로 종노릇하십시오.• 온 율법은 "네 이웃 사랑하기를 네 몸 같이 하라" 하신 한 말씀에 이루어져 있습니다.• 하지만 만일 서로 물어뜯고 삼킨다면, 서로에 의해 파멸 당한다는 사실을 명심하십시오.

16-18 내가 말합니다. 여러분은 성령을 따라 살아가십시오. 그러면 육체의 욕구를 따라 행동하는 일이 없을 것입니다.• 왜냐하면 육체의 욕구는 성령과 대립하고 성령의 욕구는 육체와 대립하는 것이기 때문입니다. 이 둘이 서로 대항하여 결과적으로 여러분이 원하는 것을 하지 못하게 되는 것입니다.• 그러나 만일 여러분이 성령의 인도함을 받으면 더 이상 율법 아래 있지 않습니다.

19-21 그러나 육체의 행위들은 분명합니다. 곧 음행과 부정함과 방탕함과• 우상숭배와 주술과 원한과 분쟁과 시기와 분노와 경쟁과 불화와 이단과• 질투와 술 취함과 흥청망청함과 또 그와 같은 것들입니다. 전에 여

러분에게 경고했던 것처럼 경고합니다. 이런 일들을 행하는 사람들은 하나님 나라를 상속하지 못할 것입니다.

22-23 반면 성령의 열매는 사랑과 기쁨과 화평과 인내와 자비와 선함과 신실함과 온유와 절제입니다. • 율법은 이와 같은 것들에 반대하지 않습니다.

24-26 그리스도 예수의 사람은 그들의 정욕과 욕망을 그들의 육체와 함께 십자가에 못 박았습니다. • 만일 우리가 성령으로 사는 것이라면, 또한 성령에 맞추어 살아갑시다. • 쓸데없는 것으로 우쭐해 하면서 서로를 자극하고 서로 시기하지 않도록 하십시오.

6장

1-2 형제 여러분, 만일 누군가 무슨 죄를 지은 것이 드러날 경우, 여러분 신령한 자들은 온유한 마음으로 그런 사람을 바로잡으십시오. 하지만 자신을 잘 살펴 당신 자신도 시험에 빠지지 않도록 하십시오. • 여러분은 서로의 짐을 져 주십시오. 그러면 여러분은 그리스도의 법을 성취하게 될 것입니다.

3-5 만일 누군가 아무것도 아니면서 무언가 된 것처럼 생각한다면 이는 자신을 기만하는 일입니다. • 각자 자기 행동을 점검하십시오. (심판이 이루어질) 그때에는 자랑의 근거가 자신에게만 있고 남에게는 있지 않을 것입니다. • 왜냐하면 각자 자신의 삶에 대해 책임을 질 것이기 때문입니다.

6 말씀에 대해 가르침을 받는 사람은 가르치는 사람과 모든 좋은 것을 함께 나누어야 합니다.

7-10 착각하지 마십시오. 하나님은 우리가 무시할 수 있는 그런 분이 아닙

니다. 사람이 무슨 씨를 뿌리든, 뿌린 그것을 그대로 수확하게 될 것입니다.• 자기의 육체(라는 밭) 안으로 씨를 뿌린 사람은 그 육체로부터 부패를 수확할 것입니다. 반면 성령(이라는 밭) 안으로 씨를 뿌린 사람은 성령으로부터 영생을 수확할 것입니다.• 따라서 우리는 선을 행하다가 중도에 낙심하지 말아야 합니다. 때가 되면 수확하게 될 것입니다. 피곤하여 지치지 않는다면 말입니다.• 그러므로 우리는 기회가 닿는 대로 모든 사람들에게 선을 행하고, 믿음의 가족들에게는 더욱 그렇게 합시다.

11-13 내 손으로 여러분에게 이렇게 큰 글자로 쓴 것을 보십시오!• 누구라도 그럴듯한 육체를 자랑하고 싶은 자들, 이들이 여러분들에게 할례를 강요하는 것은 오로지 그리스도의 십자가로 인한 박해를 피하기 위해서입니다.• 왜냐하면 할례를 받는 이들 스스로도 율법을 지키지 않으면서 여러분에게 할례를 행하고 싶어 하는 것은 그들이 여러분의 육체를 두고 자랑하기 위해서이기 때문입니다.

14-15 그러나 나에게는 우리 주 예수 그리스도의 십자가 말고는 전혀 자랑할 것이 없습니다. 그를 통해 세상은 나에 대해, 그리고 나 또한 세상에 대해 십자가에 못 박혔습니다.• 할례나 무할례는 아무것도 아닙니다. 중요한 것은 새로 지으심을 받는 것뿐입니다.

16-18 누구든지 이 규범에 맞추어 살아가는 사람에게, 그리고 하나님의 이스라엘에 평화와 자비가 있기를 바랍니다.• 아무도 더 이상 나를 힘들게 하지 마십시오. 내 몸에는 그리스도의 자국이 찍혀 있습니다.• 형제 여러분, 우리 주 예수 그리스도의 은혜가 여러분의 영과 함께 있기를 바랍니다. 아멘.

1부

갈라디아서 분위기 파악하기

각자 자신을 살펴보게 하십시오.
그리고 이와 같은 모습으로 그 떡에 참여하여 먹고 그 잔에 참여하여 먹게 하십시오.
고린도전서 11:28

01 ― 상황 속의 복음

하나님의 말씀, 사람의 글

         지금부터 우리가 읽으려는 글은 갈라디아서다. 그래서 신약성경을 펼친다. 네 개의 복음서와 사도행전을 지나면 바울이 쓴 13개의 편지가 나온다. 먼저 로마의 성도들에게 보낸 편지, 그리고 고린도 교회에 보낸 두 개의 편지가 나온다. 상당히 긴 편지들이다. 그 다음 훨씬 짧은 일련의 편지들이 이어진다. 우선 우리가 공부하게 될 갈라디아서가 있고, 흔히 옥중서신으로 알려진 에베소서, 빌립보서, 골로새서가 이어진다. 그 다음 데살로니가 교회에 보낸 두 개의 편지가 나오고, 마지막으로는 디모데, 디도, 빌레몬 같은 개인들에게 보낸 편지들이 모아져 있다. 그러고는 공동서신으로 알려진 다양한 저자들의 편지들이 나오고, 묵시문학에 속하는 요한계시록이 그 마지막을 장식한다.

    이처럼 우리는 신약성경의 한 부분으로 갈라디아서를 접한다.

그리고 신약은 구약과 더불어 기독교 성경의 일부를 이룬다. 물론 우리는 이 성경을 '우리를 향한 하나님의 말씀'으로 고백한다. 그렇다. 애초에 우리가 바울이라는 사람의 편지를 읽으려 하는 것은 그것이 하나님의 말씀이라는 신념 때문이다. 그러니까 우리는 지금 하나님의 메시지를 듣고 싶다는 종교적 열망에서 이천 년 전 바울이라는 한 고대인이 쓴 편지를 읽는 것이다. 물론 우리는 바울 말고도 다른 많은 고대인들의 편지를 읽을 수 있다. 당대 스토아 학파의 철학자요 정치가였던 세네카Seneca의 편지를 읽을 수도 있고, 플리니우스Pliny라 불리는 유명인사의 편지도 읽을 수 있다. 혹은 율리우스 카이사르 시대로 살짝 올라가면 키케로Cicero라는 유명 정치가의 편지도 읽을 수 있다. 물론 이들의 편지를 읽을 때 우리의 시선은 철저히 편지를 남긴 그 사람 혹은 그가 살았던 시대에 머문다. 아마도 이 편지들은 이 저자들의 삶과 사상, 더 나아가 그들이 살았던 시대를 이해하는 데 매우 중요한 자료가 될 것이다. 하지만 바울의 경우는 다르다. 대부분의 경우 현대의 그리스도인들이 그의 편지를 읽는 것은 바울이라는 한 개인 혹은 그가 살았던 과거에 대한 호기심 때문이 아니라, '지금 내게 주시는 하나님의 말씀'을 기대하기 때문이다. 우리는 지금 나에게 주시는 하나님의 말씀을 듣고 싶어 오래 전 바울이 갈라디아의 그리스도인들에게 보낸 편지를 읽는다.

성경을 읽는 우리의 입장은 이처럼 특이하다. 하나의 글 속에 두 개의 정황이 얽힌다. 갈라디아서는 이천 년 전 바울이 자신이 섬기던 교회에 보낸 편지이기도 하고, 오늘 하나님이 우리에게 주시는 말씀이기도 하다. 이런 이중적 상황은 이 편지를 읽는 방식에 관해 중대한 물음을 불러일으킨다. 이 글이 사람의 글이면서 동시에 하나님의 말씀이라면, 우리는 이 글을 어떻게 읽어야 하는가? 물론 대부분의 그리스도인들은 하나님의 말씀이라는 생각을 가지고 바울의 편지를 펼친다. 설교 시간에도 그럴 것이고, 개인 묵상 때에도 그럴 것이다. "바울의 의견도 한번 들어 보자"는 것이 아니라, "우리에게 말씀하시는 하나님의 음성을 듣겠다"는 것이다. 적어도 갈라디아서를 읽는 오늘 우리에게 있어 중요한 것은, 인간 바울의 의도가 아니라 나를 향한 하나님의 말씀이다.

하지만 실제 상황은 간단치 않다. 바울 서신을 하나님의 말씀으로 고백한다고 해서 그것이 신비한 녹취록으로 둔갑하는 것은 아니다. 우리는 하나님의 말씀을 펼치지만, 우리 앞에 있는 것은 여전히 인간 바울의 글이다. 그것도 바울이 이천 년 후의 나를 상상하며 미리 써 둔 편지가 아니라, 자신이 선교하며 갈라디아라는 곳에 설립했던 일군 ***** 의 가정 공동체들에 보낸 편지다. 당연히 갈라디아서는 처음부터 끝까지 그 당시 갈라디아 교회에서 벌어진 일들에 관한 이야기들로 채워져 있다. 한마디로 오늘 우리와는 아무 상관이 없는 이야기들이다. 갈라디아서에서 바울이 던지는 가장 핵심적인 경고는 "할례를 받으면 끝장"이라는 것이다(5:2-4). 하지만 갈라디아의 신자들을 향한 이 핵심적 메시지는 정작 오늘 우리 삶과는 무관하다. 오늘 우리에게야 종교적 의미의 할례는커녕, 의학적 의미의 포경수술조차 문제가 되지 않는다. 그렇다면 이 편지가 '우리에게 주시는 하나님의 말씀'이라는 고백은 무슨 말일까? 발생한 상황도 그에

대한 처방도 지금 우리와는 무관하지만, 무슨 수를 써서라도 나와 관
련된 이야기로 만들라는 뜻인가? 그래서 이제 막 남자아이를 출산한
엄마들이 '아이에게 포경수술을 해서는 안 된다'는 말씀으로라도 적
용해야 하는 것일까?

상황 속의 복음 읽기

이처럼 성경을 읽는 그리스도인의 상황은 독특
하다. 사람의 글을 하나님의 말씀으로 읽으려 하고, 나 아닌 누군가
에게 보내진 글을 나를 위한 글로 읽으려 한다. 어떻게 이런 '전용'이
가능한가? 물론 편지 속의 문장들을 떼어다가 무작정 나의 삶에 갖
다 붙일 수는 없다. 한 구절 한 구절 뽑아내어, 내 마음에 편한 대로
"아멘!" 할 수는 없다는 이야기다. 그래서 우리는 잠시 멈춘다. 무작
정 읽고서 나의 기호에 맞게 끼워 맞추기에 앞서, 나의 읽기와 묵상
의 정황을 고려할 필요가 있기 때문이다. 만약 어느 갓난아이의 엄마
가 할례에 대한 바울의 경고에서 포경수술 금지령을 읽어 낸다면, 우
리는 이를 너무 성급한 혹은 매우 억지스러운 적용이라 느낄 것이다.
다소 극단적인 경우라 그래 보이는 것이지, 사실 대부분의 우리 역시
그런 유의 '실수'에서 자유롭지 않다. 왜냐하면 그런 실수의 가능성
은 애초에 우리가 사람의 글을 하나님의 말씀으로 읽으려 하는 복잡
한 상황에서 생겨나는 것이기 때문이다. 본래 나와 상관없는 이야기
를 어떻게든 나를 향한 이야기로 만들어야 하기 때문이다. 하지만 급
하다고 억지가 통하는 것은 아니다. 다급하다고 바늘허리에 실을 묶
어 본들, 바느질이 될 리 없다. 내가 아무리 하나님의 말씀에 갈급하

다 해도, 먼 나라의 이야기를 무조건 내 이야기라 우길 수는 없는 노릇이다.

그렇게 할 수 없는 이유는 성경을 통한 하나님의 소통 방식이 간접적이기 때문이다.[1] 하나님은 우리 귀에 '직접' 말씀하시는 대신 누군가 다른 사람의 글을 통해 자신의 뜻을 알리신다. 우리는 하나님의 음성을 듣고 싶다. 그런데 하나님은 나에게 '직접 계시'를 내리는 대신 오래 전 바울이라는 사람이 쓴 편지 묶음을 던져 주신다. 순간 우리는 당황한다. 아니, 뭘 어쩌라는 것이지? 어차피 할 말은 없고 심심하니 옛날 바울의 편지나 읽으라는 것일까? 아니면, 갖다 부은 것은 분명 물인데 떠서 마실 때는 포도주가 되는 기적처럼, 일종의 해석학적 화체설化體設로 신비로운 섭리에 의해 읽는 순간 바울의 말이 나를 향한 하나님의 말씀으로 변하는 것일까? 아니면, 어차피 우리와 상관없는 시대와 상황의 이야기들이고 따라서 그대로는 내 삶에 적용할 수 없으니, 그저 일종의 신비로운 코드나 주술적 수단처럼 활용하면 되는 것일까? 성경을 들고 예수의 재림과 지구의 종말을 예언하는 사람들처럼, 아니, 매일 성경을 펴고 묵상하며 나를 위한 '오늘의 운세'를 묻는 경건한 우리들처럼 말이다.

우리와 상관없는 이야기들이 어떻게 우리를 향한 하나님의 말씀이 되는가? 물론 이는 그리 간단한 문제가 아니다. 하지만 한 가지 분명한 것은, 내게 주시는 하나님의 말씀이 과거 바울의 글을 무시하고 생겨나는 것은 아니라는 사실이다. 이런 상황에서 우리에게 요구되는 것은 우리 앞에 놓인 글을 있는 그대로 차분히 읽으며 그 글을 쓴 바울의 의도를 생각하는 것이다. 그 글을 성급하게 내 상황에 맞추려 드는 대신, 자연스럽게 읽고 이해하면서 "왜 이것이 나를 위한 메시지가 되는 것일까?"를 물어야 한다는 말이다. 우선 바울이 갈라디아의 성도들에게 보낸 글로 읽은 다음, 바울의 그 편지가 어떻게 오늘 우리를 위한 말씀이 될 것인지를 숙고해야 한다는 뜻이다.

우리가 다 아는 이야기이지만, 이런 간접적 소통의 방식에서 궁극적으로 중요한 것은 상황이 아니라 원리다. 갈라디아 교회의 상황은 오늘 우리의 상황과 다르다. 오늘 우리에게는 유대인과 이방인의 구분이 전혀 중요치 않고, 그래서 우리는 할례를 두고 난리를 치지 않는다. 이런 상황에서 "할례 받으면 끝장"이라는 바울의 살벌한 권고는 무의미하다. 그렇다면 오늘 우리가 이 편지를 읽을 이유가 어디 있는가? 다시 말하면, 우리가 이 편지를 읽어 얻을 수 있는 구체적인 유익이 무엇인가 하는 것이다.

물론 남의 이야기가 늘 무의미한 것은 아니다. 타산지석他山之石이란 말도 있지만, 때론 전혀 다른 상황의 이야기들이 내게 중요한 교훈을 주기도 한다. 구체적 상황은 달라도, 그 상황 속에 작용하는 보다 근원적인 주제가 있을 수 있다. 표면적인 차이를 넘어서는 보다 근원적인 공통점이 있을 수 있다는 것이다. 우리가 문학을 읽는 이유가 여기 있다. 작품 속 주인공의 이야기가 내 이야기는 아니지만, 나는 그 이야기를 읽으며 깊은 공감을 한다. 분명 남의 이야기이지만, 어떤 의미에서는 나의 이야기이기도 하다고 느끼는 것이다. 테스의 인생이 내 인생은 아니지만, 나는 그녀의 슬픈 인생에 깊은 비애를 느낀다. 그녀의 삶 저변에 흐르는 비극적 곡조는 그 이야기를 읽는 나의 삶에도 적지 않은 울림을 만들어 내는 것이다. 이런 문학적 소통의 열쇠는 바로 '체험의 보편성'이다. 우리는 서로 다른 주체로 나름의 삶을 살지만, 우리 모두의 삶은 또한 서로 통한다. 그래서 너의 이야기가 나의 이야기가 되고, 그들의 이야기가 우리의 이야기가 된다. 바로 이런 보편성으로 인해 문학적 공감과 소통의 가능성이 생겨나는 것이다.

바울의 편지들도 마찬가지다. 그의 시대는 우리의 시대가 아니다. 갈라디아 교회의 상황 역시 우리의 상황과 전혀 다르다. 하지만 바울도 사람이고 갈라디아인들도 사람이다. 그런 점에서 우리와 같다. 많이 다르기도 하지만 놀라울 만큼 비슷하기도 하다. 그러니까 오래 전 그들이 '지지고 볶는' 이야기는 오늘 우리에게도 통한다. 우리와 달라서 당혹스런 부분이 있는 만큼, 우리와 같아서 재미있기도 하다. 시대는 흘렀어도 사람 사는 모양이 거기서 거기인 만큼, 그들의 이야기는 여전히 우리의 이야기가 될 수 있는 것이다.

물론 성경적 소통은 이런 문학적 소통의 차원에 머물지 않는다. 성경은 사람의 글일 뿐 아니라 하나님의 말씀이기도 하다. 사람 사는 이야기인 만큼, 하나님의 계시이기도 하다. 바울은 이를 '복음'이라 불렀다. 그러니까 우리가 읽는 갈라디아서는 그저 바울과 갈라디아인들이 서로 얽힌 '문학적' 이야기를 넘어, 하나님의 복음과 인간의 삶이 얽히는 '종교적' 혹은 '복음적' 이야기이기도 하다. 바로 이 복음적 혹은 계시적 차원이 옛날 갈라디아 교회의 이야기를 오늘 우리를 위한 이야기로 만들어 주는 결정적 연결고리다.

갈라디아의 상황은 우리 삶의 상황과 다르지만, 그 상황을 바라보는 바울의 복음은 오늘 우리가 믿는 복음과 동일하다. 갈라디아서는 우리도 믿고 있는 동일한 복음이 오래 전 할례라는 특정한 문제 상황과 어떤 식으로 조우했었는지 보여준다. 물론 상황 자체가 다르기에, 그 구체적 이야기가 바로 우리 이야기일 수는 없다. 하지만 오래 전 그들처럼, 우리 역시 우리 나름의 현대적 방식으로 사고를 친다. 구체적인 모양은 달라도, 복음의 진리에서 이탈하여 '다른 복음'을 따라갈 가능성은 우리에게도 생생하다. 그런 점에서 갈라디아서는 우리의 이야기이기도 하다. 구체적 상황도 다르고 따라서 그 상황과 복음이 조응하는 모양도 다르지만, 복음은 언제나 동일하다. 문제가 된 상황은 다르지만, 그 상황을 바라보는 기준점 혹은 원리는 동일하다는 것이다.

우리가 필요로 하는 것은 바로 이 복음의 원리다. 물론 이 복음은 순수한 원리 자체로 존재하지 않는다. 음악이 악기를 만나 실제 음악으로 들려지는 것처럼, 복음은 우리 삶과 어울려 그 다채로운 이야기를 만들어 간다. 복음은 애초부터 사람 사는 세상을 향한 것이기에, 복음은 언제나 구체적인 삶의 자리에서 들려지는 음악인 것이다. 갈라디아서는 갈라디아 교회의 위기라는 구체적 상황 속에서 울리는 복음의 노래다. 물론 우리가 원하는 것은 바로 이 복음이라는 음악이다. 하지만 삶과 복음의 얽힘 속에서 복음의 원리를 발견하는 일은 우선 복음이 얽혀 들어갔던 삶의 구체적 정황을 확인하는 노력에서 시작한다. 상황을 정확하게 이해하지 못하면, 그 상황과 얽혀 드러나는 복음의 원리를 정확하게 포착할 수 없기 때문이다. 우리가 서두를 수 없는 이유가 여기에 있다. 마음이 바쁘긴 하지만, 그럴수록

실을 바늘귀에 꿰는 노력이 더 중요하다. 그러니까 우리를 위한 복음을 말할 수 있는 첫걸음은 갈라디아 교회의 위기라는 독특한 상황과 그 상황에 대처하는 바울의 이야기를 조심스럽게 따라가는 것이라는 말이다. 이런 상황화 작업을 통해 우리는 비로소 거기서 드러나는 바울의 근본적 신념, 곧 그가 가르쳤던 복음 자체에 다가갈 수 있을 것이다.

거듭 말하지만, 복음이 구체적 상황을 통해 선포된다면, 그 복음을 제대로 이해하는 유일한 방법은 그 복음이 선포된 구체적 상황을 정확하게 파악하는 것이다. 복음이 상황 속에 얽힌 것이라면, 상황의 왜곡은 곧 복음 자체의 왜곡을 의미한다. 그러기에 우리는 바울의 편지를 최대한 '객관적으로' 읽어야 한다. 어찌 보면 역설적이다. 바울의 편지를 '내게 주신 하나님의 말씀'으로 읽기 위해 먼저 '바울이 갈라디아 교인들을 꾸짖는 말'로 읽어 내야 한다. 물론 우리의 읽기가 이런 고전 읽기 혹은 역사 읽기에서 끝날 수는 없다. 하지만 이런 과정을 무시한 채 하나님의 뜻을 발견할 수는 없다는 것 또한 사실이다. 그래서 우리의 관심은 많은 부분, 갈라디아서를 그 당시의 상황 속에서 이해하려는 노력에 집중된다. 이런 과정을 거쳐야만 바울의 글을 통해 드러나는 복음의 진면목을 제대로 확인할 수 있기 때문이다. 이는 갈라디아서가 하나님의 말씀임을 무시하는 행위가 아니라, 하나님의 말씀이 작용하는 방식을 고려하는 지혜로운 태도다.

상황 속의 언어

다소 일반적인 관점에서 이야기해 보자. 사람의 말이란 원래 변신의 귀재다. 같은 말일지라도 그 말이 던져진 상황에 따라 전혀 다른 의미를 전달할 수 있다. 우리가 사용하는 어휘와 표현은 제한되어 있다. 모든 사물과 상황에 필요한 어휘를 무한대로 생산할 수 없는 우리 지능의 한계 때문이다. 그래서 우리는 어떤 하나의 표현을 다양한 상황에 다양한 방식으로 동원하여 활용한다. 물론 한 단어가 다양한 의미로 사용된다고 해서 우리가 혼란에 빠지는 것은 아니다. 우리가 특정 단어나 표현을 사용할 때마다, 어느 한 의미가 살아나고 나머지 의미들은 사라지게 만드는 구체적인 상황이 존재하기 때문이다. 텅 빈 공간에서는 다양한 의미의 가능성을 논할 수 있지만, 우리가 살아가는 구체적 상황은 우리가 사용하는 언어의 다양한 의미에서 그에 맞는 구체적인 의미를 짚어 준다.

예를 들어 보자. 누군가 "물이 좋다"는 말을 했다. 이 글을 읽는 독자들은 막연하다. 그게 무슨 뜻인지 알 도리가 없다. 표현 자체가 문제가 있어서가 아니라, 그 표현에 구체적인 의미를 부여해 줄 상황이 명시되지 않았기 때문이다. 우리가 정수기 가게에서 이 말을 들었을 때와, 홍대 앞 어느 나이트클럽에서 이 말을 들었을 때의 의미는 전혀 다르다. 같은 '물'이지만, 실은 같은 '물'이 아니다. 여러 가지를 가리킬 수 있는 표현 속의 '물'이 구체적으로 어떤 '물'인지를 알려 주는 것은 우리가 쓰는 표현 자체가 아니라 그 표현이 사용되는 상황이다. "키보드가 고장 났다"는 말도 마찬가지다. 우리가 전산실에 있는지, 찬양 연습 중인지에 따라 그 '키보드'는 전혀 다른 물건을 가리키게 된다. "열쇠 세 개가 필요하다"는 말도, 화려한 차림의 중년 부인이 다른 중년 부인에게 건넬 때의 의미와 이삿짐 트럭 앞에서 아이 업은 엄마가 집주인인 듯 보이는 아저씨에게 말할 때의 의미는 전혀 다르다.

이런 현실이 올바른 해석에 갖는 함의는 분명하다. 바로 정확한 상황 파악의 중요성이다. 물론 우리는 표현 자체의 모호함을 해결해야 한다. 예수께서 사용하신 단어가 '일용할' 양식인지, '내일의' 양식인지 알아내지 않으면 안 된다. 혹은 여인이 예수께 사용한 향수가 '순전한' 나드인지, 아니면 다른 의미인지 알아내야 한다. 하지만 많은 경우, 표현의 의미에 관한 물음조차도 그 말이 사용된 정황에 관한 물음과 얽힌다. 그러니까 성경을 올바르게 읽으려는 우리의 노력은 상당 부분 우리가 읽는 말씀의 '정황'situation 혹은 '맥락'context을 파악하려는 노력일 수밖에 없다.

우리가 이 점을 유독 강조하는 이유는, 앞에서 지적한 것처럼, 우리의 성경 읽기가 바로 이 점을 지나치게 무시해 왔다는 현실 때문이다. '내게 주시는 하나님의 말씀'에 대한 갈급함 때문에, 인간적 소통으로서의 본래적 의미는 그냥 무시해도 괜찮은 것처럼 여겨 왔기 때문이다. 물론, 그 결과는 심오한 영적 계시가 아니라 온갖 종류의 자의적 해석이다. 그래서 우리는 성경이 '내게 주시는 하나님의 말씀'이기 이전에, 나와 무관한 남의 이야기로 읽는 법을 배워야 한다. 성경의 본문이 원래 존재했던 방식, 곧 오래 전 '바울'이라는 사람이 그가 세웠던 '갈라디아의 여러 가정교회 공동체들에' 보냈던 편지로 읽어야 한다는 이야기다. 이렇게 오래 전 남의 이야기로 읽고 이해하

41

고 난 다음에야, 그 본문 속의 이야기가 어떻게 나의 이야기가 될 것
인지를 물어야 한다. 이런 과정이 불편할 수는 있다. 하지만 피해 갈
수도 없다. 하나님이 우리에게 말씀을 주신 방식이 그렇기 때문이다.
물론 성경은 단순한 고전古典에 머물지 않는다. 우리는 역사와 문화의
차이를 건너야 할 뿐 아니라, 성경을 '내게 주시는 하나님의 말씀'으
로 읽어야 한다. 하지만 성경 자체의 세계와 우리의 세계 사이에 다
리를 놓는 일은 고대의 세계를 무시한 채 성경의 언어에 오늘 우리
의 세계를 덧씌우는 것과는 다르다. 내 생각을 성경 말씀으로 둔갑시
키는 '해석학적 우상숭배'를 피하려면, 해석 과정의 차분함을 잃어서
는 안 된다.

상황 파악의 중요성: 자신을 살피라(고전 11장)

상황을 무시하면 본문의 진의를 놓친다는 원
칙을 분명히 하는 의미에서, 성찬에 관한 고린도전서의 가르침을 생
각해 보자. 다른 곳에서 이미 다룬 사례지만,[2] 논점을 선명히 하는 차
원에서 다시 한 번 살펴보자. 고린도전서 11장에서 바울은 성도들
의 잘못된 성찬 관행을 신랄하게 질타한다. 바울의 주장은 간단하다.
성찬은 단순한 식사가 아니라 주님의 몸을 먹고 피를 마시는 일이
다. 이를 "합당하지 않게 먹고 마시는"(27절) 것은 주님의 몸과 피에
대해 죄를 짓는 일이고, 이는 결국 은혜가 아니라 자신의 심판을 먹
는 결과가 된다. 따라서 신자들은 "자기를 살피고"(28절) 성찬을 먹
어야 한다.

성찬은 오늘의 우리에게도 중요한 의식이다. 그래서 우리는 성찬

식을 할 때마다 바울의 이 가르침을 되뇐다. 성찬식을 집전하는 이는 성도들에게 "자기를 살피고" 성찬에 임하도록 권유한다. 여기서 우리는 '자기를 살핀다'는 말을 우리에게 익숙한 의미로, 그러니까 도덕적 의미의 자기성찰로 이해한다. 이 표현을 고린도 교회의 상황에 비추는 것이 아니라, 우리에게 필요한 의미로 이해하는 것이다. 그렇게 자신을 살펴서 어떤 잘못이 생각날 경우, 그래서 성찬을 '합당하게' 먹을 수 있는 형편이 아닌 경우에는 성찬에 참여해서는 안 된다는 의미로 이해하는 것이다. 그래서 많은 신실한 그리스도인들이 진지하게 '자기를 살핀' 결과 미처 해결하지 못한 잘못을 깨닫고 성찬 참여를 포기하기도 한다. 주의 몸을 먹고 그의 잔을 마시기엔 지금 자신의 모습이 '합당치 않다'고 느끼는 것이다. 오랫동안 익숙해져 온 관행이기는 하지만, 실상 이런 관행은 앞서 언급한 성급한 적용의 결과다. 고린도 교회의 상황을 제대로 고려하지 않은 채 바울의 말씀을 읽은 나머지 바울이 정작 말하고자 하는 바를 오해한 결과라는 것이다.

우선 고린도 교회의 상황을 생각해 보자. 바울이 성찬 이야기를 꺼낸 것은 현재 고린도 성도들의 성찬 방식에 심각한 문제가 있기 때문이다. 바울이 보기에, 그들이 기념하는 성찬의 방식은 더 이상 성찬이라 부르기 어려울 정도다(19절. 이 구절은 "여러분이 함께 모여 먹는 것이 지금과 같은 식이라면 그것은 더 이상 주의 만찬이라고 할 수 없다"는 뜻이다). 문제는 간단하다. "주의 만찬"을 먹겠다고 모였지만(20절), 실제 많은 성도들은 각각 "자기 만찬"을 먼저 갖다 먹었다(21절). 그 결과 먹을 것이 없는 성도들은 배고픈 채로 있어야 했던 반면, 어떤 이들은 "술에 취하는" 상황이 되고 말았다(21절). 이런 식의 이기적 행태로 인해 교인들 중 가난한 사람들은 심한 창피를 당했다. 물론 이는 단지 몇몇 사람들에게 창피를 주는 일을 넘어 "하나님의 교회를 업신여기"는 행태가 된다(22절). 바울이 그토록 격노한 것이 전혀 이상한 일이 아닌 것이다.

바울이 성찬 제정에 관한 예수의 말씀을 회고하는 것은 바로 이런 상황에서다. 성도들이 먹는 성찬은 단순한 식사가 아니라 주의 몸과 피에 참여하는 일이다. 성찬이 주의 몸과 피에 참여하는 것이라면, 우리가 마음 내키는 대로 마실 수는 없는 노릇이다. 주의 몸과 피에 "합당하지 않게" 참여한다면 그것은 주님의 몸과 피에 대해 죄를 짓는 일이다. 그러니 조심해야 한다. 신중하게 "자기를 살피고" 주의 몸과 피에 참여해야 하는 것이다.

하지만 고린도의 성도들은 자기를 살피지 못했고, 그 결과 주의 몸과 피를 함부로 대했다. 바울은 그래서 교회가 하나님의 징계를 받았다고 말한다. 당시 고린도 교회에는 몸이 약한 사람, 병이 든 사람, 그리고 죽은 사람이 적지 않았는데(30절), 바울은 이를 파행적 성찬에 대한 하나님의 징계성 심판으로 간주했다. "우리가 우리 자신을 살폈더라면 심판을 받지 않았을 것입니다"(31절). "우리가 우리 자신을", 곧 성도들 각자가 자기 자신을 제대로 살피지 못하여 그런 심판을 받게 되었다는 것이다.

"자기의 만찬을 먼저 갖다 먹는" 이들, 그래서 성찬을 망가뜨리는 이들에게 "자기를 살피고" 먹으라고 한 말은 자기 자신을 내면적으로나 도덕적으로 성찰해 보라는 주문이 아니다. 오히려 이는 지금 성찬을 먹는 자신의 태도가 성찬에 합당치 못한 분열적 행태가 아닌지 살펴보라는 주문이다. 여기서 대부분의 번역들이 잘못 번역하고 있는 것과는 달리, 바울의 말은 사람이 먼저 자신을 살피고 "그 후에야" 성찬에 참여하라는 것이 아니다. 자신을 살피는 것은 성찬의 선결조건이 아니다. "그 후에야"라는 말은 '그와 같이' 혹은 '그런 식으로'로 번역하는 것이 옳다. 그러니까 이 구절은 성찬의 선결조건이 아니라 성찬에 참여하는 방식 혹은 태도에 관한 이야기다. 곧 자신을 살피는 그런 모습으로 성찬에 참여하라는 것이다. "각자 자신을 살펴보게 하십시오. 그리고 이와 같은 모습으로 그 떡에 참여하여 먹고 그 잔에 참여하여 먹게 하십시오"(28절).

결국 "자기를 살피라"는 주문은 성찬 때 이기적 행태를 지양하고 모두 다 함께 성찬에 참여할 수 있도록 하라는 주문이다. 이는 "먹으러 모일 때에" 다른 사람을 무시한 채 혼자서 자기 만찬을 먼저 갖다 먹지 말고, "서로 기다리라"는 말과 같다(33절). 만약 기다리기 어려울 정도로 배가 고플 것 같으면, 미리 집에서 먹고 와야 한다(34절; 22절 참고). 무슨 일이 있어도 교회에서는 다른 이들을 무시하고 혼자 자신의 만찬에 탐닉하는 그런 행태는 사라져야 한다는 것이다. 그러니까 바울의 말은 성찬 이전에 도덕적으로 자신을 돌아보고 거리낌이 있으면 성찬 참여를 자제하라는 뜻이 아니다. 그런 발상을 해낸 사람들은 바로 우리다. 바울의 말을 본래 상황과 무관하게 해석하여 그런 의미를 만들어 낸 것이다.

그러고 보면 우리는 성찬에 일종의 선결조건을 다는 우리의 관행이 과연 성경적인지 물을 수 있다. 성찬은 죄인을 위한 주님의 속죄를 기념하는 것이다. 물론 이 속죄는 아무런 조건이 없는 은혜의 선물이다. 죄인은 먹을 수 없는 식사가 아니라, 죄인이라서 먹는 식사다. 그런데 죄가 있어 이를 먹지 못한다는 말은 어색하다. 이런 태도는 은총의 원리에 어긋난다. 죄가 있다고 성찬을 거절한다는 것은 은혜의 복음 자체를 거부하는 것과 같다. 죄를 인정하지 않고 그 때문에 공동체의 유대와 거룩함을 깨뜨리는 자라면 막아야 하겠지만, 죄를 통회하며 겸손히 무릎 꿇은 영혼들을 성찬에서 배제해야 할 이유는 없다.

상황 속에서 읽는 갈라디아서

위의 사례는 상황 속에서 기록된 편지를 상황과 무관하게 읽을 때 어떤 실수가 생길 수 있는지를 예증하기 위한 것이다. 이런 위험은 갈라디아서에서도 마찬가지다. 갈라디아서는 배교에 버금가는 위기의 상황에서 기록된 편지다(1:6). 자연 바울의 어조도 예사롭지 않다. 따라서 상황을 무시하면 오해가 될 법한 발언들도 적지 않다. 그래서 우리는 더욱 신중해야 한다. 상황을 제대로 파악하지 않으면 쉽게 바울의 의도를 놓칠 것이고, 바울의 의도를 놓치는 것은 하나님의 말씀을 놓치는 것이기 때문이다.

그래서 갈라디아서를 읽는 우리의 일차적 물음은, 바울로 하여금 이 편지를 쓰게 만든 위기의 본질에 관한 것이다. 당면한 위기의 성격을 정확히 규정하는 것은 특히 갈라디아서 3-4장을 차지하고 있는 신학적 논증들을 제대로 이해하는 데 있어 대단히 중요하다. 성경적이고 신학적인 논증 자체에는 구체적 정황이 잘 드러나지 않고, 따

라서 어떤 상황을 배경으로 읽느냐에 따라 그 의미와 기능이 확연히

달라지기 때문이다.

1:6   [그리스도의] 은혜로 여러분을 불러 주신 분을 떠나 이렇게 빨리 다른 복음에
       로 돌아서고 있다니 참 놀라운 일입니다.

3:3   여러분이 그렇게 어리석습니까? 성령으로 시작했는데, 이제 와서 육체로 끝
       내겠다고요?

5:7   여러분이 잘 달려왔는데, 누가 여러분을 막아서서 진리를 순종치 못하게 만들
       었습니까?

02 ── 갈라디아 교회의 위기: 바울의 상황 인식

상황과 관점

앞에서 우리는 올바른 이해를 위한 '상황'의 중요성을 강조했다. 자연 갈라디아서를 탐구하는 우리의 이야기 역시 갈라디아의 상황에 관한 물음에서부터 시작한다. 정확한 상황 판단이 바울의 진술을 정확히 이해하는 데 필수적이기 때문이다. 그래서 우리는 갈라디아의 상황에 대해 물을 것이다. 선동자들이 무엇이라 가르쳤는지, 갈라디아인들이 도대체 무슨 행동을 하고 있었는지 따져 볼 것이다. 이것이 이번 장의 내용이다. 하지만 한 걸음 더 들어가 생각해 보면, 이야기가 그렇게 간단치 않다. 보도의 공정성이라는 말을 하곤 하지만, 과연 이해 당사자 모두가 공감할 만한 객관적 '상황'이라는 게 존재하는가?

일체유심조一切唯心造라는 말이 있다. 그야말로 생각하기 나름이다. 원효대사의 유명한 일화처럼, 생각하기에 따라 갈증을 달래 주는 달콤한 물일 수도 있고, 해골 속에 담긴 역겨운 물일 수도 있다. 우리의 일상적 체험 역시 이런 주관성을 잘 보여준다. 상황은 하나이면서 동시에 하나가 아니다. 화면에 잡히는 장면은 하나이겠지만, 그 장면을 바라보는 혹은 그 장면에 참여하는 당사자들의 눈길은 여러 갈래이기 때문이다. 우리나라의 정치 무대에서 발생하는 상황마다 재현되는 여당과 야당의 '딴 목소리'는 상황을 인식하는 우리의 관점이 얼마나 제각각인지를 여실히 보여준다. 같은 대한민국의 정치 현실을 살아가지만, 손석희 앵커가 진행하는 뉴스에 나오는 대한민국과 다른 종편 뉴스에서 그려지는 대한민국이 같은 나라인지 헷갈리곤 한다. 보도할 내용의 선택 자체가 다르고, 같은 것을 보도해도 그려 내는 그림이 전혀 다르기 때문이다.

물론 같은 사람이라도 선 자리가 갑자기 달라지면 생각도 달라지는 법이다. 화장실 갈 때의 심정과 나올 때의 심정이 같을 수는 없다. 지난해 우리나라는 '사드'라는 군사 시설 때문에 홍역을 치렀다. 사드 배치 대상지였던 성주가 많은 뉴스의 단골메뉴였다. '무조건 박근혜'였던 군민들이 갑자기 정부와 대립각을 세우는 입장이 되었다. 그러니 생각이 달라진다. 대통령과 정부에 대한 생각이 달라지고, 종편 뉴스에 대한 생각이 달라지고, 아예 우리나라의 정치 상황을 보는 눈이 달라진다. 세월호 천막을 바라보는 눈길 또한 달라진다.

그렇다. 애초에 '상황'이라는 말 자체가 모호하다. 우리의 입장은 각자 다르고, 나의 입장 역시 그때그때 다르다. 그리고 대부분의 경우 모두가 흔쾌히 동의할 만한 객관적 상황이란 존재하지 않는다. 결국 각자의 입장에 따라 인식되고 구성된 나름의 '상황'이 있을 뿐이다.[1] 그래서 상황에 관해 묻는다는 것은 결국 그 상황을 바라보는 관찰자의 '관점'을 묻는다는 말과 같다. 그리고 우리는 누구에게 마이크를 갖다 대느냐에 따라 전혀 다른 '상황들'을 만나게 될 것이다.

우리의 경우는 바울이다. 우리가 해석하려는 텍스트가 바울의 글이고, 이 글은 처음부터 끝까지 바울이 바라본 갈라디아의 상황에 대한 바울의 응답이기 때문이다. 말하자면, 우리가 갈라디아서를 해석하는 가장 중요한 틀이 바로 바울 자신의 관점이라는 것이다. 그래서 우리의 이야기는 먼저 바울이 현재 갈라디아의 상황을 어떻게 바라보고 있는가에 관한 물음에서부터 시작한다. 개략적인 논의이지만, 보다 모호한 바울의 신학적 논증을 해석하기 위한 중요한 배경이 될 것이다.[2]

우리는 갈라디아서를 읽는다. 이 글을 쓴 사람은 바울이다. 그가 갈라디아의 상황을 접하고 그 상황에 대한 대응으로 보낸 편지다. 당연히 이 편지는 전부가 다 갈라디아의 상황에 대한 바울의 응답이다. 당연히 갈라디아서에 반영된 그 '상황'이란 이 편지의 작성자인 바울이 바라보는 상황이다. 갈라디아인들이 생각하는 상황도 아니고, 그 배후의 선동자들이 인식하는 상황도 아니다. 아마 선동자들은 "지금까지 잘 달려왔다"(5:7)는 바울의 판단에 의문을 제기하며, 할례를 요구하지 않는 그의 복음이 "2퍼센트 부족하다" 비판했을 것이다. 그래서 그들은 할례와 같은 '율법의 행위들'을 요구하는 자신들의 행동이 바울 복음의 근원적 결함을 보완하는 바람직한 시도라 여겼을 것이다. 많은 갈라디아인들은 그런 시도를 긍정적으로 생각했을 것이다. 그러니까 이런 입장에서 보면, 할례를 수용하려 하는 현재 갈라디아의 상황은 목회적 재난은커녕 오히려 보다 나은 신앙으로 발돋움하기 위한 힘찬 성장의 몸부림이었을 것이다.

하지만 바울의 입장은 그들과는 전혀 다르다. 그는 자기 나름의 독특한 입장이 있고, 그 입장에 따라 현재의 상황에 대처한다. 바로 이것이 바울의 편지 배후에 놓인 '상황'이다. 소위 '객관적' 상황이 아니라, 바울이 자신의 신학적·목회적 관점에 따라 인식하고 파악한 상황인 것이다. 바울의 진술을 정확하게 이해하기 위해 우리에게 필요한 '상황'이 바로 이것이다. 바로 이 상황을 바탕으로 갈라디아서의 말들이 구체적인 의미를 갖게 될 것이기 때문이다. 바울은 과연 갈라디아에서 어떤 위기를 보았던 것일까?

상황에 관한 물음이라 자연 우리의 관심은 바울이 **갈라디아의 상황을 명시적으로 묘사하는** 구절들에 집중된다. 물론 바울의 복음을 이해하기 위해서는 이 편지의 상당 부분을 차지하는 신학적·성경적 논증을 분석해야 한다. 편지의 2장 말미에서 시작되는 칭의 교리를 논해야 하고, 3장부터 시작되는 (구약)성경적 논증을 살펴야 한다. 하지만 이런 신학적 논증 자체에는 지금 왜 그 논증이 필요한지를 알려 주는 상황적 단서가 거의 없다. 물론 이런 신학적 논증의 상황적·수사적 기능은 우리가 그 논증을 어떤 배경에 비추어 읽느냐에 따라 달라진다.[3] 그런 의미에서 우리에게 일차적으로 중요한 구절들은 바울이 갈라디아의 상황에 대해 명시적으로 언급하는 구절들이 될 수밖에 없다. 다소 일반적인 '신학적 논증'이 구체적으로 어떤 설득의 기능을 수행하는지를 결정하는 무대 설정의 장치들이기 때문이다.

배교하는 갈라디아인(1:6-10)

          편한 마음으로 갈라디아서를 읽으면, 바울이 현재 갈라디아의 상황을 어떻게 생각하고 있는지를 어렵지 않게 확인할 수 있다. 편지의 시작부터 바울은 현 상황에 대한 자신의 관점을 여과 없이 드러낸다. 바울의 입장에서 볼 때, 문제는 분명하다. 다름 아닌 배교다. 으레 등장하는 감사의 말도 생략한 채, 바울은 현재 갈라디아인의 행태에 대해 놀라움을 표현하며 자기 이야기를 시작한다.

     〔그리스도의〕은혜로 여러분을 불러 주신 분을 떠나 이렇게 빨리 다른 복음에로 돌아서고 있다니 참 놀라운 일입니다(1:6).

     주어가 없지만, 바울의 언어에서 신자들을 "불러 주신" 이는 분명 하나님을 가리킨다(5:8). 바울의 진단은 명확하다. 지금 갈라디아인들은 하나님을 떠나고 있다. 갈라디아인들로서는 귀를 의심했을 법한 과격한 진단이다. 하지만 이어지는 설명은 바울의 이런 판단이 화가 나서 실수로 내뱉은 말이 아님을 말해 준다. 그들은 "다른 복음"을 향하고 있다. 일견 "다른 복음"으로 돌아선다는 말은 상황을 다소 누그러뜨리는 것처럼 들릴 수 있다. 다르기는 하지만 어쨌든 '복음'은 복음 아닌가? 하지만 바울은 이 "다른 복음"의 진정성을 인정하지 않는다. 적어도 바울 자신의 입장에 관한 한, 자신이 전해 주었고 갈라디아인들이 전해 받았던 바로 그 복음 외에는 어떤 복음도 존재하지 않는다(1:7). 오히려 그 "다른 복음"이라는 것은 건강한 성도들을 혼란케 하려는 시도요, 참 진리인 그리스도의 복음을 왜곡하려는 시도에 지나지 않는다. 바울의 이런 진단은 수사적으로 두 절에 걸친 격앙된 저주의 발언으로 한결 더 엄중해진다(1:8-9). 바울이 전한 복음, 갈라디아인들이 받아들인 복음과 다른 복음을 전하는 자들에게 "저주가 있기를!"

'관용'이 최대 가치로 신봉되는 현대적 감수성으로 보면, 지금 바울은 지나칠 정도로 배타적인 혹은 독선적인 태도를 취하는 것 같다. 어쩌면 바울과 입장이 달랐던 갈등의 당사자들 역시 우리와 비슷하게 느꼈을지 모른다. 좋은 의도로 할례를 생각했던 갈라디아인들이나 그 배후의 선동자들은 바울의 이런 급진적 비판을 신학적 '명예훼손'으로 간주했을지도 모른다. 하지만 바울이 이유 없이 이런 유아독존의 태도를 보이는 것은 아니다. 2장에서 회고하는 것처럼, 그는 자신이 계시로 받은 복음을 예루살렘 사도들에게 제시하여 자신의 복음이 그들의 복음과 동일하다는 것을 확인함으로써, 자기 사역이 헛수고가 되는 상황을 막고자 했다(2:1-2). 또한 빌립보서에서 말하는 것처럼, 설령 누군가 투옥된 자신의 고통을 더하기 위해 시기심으로 복음을 전한다 하더라도, 그리스도만 전해진다면 바울 자신은 그 상황을 기쁘게 받아들일 수 있었다(빌 1:15-18). 혹은 고린도 교회에서 보는 것처럼, 성도들이 자신과 아볼로를 빙자해 서로 분쟁하는 상황에서도 정작 바울은 아볼로에 대해 자신의 위상을 확보하려는 의사를 보이지 않는다. 오히려 그는 바울 자신을 비롯한 사역자들의 위상 자체를 상대화함으로써 지도자를 빌미로 분열되는 성도들의 어리석음을 폭로하고자 한다(고전 3:1-10). 수사적 제스처임을 감안하더라도, 바울은 분명 정치적 의미에서 배타적인 사람은 아니다. 바울 자신의 말에 일말의 진실이 있다면, 그는 복음 전파에 도움이 된다면 얼마든지 자기를 포기하고 다른 사람의 유익을 앞세울 수 있는 그런 사람이었다(고전 9:19-23). 바울의 이런 너그러운 모습은 갈라디아 성도들 역시 경험한 바이다(4:12). 이런 그의 모습은 현 상황에 대한 바울의 급진적 진단이 마냥 자의적인 것은 아니었음을 강하게 시사한다. 적어도 바울이 보기에 현 상황 속에는 배교라 진단할 수밖에 없는 치명적인 일탈이 있었다는 것이다.

성령을 떠나 육체로(3:1-5)

1-2장에 걸친 긴 자전적 회고가 끝나고 직접적 논증이 시작되는 3장 초두에는 갈라디아의 상황과 관련된 또 하나의 중요한 진술이 등장한다. 바로 1-5절이다. 그중 가장 중요한 대목은 3-4절이다.

여러분이 그렇게 어리석습니까? 성령으로 시작했는데, 이제 와서 육체로 끝내겠다고요? 여러분이 그렇게 많은 고난을 받았는데, 그게 다 소용없는 일입니까? 정말로 소용없는 일이 되는 것입니까?

여기서도 바울의 상황 진단은 선명하기 짝이 없다. 갈라디아 성도들은 성령으로 잘 시작했었다. 하지만 그것은 과거가 되어 버렸다. 멋진 시작과는 달리, 지금 그들은 육체로 끝내려고 한다(3:3). 지금 그들은, 마치 케이크 위에 초콜릿 장미를 더하듯, 성령으로 잘 사

55

는 삶 위에 육체적 장식을 더하고 있는 것이 아니다. 갈라디아서 전체에서 바울의 논법은 양자택일 식이고, 이는 성령/육체의 관계에서도 마찬가지다(4:21-31; 5:15-26; 6:7-8). 그러니까 바울의 말은 지금 갈라디아 신자들이 성령의 길을 팽개치고 있다는 것이다. 물론 "육체로 끝내"려는 시도는 지극히 어리석다. 이유는 간단하다. 우선, 성령은 지금 갈라디아인들의 그리스도적 실존의 근간이요 핵심이다. 능하신 하나님의 약속으로, 하나님의 '성령으로 태어난' 사람들이 그 성령을 버린다는 것은 자신의 존재 자체를 부정하는 행위, 곧 그 성령을 보내신 하나님을 부정하는 행위와 같다(4:6; 1:6). 성령으로 생명을 얻은 자라면 성령에 따라 행진하는 것이 마땅하다(5:25).

더 나아가 육체는 진정한 의미에서 '끝내는' 방식이 아니다. 뒤에서 좀 더 자세히 논의하겠지만, 여기서 '끝낸다'는 것은 바울 특유의 종말론적 관점을 반영한다(빌 1:6).[4] 곧 바울에게 있어 이것은 그리스도적 삶의 최종 목적지인 마지막 심판 날, 곧 '예수 그리스도의 날'까지 달려가는 것을 의미한다(살전 2:13; 5:23; 빌 2:16). 물론 이는 종말론적 구원의 시점과 같다. 갈라디아서 전체의 관점에서 보면, 실질적으로 "의의 소망"(5:5), "하나님 나라"(5:21) 및 "영생"(6:8)과 기능적인 동의어다. 곧 여기서 '끝낸다'는 것은 믿음의 최종적 목표인 종말론적 구원에 이른다는 것을 의미한다(벧전 1:9). 그러니까 바울의 지적은, 지금 갈라디아인들이 의지하려 하는 '육체'가 결코 이 종말론적 구원에 이르는 길이 아니라는 것이다. 육체에 기대려는 것은 아예 구원을 포기하겠다는 말과 같다. 그렇게 되면, 그들이 지금까지 그리스도인으로서 인내해 왔던 고난은 헛된 것이 된다.[5] '헛되다'는 것은 애초에 원하던 목표에 도달하지 못했기에 무의미하다는 뜻이다.[6] 갈라디아인들이 지금까지 고난을 인내해 왔던 것이 정말 아무런 의미가 없는 것이었을까? 왜 그들은 이제 와서 '육체'라는 그럴듯한, 하지만 약효는 없는 유사품에 현혹되는 것인가?

돌아섬, 그리고 다시 돌아섬(4:8-20)

4:8-11은 갈라디아의 상황을 가장 세밀하게 묘사하는 구절 중 하나다. 바울의 눈에 보이는 것처럼, 지금 갈라디아인들은 "날과 달과 절기와 해를 지키고" 있다(4:10). 전체 맥락에서 드러나는 것처럼, 이는 안식일을 비롯한 여러 유대인들의 절기를 준수하는 행위다. 당시 유대인들이 유대인임을 표현하는 데 중요하다고 생각했던 '율법의 행위들' 중 하나인 셈이다. 이런 행동에 대한 바울의 진단 역시 급진적이지만 선명하다. 날짜를 열심히 지키는 그들은 지금 회심 이전, 곧 "약하고 빈약한 초보적 원리들" 아래 종살이 하던 그 시절로 '역회심'counter-conversion하는 중이다(4:9). 그래서 바울의 호소는 직설적 배교의 경고와 결합된다. 이전 그들은 하나님을 몰랐고, 하나님 아닌 것들 아래 노예생활을 하고 있었다(4:8). 그런데 복음을 통해 하나님을 알게 되었다. 아니, 하나님께 알려지게 되었다. 그런데 그들은 다시 예전의 그 노예 상태로 회귀하려 한다. 다시 말하면, 하나님을 알지 못하던 시절, 하나님 아닌 우상 아래 노예생활하던 시절로 돌아가겠다는 것이다(4:8-9).

여기서 바울은 익숙한 '그때'와 '지금'의 대조 양식을 활용한다. 대개의 경우 '그때'는 회심 이전의 과거를, 그리고 '지금'은 회심 이후의 변화된 상태를 가리킨다(가령, 엡 2:1-10, 11-22). 물론 교회가 건강할 때의 이야기다. 그런데 여기서는 이야기가 다르다. 바울의 진단 속에서 갈라디아의 '지금'은 하나님을 버리고 우상으로 역회심하는 안타까운 시점, 곧 하나님을 모르던 예전의 '그때'와 같은 시절이 된다. 당연히 그들이 하나님을 알고 섬기던 시절은 더 이상 '지금'이 아닌 과거의 시간이 되고 말았다(4:9).[7]

바울은 그들의 이런 행태가 자신의 사역 자체를 헛된 것으로 만든다고 토로한다. 왜 그런가? 하나님을 떠나는 행동이기 때문이다. 하지만 절기를 준수하는 열정이 왜 배교라는 비판을 받아야 하는가? 뒤에서 더 자세히 논의하겠지만, 지금 그들이 취한 방법이 제대로 된 길이 아니기 때문이다. 지금 그들이 숭배하려고 하는 대상은 그들을 구원에까지 인도할 수 있는 참 복음이 아니라, 진정한 생명력을 결여한 유사품, 곧 "약하고 빈약한"weak and poor 초보적 원리에 불과하다(4:10). 그들을 의의 소망으로 인도할 능력이 없는 가짜 해답에 불과한 것이다. 바울이 그들의 그런 행태를 두고 '돌아선다'(에피스트레포)는 표현을 사용한 것은 뼈아픈 아이러니가 아닐 수 없다. 이는 원래 그들이 우상으로부터 살아 계신 하나님께로 돌아설 때 처음 사용했던 바로 그 표현이었기 때문이다(살전 1:9).[8]

달리다 만 경주(5:7-8)

바울의 상황 인식을 드러내는 또 하나의 흥미로운 구절은 5:7-8이다. 바울은 이렇게 말한다.

여러분이 잘 달려왔는데, 누가 여러분을 막아서서 진리를 순종치 못하게 만들었습니까? 그들의 설득은 여러분을 부르시는 이에게서 나온 것이 아닙니다.

당시 대중문화에서 스포츠가 중요했기 때문이겠지만, 바울의 글에도 달리기를 비롯한 운동경기 이야기가 자주 등장한다. 여기서도 그렇다. 갈라디아인들은 최근까지 잘 달리고 있었다. 그런데 어떤 사람이 그들을 막아섰다. 물론 그들은 더 이상 달릴 수 없게 되었다. 그들은 진리를 순종하며 살던 신앙의 달리기를 멈추어 버린 것이다. 여기서도 바울이 말하고자 하는 의도는 분명하다. 성령으로 시작했다가 육체로 끝내려 하는 것처럼, 또 하나님께로 회심했던 사람들이 다시 우상에게로 역회심하는 것처럼, 갈라디아인들은 더 이상 진리를 순종치 않게 되었다. 물론 그들이 달리기를 멈춘 것은 그들 배후의 선동자들의 주장에 굴복한 탓이다. "누가 여러분들을 홀렸습니까?"(3:1) 하는 표현 역시 그 배후를 추적하는 말로 읽힐 수 있다. 하지만, 우리말에서와 마찬가지로 이는 배후를 추적하여 책임을 묻자는 말이 아니라, 그런 꾐에 현혹된 갈라디아인들 자신을 나무라는 표현이다. 물론 선동자들이 내세운 그 주장은 결코 그들을 부르시는 분, 곧 하나님에게서 나온 것이 아니다. 그러니까 그들은 하나님에게서 나온 복음의 진리가 아니라 선동자들의 거짓 복음에 기울고 있었던 것이다.

　몇 가지 중요한 구절들을 살펴보았지만, 바울의 시선은 선명하다. 그는 지금 갈라디아인들의 배교를 목격하고 있다. 그리고 이 일탈을 막기 위해, 그들을 다시 회복시키기 위해, 복음의 진리에서 빗나가는 그들을 꾸짖으며 권면하고 있다. 이런 바울의 상황 인식을 통해 드러나는 몇 가지 사실을 잠시 정리해 보자.

　첫째, 제목이 말해 주는 대로 갈라디아서는 바울이 갈라디아의 신자들에게 보낸 편지다. 이 편지에서 바울은 선동자들을 향해 말을 걸고 그들의 잘못된 행태를 공격하기 위해 논증을 펼치는 것이 아니다. 오히려 그는 복음의 진리를 포기하고 잘못된 길로 들어서는 갈라디아인들을 향해 목소리를 높인다. 아마 많은 독자들은 당연한 이야기가 아니냐 할 것이다. 하지만 막상 이야기가 그렇게 간단하지는 않다. 많은 학자들은 갈라디아서의 논증을 바울과 선동자들 사이의 신학적 기싸움으로 보고, 갈라디아인들은 이 둘 사이에서 승패를 기다리는 방관자처럼 생각하는 경우가 많다. 선동자들은 갈라디아인들의 믿음에 의문을 제기하고, 할례와 '율법의 행위들'을 통해 제대로 된 하나님의 백성이 되어야 한다고 주장했다. 이에 대해 바울은 갈라디아인들의 정당성을 변호한다. 그들은 이미 믿음으로 의롭게 된 자들이며, 따라서 예수를 믿는 믿음 외에 다른 조건들을 갖출 필요가 없다는 것이다. 물론 두 신학적 고래들 간의 싸움에서 딱히 할 일이 없는 갈라디아산(産) 새우들의 운명은 이 싸움의 승패에 따라 달라질 것이다. 하지만 이는 갈라디아서를 읽는 정확한 맥락이 아니다. 바울의 논증은 줄곧 갈라디아인들을 향하며, 바로 그들에게 현 상황에 대한 일차적 책임을 묻는다. 물론 바울은 그들 뒤에서 활동하는 선동자들의 존재를 깊이 의식하고 있다(1:8-9; 3:1; 4:17; 5:7-12; 6:12-13). 하지만 바울의 주된 대화 상대자는 여전히 신앙의 주체로서의 갈라디아인들이다. 그는 그들의 배교를 꾸짖으며, 그들의 어리석음을 지적하고, 그들이 정신 차릴 것을 요구한다.

둘째, 앞의 논점과 연결된 것이지만, 갈라디아서는 바울과 선동자들 사이의 신학적 논쟁을 기록하는 것이 아니라, 갈라디아인들의 배교 곧 실천적인 신앙의 일탈을 꾸짖는 목회적 경고다. 물론 배교 속에는 그 배교를 유도하거나 방조하는 신학적 오류가 동반될 것이다. 그래서 갈라디아서의 중심에는 상당한 분량의 신학적·성경적 논증이 나온다. 하지만 그 신학적 오류를 공격하는 것이 편지의 궁극적 목적이 아니다. 이런 신학적 논증은 언제나 그 오해에서 비롯된 실제적 일탈을 교정하고자 하는 목적에 지배를 받는다. 그러니까 바울의 관심은 흔히 생각하는 것보다는 훨씬 더 실제적이고 실천적이다. 우리가 갈라디아서를 '목회적' 경고라고 표현한 것은 바로 이런 통합적 성격을 나타내기 위한 것이다. 이 점에 대해서는 이어지는 장에서 보다 자세히 논의할 것이다.

셋째, 갈라디아서가 위기 상황에 대한 바울의 대응이기는 하지만, 그렇다고 해서 바울이 상황(선동자들)의 선제적 공세에 수세적 방어로 대응하는 편지는 아니다. 앞에서 지적한 것처럼, 갈라디아의 위기 자체가 바울이 인식한 위기다. 아마 갈라디아인들이나 선동자들은 현재 상황을 위기가 아닌 (개선의) 기회라고 인식했을 것이다. 그러니까 이 편지에서 바울은 자기 복음의 관점에서 파악해 낸 갈라디아의 위기 상황에 대해 자기 나름의 복음적 관점에서 처방을 내린다.

넓은 의미에서 상황 대응적이기는 하지만, 그 문제의 인식과 논증 방식은 시종일관 바울 자신의 복음적 관점에 의해 지배된다. 따라서 바울의 논증 틈새마다 선동자들의 사상과 언어를 추측해 내고 바울이 거기에 임기응변식 대응을 펼치고 있다고 보는 것은 갈라디아서의 성격 자체에 대한 오해인 셈이다. 물론 우리는 선동자들의 주장과 행태에 대해 유추해 볼 수 있다. 하지만 그것은 바울의 대응적 텍스트를 읽어 내기 위한 선결조건이 아니라, 바울이 자기 나름으로 전개하는 논증을 다 읽고서 얻어 낼 수 있는 결과물일 것이다.

우리는 바울이 갈라디아의 상황을 배교로 규정하고 있다는 사실을 확인했다. 이처럼 바울의 상황 인식은 선명하다. 하지만 질문이 생긴다. 바울이 그처럼 심각한 진단을 내렸다는 것은 그런 진단을 불가피하게 만든 상황이 발생했다는 것을 의미한다. 그렇다면 그 상황이란 과연 무엇이었을까? 바울은 무엇을 보고 '배교'라는 경고음을 울린 것일까? 지금 갈라디아인들은 도대체 무슨 일을 벌이고 있었던 것일까? 이리하여 우리의 물음은 배교라는 바울 자신의 인식에서 그런 인식을 야기한 갈라디아 자체의 상황으로 옮아간다. 이것이 이어지는 장의 주제다.

4:10-11 여러분들이 날짜와 달과 절기와 해를 그토록 열심히 지키는 것을 보자니, • 내가 여러분을 위해 수고한 것이 모두 헛수고가 된 것이 아닌가 두렵습니다.

5:2-4 보십시오. 나 바울이 여러분에게 분명히 말합니다. 만일 여러분이 할례를 받으면 여러분에게 그리스도가 아무 유익이 없을 것입니다. • 내가 할례를 받는 모든 사람에게 재차 증언하건대, 그는 율법 전체를 행할 의무를 지닌 사람입니다. • 율법을 통해 의롭게 되려는 사람은 그리스도에게서 끊어지고 은혜에서 떨어져 나간 사람입니다.

03 — 상황 파악하기:
갈라디아 교회에 도대체 무슨 일이 있었을까?

편지란 늘 이런저런 사연의 산물이다. 핑계 없는 무덤이 없듯, 사연 없는 편지도 없다. 바울의 편지도 마찬가지다. 신약성경에 포함된 바울의 편지들은 대부분 바울 자신의 선교적 필요 내지는 섬기던 교회에서 발생한 여러 상황에 대한 바울 나름의 대응책이다. 갈라디아의 교회에 무슨 일이 생겼다. 그리고 바울은 그 일을 해결하기 위해 편지를 썼다. 그것이 우리가 읽는 갈라디아서다. 그러니까 갈라디아서는 차분한 신학적 묵상이 아니라, 시종일관 교회 내의 위기상황을 해결하려는 목회자 바울의 다급하고 안타까운 투쟁의 기록이다. 물론 오늘 우리는 우리 나름의 영적·신학적 이유에서 갈라디아서를 읽는다. 하지만 오늘 나의 필요가 바울이 갈라디아서를 쓴 이유는 아니다. 그러니 우리 자신의 관심사는 잠시 접어 두자. 그리고 이천여 년 전 갈라디아 교회로 잠시 시선을 돌리자. 당시 갈라디아의 공동체에 도대체 무슨 일이 있었던 것일까?

앞에서 우리는 바울이 그려 낸 갈라디아의 '상황'에 대해 살펴보았다. 하지만 거기서 우리의 초점은 바울 자신의 '입장'이었다. 바울은 현재의 상황을 배교 행위로, 성령을 떠나 육체로 기우는 오류로, 복음 진리를 순종하지 않게 된 잘못으로 규정했다. 하지만 우리의 물음은 여기서 끝나지 않는다. 우리는 바울로 하여금 이런 급진적인 진단을 내릴 수밖에 없도록 만들었던 갈라디아 신자들의 구체적인 행태가 궁금하다. 바울은 갈라디아 신자들의 어떤 모습을 보고 이토록 심각한 진단을 내렸던 것일까?

갈라디아 문제에 대한 전통적 해석

신학적으로 바울은 갈라디아 성도들의 행태를 '율법의 행위들'이라는 표현으로 집약한다. 그의 주장은 단순하다. 우리는 율법의 행위들이 아니라 예수 그리스도를 믿음으로 의롭다 하심을 얻는다는 것이다.[1] 그러니까 갈라디아에 대한 우리의 이해는 이 '율법의 행위들'을 어떻게 이해할 것인가에 따라 달라진다.

자주 논의되는 것처럼, 현재 갈라디아의 상황에 관한 학자들의 견해는 크게 두 흐름으로 갈린다. 이는 보통 '전통적 관점'과 '새 관점'으로 불린다. 물론 대부분의 학자들은 모두 갈라디아의 상황과 그에 대한 바울의 대응을 놓고 자기 나름의 독특한 주장을 펼친다. 따라서 개별 학자를 특정 진영에 귀속시키는 것은 억지스러운 면이 있다. 하지만 '율법의 행위들'이 무엇을 가리키는지, 그리고 그것이 왜 문제인지에 관한 핵심적 물음을 두고 말하면, 위의 유형론은 여전히 유용하다. 이 부분에 대해 잠시 생각해 보자.

　　종교개혁 이후 전통적 칭의론에서 이 '율법의 행위'는 '율법을 (실제로) 행하는 것'이라는 의미로 이해되었다. 그러니까 '율법의 행위로 의롭다 하심을 얻겠다'는 것은 최선을 다해 율법을 지키고 그 순종을 근거로 의롭다 하심을 얻으려는 태도를 가리킨다. 우리는 이를 '율법주의'legalism라 부른다. 종교개혁 당시의 표현을 쓰자면, '공로주의'라고도 말할 수 있다. 우리 자신이 율법을 지키고 그것을 '공로' 삼아 의롭다 하심을 얻으려 한다는 의미다. 이런 해석에는 두 가지 판단이 포함된다. 첫째, 당시 갈라디아 성도들은 율법을 열심히 지키려 했다. 둘째, 그들은 그 순종을 공로 삼아 의롭게 되려 했다. 물론 바울은 복음의 이름으로 그들의 이런 행동과 생각에 경종을 울린다. 율법을 지켜서 의롭게 되려는 발상은 어리석을 뿐 아니라 치명적이라는 것이다. 물론 '(모세) 율법을 행함'이라는 바울 당시의 특수한 정황은 보다 일반적 의미의 '행함'으로 확대되어 오늘 우리에게 적용된다. 우리는 자신의 도덕적 행위로 하나님 앞에서 의롭다 하심을 얻을 수 없다는 것이다.

　　그렇다면 우리가 율법을 행함으로 의롭다 하심을 얻지 못하는 이유는 무엇일까? 흥미롭게도 바울은 이 **결정적** 물음에 답하지 않는다. 적어도 명시적으로는 그렇다. 따라서 이 물음에 대한 답변은 우리 스스로 바울의 논증으로부터 추론해 내는 수밖에 없다. 이에 대한 전통적 관점의 답변은 "우리가 율법을 완전히 지킬 수 없기 때문"이라는 것이다. 율법을 지켜 의롭다 하심을 얻으려면 율법에 대한 우리의 순종이 의롭다 하심을 가능하게 할 만큼 완전한 것이라야 한다. 하지만 죄 아래 있는 인간으로서 율법을 온전히 지키는 것은 불가능하다. 따라서 애초부터 율법을 지켜 의롭게 될 수 있는 길은 존재하지 않는다. 이처럼 하나님 앞에서의 의로움은 우리의 도덕적 노력으로 얻을 수 있는 것이 아니다. 바로 이런 인간적 불가능성 앞에 복음적 가능성이 선포된다. 곧 예수 그리스도를 믿는 것이다. 우리가 하나님 앞에서 의롭게 되는 유일한 길은 우리 자신의 행함을 통해서가 아니라 예수 그리스도를 믿는 것이다. 그러니까 바울은 지금 의롭게 되고 싶어 율법을 열심히 지키는 신자들에게 이렇게 말하고 있는 셈이다. "율법을 지켜 의롭게 되려는 시도를 포기하고, 의로움의 유일한 근거이신 예수 그리스도를 믿어라!"

앞에서 언급한 것처럼, 이런 전통적 해석은 우리의 의로움을 담보할 만한 '완벽한 순종'이 불가능하다는 전제에서 출발한다. 물론 이런 해석에는 그 나름의 근거가 있다. 바울의 생각에 의하면, '율법의 행위들'에 의존하는 사람들은 다 저주 아래 있다. 왜냐하면 누구든지 율법책에 기록된 모든 것을 항상 행하지 않는 자는 저주 아래 있기 때문이다(3:10). 얼핏 모순처럼 보이는 이 구절은 현실과 원칙을 구분해 보면 쉽게 이해가 간다. 하나님의 저주를 피하고 의롭다 하심을 얻으려면 율법책에 기록된 모든 계명을 항상 행해야 한다. 하지만 그런 완벽한 순종이란 애당초 불가능한 일이다. 따라서 '율법의 행위들에 의존하는' 사람, 곧 율법을 행하여 의롭게 되려 하는 사람은 사실상 자신의 저주를 자초하는 사람과 같다는 것이다. 그렇다면 우리는 5장의 경고도 같은 맥락에서 이해할 수 있다. 바울은 할례를 받으려 하는 사람들 각자를 향해 엄중히 경고한다. "그는 율법 전체를 행할 의무를 지닌 사람입니다"(5:3). 불가능한 것을 성취해야 한다는, 다시 말해, 하나님의 저주를 피할 수 없다는 경고가 된다는 것이다.

전통적 해석과 '완벽한 순종'이라는 전제

이런 전통적 해법에 대해서는 두 가지 물음을 제기할 수 있다. 하나는 '율법' 혹은 '율법의 행위들'에 대한 열성의 범위에 관한 것이고, 또 하나는 '완벽한 순종'이라는 개념과 관련된 것이다. 우선, 의롭다 하심을 얻으려면 우리의 행위가 완벽해야 한다는 발상이 석연찮다. 의롭다 하심을 얻기 위해서는 '완벽한' 순종이 필요하다는 발상이 과연 성경이 가르치는 것일까? 시내산 언약의 바탕인 모세 율법은 타락 이전의 아담이 아니라 이미 타락하여 죄 아래 놓인 이스라엘에게 주어진 것이다. 그렇다면 율법을 준수하라는 하나님의 요구가 과연 앞에서 말한 것과 같은 '완벽한 순종'을 염두에 둔 요구였을까? 인간은 죄인이고 따라서 완벽한 순종은 애초부터 불가능한데, 이런 상황에서 하나님은 온전한 순종을 근거로 축복을 약속하신 것일까? 그렇다면 그것은 애초부터 일종의 위장된 저주요 일종의 눈속임일 것이다. 하지만 그것은 이스라엘과 언약을 맺으시고 그들에게 율법을 주신 하나님의 성품을 훼손하는 발상이 아닌가? 오히려 순종을 근거로 한 언약적 축복과 저주는 다분히 인간적 한계를 전제로 한 원리들이 아닐까? 속죄의 수단들을 마련하신 이유가 바로 여기에 있는 것이 아닌가?[2]

물론 온전함에 대한 요구가 없는 것은 아니다. 가령 야고보서는 율법을 잘 지키다가 한 가지 계명만 어겨도 율법 전체를 어기는 것이라고 주장한다(약 2:10). 이 구절은 '완벽한 순종'에 대한 성경적 근거로 자주 언급되지만, 사실 여기서 야고보의 의도는 사뭇 달라 보인다. 문맥이 잘 보여주는 것처럼, 야고보의 의도는 '한 번만 실수해

69

도 끝'이라는 식의 완벽주의가 아니라, 욕심대로 취사선택하는 '선택적' 순종의 위선성을 보여주는 것이다. 죄인에게 불가능한 수준의 완벽함을 요구하는 것이 아니라, 다른 규정들에는 집착하면서 이웃 사랑의 계명은 무시했던, 곧 율법을 지킨다고 자부하면서도 정작 가난한 자들을 차별했던 위선적 행태를 향한 경고다(약 2:1-13). 사실 야고보는 아브라함이나 기생 라합처럼 '행함으로' 의롭다 하심을 얻은 인물들을 언급하지만, 야고보가 이들의 삶을 완벽한 것으로 생각했을 가능성은 낮다. 그러니까 우리의 상식으로 보나 성경적 가르침으로 보나, 하나님 앞에 받아들여지기 위한 조건으로서의 '완벽한 순종' 개념은 그리 자연스럽지 않아 보인다.[3]

이런 불편한 생각을 품고, 물음을 계속한다. 전통적 해석은 과연 갈라디아의 상황을 정확하게 파악한 것일까? 여기서 우리는 이신칭의 교리의 정당성을 묻는 것이 아니라, 갈라디아서를 쓰게 만든 역사적 상황에 대해 묻는 것이다. 앞에서 요약한 전통적 해석이 실제 갈라디아 교회의 위기를 정확하게 포착한 것일까? 보다 구체적으로, 정말 갈라디아인들은 율법을 열심히 지키려고 했을까? 그리고 율법에 대한 자신의 순종을 공로 삼아 의롭게 되려고 했던 것일까? 여기에 대해 바울이 발끈한 이유는 무엇일까? 애초에 완전한 의를 이룰 수도 없는데, 기어이 율법을 지켜 '자기 의'를 확보하려고 했기 때문인가? 그래서 바울은 그들이 '오직 믿음'과 '오직 은혜'의 교리를 망각하고, 율법 준수라는 자살골을 넣으려 한다고 화가 난 것일까? 하지만 율법에 담긴 많은 도덕적 계명들이야 원래 바울 자신이 그토록 강조하던 바가 아닌가?(가령, 엡 6:1-3) 그렇다면 '도덕적' 규정들

말고 할례나 절기 규정 같은 유대적 '의식들'rituals을 지키기 시작했다고 화가 난 것일까? 하지만 그런 것들은 애초부터 아무 상관도 없다고 바울 자신이 말하고 있지 않은가?(5:6; 6:15; 고전 7:19) 그래서 바울이 구체적으로 요구한 해결책은 무엇인가? 아예 '믿기만 하고' 율법 지킬 생각은 하지도 말라는 것일까? 하지만 바울이 정말 율법의 많은 규정들을 무시하라고 가르쳤을까? 그게 아니면, 율법은 성실히 지키되 그것으로 의롭게 되리라는 착각은 하지 말라는 것일까? 하지만 그런 신학적 '착각'이 배교 선고와 출교 선언을 필요로 할 만큼 심각한 범죄인 것일까?

갈라디아의 상황을 구체적으로 그리자면 자연스레 생겨나는 질문들이지만, 막상 대답할 말이 마땅치 않다. 그러니까 이런 현실적인 물음을 염두에 두고 바울의 편지를 다시 읽으면, 전통적 해석에 따라 상황을 재구성하기가 생각보다 쉽지 않다는 사실을 발견한다. 편지의 전반적 어조는 오히려 바울이 사뭇 다른 상황과 씨름하고 있다는 인상을 강하게 풍긴다. 도발적인 물음을 던져 본다. 어쩌면 우리는 지금껏 실제로는 존재하지 않았던 어떤 상황, 혹은 바울은 생각해 본 적도 없는 어떤 상황을 만들어 내고, 그것을 근거로 바울의 말을 이해한(혹은 오해한) 것은 아닐까?

여기서 우리는 첫 번째 물음으로 돌아간다. 곧 율법에 대한 열심의 범위에 관한 물음이다. 분명 지금 갈라디아 교인들은 배교에 버금갈 정도로 무언가 심각한 잘못을 저지르고 있다(1:6; 4:8-9; 5:4). 바울은 그것을 신학적으로 '율법의 행위들'이라는 표현으로 요약한다. 그렇다면 이 '율법의 행위들'이란 도대체 어떤 태도를 가리키는 것일까? 의롭게 되기 위해 율법을 열심히 '행하는' 것을 의미하는가? 아니면 그와는 다른 어떤 태도를 지칭하는 것일까? 단도직입적으로, 갈라디아인들은 어떤 종류의 행위들을 보여주고 있었을까? 많은 이들이 전제하는 것처럼, 과연 그들은 율법을 열심히 지키려고 노력하고 있었을까?

할례

　　　　　현재 갈라디아인들의 행태와 관련하여 드러나는 가장 확실한 사실 중 하나는 그들이 할례를 받으려 했다는 것이다. 편지 전반부에는 의외로 할례라는 단어가 나타나지 않지만, 할례가 가장 핵심적 사안이었다는 사실은 의심의 여지가 없다. 5:2-4에서 밝히는 것처럼 말이다.

> 보십시오. 나 바울이 여러분에게 분명히 말합니다. 만일 여러분이 할례를 받으면 여러분에게 그리스도가 아무 유익이 없을 것입니다. 내가 할례를 받는 모든 사람에게 재차 증언하건대, 그는 율법 전체를 행할 의무를 지닌 사람입니다. 율법을 통해 의롭게 되려는 사람은 그리스도에게서 끊어지고 은혜에서 떨어져 나간 사람입니다.

신자들은 율법을 통해서가 아니라 "성령으로, 믿음을 좇아" 혹은 "믿음에서 나는 성령으로" 의의 소망을 기다린다(5:5). 왜냐하면 할례도 무할례도 우리를 의의 소망에 이르게 할 능력이 없기 때문이다. 그 능력은 오로지 사랑을 통해 작동하는 믿음에서만 나온다(5:6). 그러기에 할례도 무할례도 다 무의미하다. 중요한 것은 그리스도 안에서 새로운 존재로 창조되는 것뿐이다(6:15). 이런 진술들을 보면, 현재 갈라디아에서 할례가 가장 시급한 사안 중 하나였다는 사실은 분명하다. 성령으로 시작했던 그들이 이제는 할례 곧 육체로 끝내려 하고 있다(3:3).

당연한 이야기이지만, 갈라디아인들 배후에는 그들을 "혼란케하는" 선동자들이 있었다(5:12). 그들은 갈라디아인들에게 할례를 강요했다. 그들은 스스로 할례를 받았고, 또 갈라디아인들이 할례 받기를 원했다. "육체에 그럴듯한 모양을 내려 한다"는 말이나 "육체로 자랑한다"는 말 모두 할례를 가리키는 표현들이다(6:12-13; 3:3). 바울은 이들 선동자들이 할례에 집착한 이유가 "그리스도의 십자가로 인한 박해를 면하기 위해서"라고 말한다(6:12). 이들과는 대조적으로 바울은 할례 같은 '육체적' 자랑거리에 집착하지 않았고 오로지 그리스도의 십자가만을 자랑했다(6:14). 그래서 그는 박해를 피하기 어려웠다. 바울은 갈라디아인들에게 이렇게 토로한다. "형제여러분, 내가 여태 할례를 전하고 있다면 왜 여태 박해를 받겠습니까?"(5:11) 그렇다면 바울이 비판한 "율법의 행위들" 속에 할례가 포함된다는 사실은 분명하다.

절기 준수와 음식 규정

바울을 좌절케 한 갈라디아인들의 행태에는 날짜 지키는 행위도 포함된다. 바울은 현재 갈라디아인들의 행태를 일종의 역회심으로 규정한다. 회심 이전의 상태로 '돌아간다'는 것이다(4:9). 그들은 하나님을 몰랐던 자들인데, 바울의 선교를 통해 하나님을 알게 되었다. 그런데 그들은 다시금 예전의 상태로 떨어지려 한다.

이 문맥에서 바울은 절기 규정에 대한 그들의 열정을 지적한다.

> 여러분들이 날짜와 달과 절기와 해를 그토록 열심히 지키는 것을
> 보자니, 내가 여러분을 위해 수고한 것이 모두 헛수고가 된 것이 아
> 닌가 두렵습니다(4:10-11).

달력에 대한 관심을 이교적인 관습과 관련된 것으로 보는 이들
도 있지만, 대부분 학자들은 그 행태가 유대 절기 준수를 의미한다는
데 생각을 같이한다. 복음서에도 잘 나타나는 것처럼, 유대인들은 안
식일 준수에 관심이 많았고, 그 외 다른 절기에도 열성적이었다. 선
동자들은 이방 갈라디아인들 역시 이런 유대적 관습을 준수해야 한
다고 설득하고 강요했다. 무슨 이유에서인지 갈라디아인들은 순순
히 그들의 요구에 응하기 시작했고, 바울은 그들의 이런 모습에 경악
을 금치 못한다(1:6; 3:3; 5:7).

할례나 절기 준수만큼 명시적이지는 않지만, 선동자들의 요구는
율법(토라)의 음식 규정과도 관련된 것으로 보인다. 구조적으로 갈라
디아서 1-2장은 본격적인 신학적 논증을 준비하는 하나의 긴 자전
적自傳的 서론이다. 그 마지막 에피소드가 2:11-21에 기록된 소위 '안
디옥 사건'이다. 베드로가 이방 성도들과 함께 먹다가 보수 유대인들
의 비난이 두려워 자리를 떴다. 물론 베드로의 이런 행동은 "할례 받
지 않은 자들, 곧 이방인들과 함께 음식을 먹어서는 안 된다"는 유대
적 관습과 관련된다. 베드로 자신은 이미 그런 제약으로부터 자유로
웠지만 많은 보수적 유대 신자들은 그러지 못했고, 베드로는 그들의

비판이 두려워 이방 신자들에게 상처 주는 행동을 하고 말았다. 물론 바울의 비판은 간단하다. 베드로의 행동은 위선이다. 이처럼 벌써 무시해 오던 음식 규정에 연연하는 것은 베드로의 평소 모습에 대한 위선이기도 하고, 또 복음의 진리에서 벗어나는 것이기도 하다. 물론 바울은 그런 베드로의 태도에 동조할 의사가 없다. 바울로서는 "하나님의 은혜를 무효로 돌릴" 뜻이 전혀 없기 때문이다(2:21).

엄밀히 말해, 이 안디옥 사건은 갈라디아의 상황과 무관하다. 하지만 칭의론이 처음 개진된 문맥이 바로 이 안디옥 사건을 배경으로 하고 있다는 사실은 이 사건 역시 어떤 식으로든 갈라디아의 상황과 무관치 않음을 시사한다(2:15-16). 어찌 보면 당연한 이야기일 수 있다. 갈라디아의 핵심 쟁점이 할례였고, 사실 음식 규정이란 무엇보다 유대인과 이방인의 구별과 관련된 것이기 때문이다. 이렇게 보면, 음식 규정 또한 현재 갈라디아 교회의 위기 상황을 구성하는 중요한 요소였을 것으로 추론해 볼 수 있다.

율법 준수?

지금까지 우리가 정리한 내용은 대부분 학자들이 동의하는 기본적 사항이다. 정작 중요한 쟁점은 이제부터다. 지금까지 확인한 세 가지 행태들이 '율법의 행위들'의 전부인가? 보다 구체적으로, 갈라디아인들이 의지했던 '율법의 행위들' 속에는 할례나 절기 준수 및 식탁 규정 같은 독특한 요소들을 넘어 율법에 대한 도덕적 순종 또한 포함되었을까? 대부분의 학자들은 그랬을 것이라 생각한다. '율법의 행위들'은 할례나 절기 규정뿐 아니라 율법의 **도덕적** 규정들에 대한 열성 또한 포함한다. 그렇다면 이 '율법의 행위들'은 보다 보편적이고 도덕적인 의미의 '행위'로 확장될 수 있고, 그래서 '행위가 아닌 믿음'이라는 익숙한 도식이 등장한다. 그러기에 바울의 논증은 할례와는 무관한 오늘 우리들의 상황에도 그대로 적용된다. 할례는 우리와 상관없지만, 도덕적 의미의 '행위'는 여전히 현실을 살아가는 그리스도인들에게 초미의 관심사가 되기 때문이다. 하지만 갈라디아인들이 도덕적 의미에서도 율법을 지키려 했다는 판단이 정확한 것일까? 오히려 갈라디아서에서 바울이 던지는 구체적인 발언들은 실제 상황이 그와는 사뭇 달랐다는 인상을 주지 않는가? (이를테면, 5:7, 15, 26; 6:2-5, 10)

선동자들의 태도

그렇다면 갈라디아인들 배후에서 그들을 선동하는 사람들의 모습은 어떨까? 이 사람들은 율법을 잘 지키는 사람들이었고, 그래서 갈라디아의 신자들에게도 동일한 모습을 요구한 것일까? 이들 선동자들에 대한 가장 직설적인 묘사는 앞에서 이미 언급한 적 있는 6:12-13이다. 여기서 바울은 그들이 이방 신자들에게 할례를 강요하면서도 정작 "율법은 지키지 않는다"는 거친 비판을 쏟아 낸다(6:13). 그렇다. 바울이 눈에 비친 선동자들의 모습은 율법을 열심히 지키기는커녕 자기들도 율법을 안 지키면서 이방 신자들의 할례를 강요하는 이율배반적 모습이다. 그래서 바울은 그들이 "그럴듯한 육체를 자랑하고" 싶어 할 뿐, 율법을 성실히 준수하는 것은 아니라고 비난하는 것이다(6:12). 바울의 이 진술을 액면 그대로 읽으면 다른 결론은 불가능하다. 적어도 선동자들 자신을 두고 말하면, 그들은 율법을 지키는 일에는 관심이 없다. 물론 애초에 율법을 지키지 않는 사람들을 두고 율법을 지키는 태도를 논박할 일은 없다. 그렇다면 과연 바울은 이런 상황에서 "율법을 지켜서는 의롭게 될 수 없다"는 논증을 폈던 것일까?

그래서 어떤 학자들은 바울의 이 진술이 신빙성이 없다고 주장한다. 실제 선동자들은 율법을 잘 지키고 있는데, 바울이 근거 없는 인신공격을 퍼붓고 있다는 것이다. 선동자들을 '나쁜 놈'으로 만들어 갈라디아 신자들과 떼어 놓으려 했다는 것이다.[4] 나름 그럴듯한 설명이다. 당연히 바울은 그들을 좋게 말할 의사가 전혀 없다. 하지만 그렇다고 바울의 비난을 근거 없는 악담으로 치부할 수도 없다. 이는 실제 갈라디아의 민감한 상황을 무시한 피상적 제안이다. 지금 바울은 복음으로부터 이탈하는 성도들을 다시 회복하려 무진 애를 쓰고 있다. 하지만 현재 그들은 선동자들에게 더 기울어져 있고, 바울과는 오히려 원수지간처럼 멀어져 있다(4:16-18). 이런 상황에서 선동자들에 대해 근거 없는 악담을 늘어놓는 것은 수사적 자살 행위, 곧 상황을 포기하는 선언이나 마찬가지다. 갈라디아인들이 선동자들의 열성적 모습을 두 눈으로 지켜보는 마당에, 그런 식의 공연한 비난은 오히려 바울 자신을 신뢰할 수 없는 사람으로 폭로하는 꼴이 될 것이기 때문이다. 설마 바울이 그것을 모를 만큼 아둔했을까?

또 어떤 이는 선동자들이 율법을 꽤 잘 지키고 있었지만, 바울 자신이 회심 이전에 지녔던 엄격한 '바리새적' 기준을 적용하여 부정적인 판단을 내린 것이라 주장한다. 하지만 이런 주장 역시 설득력이 없다. 순종의 수준이 낮다는 비판과 "율법을 지키지 않는다"는 적나라한 비난과는 하늘과 땅 차이이기 때문이다. 혹은 선동자들의 배타주의적 행태가 율법을 어기는 것이라고 생각하는 이들도 있다. 율법은 본래 이방인들의 구원까지 염두에 두고 있는데, 선동자들은 이를 할례 받은 자들에게만 국한함으로써 율법의 보편주의적 정신을 어겼다는 것이다. 물론 이런 해법 역시 "율법을 지키지 않는다"는 단도직입적인 표현에 대한 자연스런 해석은 아니다. 선동자들의 불순종에 대한 바울의 비판을 달리 해석할 방법은 없다는 것이다. 바울의 진단은 도발적이지만 명확하다. 선동자들은 할례를 강요했지만 율법은 지키지 않았다.

갈라디아인들의 태도

하지만 선동자들의 이중적 태도와는 별개로, 갈라디아인들이 자발적으로 율법을 지키려 했을 가능성도 있다. 선동자들은 할례 하나만 가르쳤지만, 갈라디아인들이 열을 알아듣고 율법 전체를 지키려 들었을 수도 있는 것이다. 물론 가능성이 없는 이야기는 아니다. 하지만 여기서도 바울의 진술은 갈라디아인들 역시 그럴 의사가 없었음을 강하게 시사한다. 이 점에서 중요한 구절은 역시 앞에서 언급한 적이 있는 5:3이다. 이 구절에서 바울은 할례를 받으려 하는 모든 사람들을 향해 "그는 율법 전체를 행할 의무를 지닌 사람"이라고 경고한다. 이 발언은 경고다. 그리고 이 말이 경고로 들리려면, 갈라디아인들이 할례에는 매력을 느꼈지만 율법 전체를 지키는 일에는 무관심한 상황이 전제되어야 한다. 만약 갈라디아인들이 율법 전체를 지키려 하고 있다면, 바울의 이 진술은 잘못된 태도에 대한 경고가 아니라 그들의 열성에 대한 힘찬 격려로 읽혔을 것이다. "맞습니다. 율법 전체를 지키는 것, 그래서 이를 통해 의롭다 하심을 얻는 것, 그게 바로 우리가 원하는 일이죠." 하지만 실제 갈라디아의 상황은 "율법 전체를 지킬 의무가 있다"는 바울의 말이 경고의 말로 다가오는 그런 상황이었다. 그러니까 갈라디아의 성도들 역시 할례에만 관심을 가졌을 뿐 율법 전체를 지킬 의사는 없었다는 이야기다.[5]

갈라디아 교회와 '율법의 행위'

지금까지 우리는 갈라디아의 상황에 관한 바울의 몇몇 진술들을 근거로 당시 갈라디아 성도들의 태도를 정리해 보았다. 그들은 할례나 절기 준수 혹은 음식 규정과 같은 율법의 항목들에는 민감한 반응을 보였다. 하지만 율법 전체, 곧 외적이고 가시적인 규정들이 아닌 도덕적 규정들을 지키는 일에는 관심이 없었다. 이 점에 있어서는 그들 배후의 선동자들 역시 마찬가지다. 바울은 그들의 이런 태도를 두고 '율법의 행위로 의롭다 함을 얻으려는' 것이라 비난했다. 물론 앞에서 우리가 확인한 상황은 흔히 말하는 율법주의, 그러니까 '행위로 의롭다 하심을 얻으려는' 태도와는 전혀 다르다. 그렇다면 지금 갈라디아인들의 태도는 도대체 무엇을 의미하는가? 왜 그들은 율법 전부를 지킬 생각은 하지 않은 채 할례나 절기 준수와 같은 특정 규정들에만 집착했을까? '율법의 행위들'로는 의롭게 될 수 없다는 말은 도대체 무슨 뜻인가? 다음 장에서는 이런 질문들을 염두에 두고, 당시 갈라디아인들의 태도가 함축하는 신학적·구원론적 의미를 따져 보기로 하겠다.

2:16 하지만 사람이 율법의 행위들을 통해서가 아니라 예수 그리스도를 믿음으로 의롭다 하심을 얻는 줄 알고서 우리 역시 그리스도 예수를 믿었습니다. 그것 은 우리가 율법의 행위들을 통해서가 아니라 그리스도를 믿는 믿음으로 의롭 다고 하심을 받고자 했기 때문입니다. 율법의 행위들로는 그 누구도 의롭다 하심을 얻을 수 없기 때문입니다.

3:10 누구든지 율법의 행위들로 살아가는 자들은 저주 아래 있습니다. 왜냐하면 누 구든지 율법 책에 기록된 모든 것들을 지속적으로 행하지 않는 사람은 저주 를 받는다고 (성경에) 기록되었기 때문입니다.

04 ─ 갈라디아 위기와 '율법의 행위들': 이방 신자들은 왜 할례를 받으려 했을까?

갈라디아 성도들의 의도

바울이 보기에 갈라디아 교회는 믿음이 아니라 율법의 행위로 의롭다 하심을 얻으려 했다. 이것이 갈라디아의 상황에 대한 바울의 신학적 진단이었다. 그런데 그들이 '율법의 행위들'로 의롭다 하심을 얻으려 했다는 말은 구체적으로 무슨 의미일까? 바로 앞 장에서 우리는 갈라디아의 성도들이 할례나 날짜 준수 및 음식 규정과 같은 특정 계명들에는 열성적이었지만, 보다 실질적 의미에서의 율법 준수 곧 율법의 도덕적 계명들을 준수하는 일에는 관심이 없었다는 사실을 확인한 바 있다. 이런 상황을 생각하면, 바울이 비판한 '율법의 행위들'이 흔히 말하는 '율법주의적' 태도, 곧 율법을 열심히 지켜 그것을 '공로'로 의롭다 하심을 얻으려는 모습이라고 보기는 어렵다. 오히려 갈라디아인들의 태도는 '율법의 행위들'은 선호했지만 전체 율법의 준수에는 무관심했다(5:3; 6:12-13). 그

들은 율법을 지키지는 않으면서 '율법의 행위들'에만 의존했다. 이
렇게 되면 '율법의 행위들'은 일상적이고 도덕적인 의미에서 율법을
행하는 태도가 아니라 오히려 율법을 행하지 않으면서 몇몇 특정 규
정에만 몰두하는 태도를 가리킨다. 적어도 갈라디아서의 상황은 그
런 것처럼 보인다.

물론 오늘 우리는 신자들이 율법을 잘 지키고, 그런 모범적인 삶
을 근거로 의롭게 되려 하는 상황을 상상해 볼 수 있다. 하지만 그런
상황이 실제로 가능한가 하는 물음과는 별개로, 이것이 갈라디아 교
회를 혼란스럽게 한 문제는 아니었던 것으로 보인다. 실제 갈라디
아 신자들이 그랬다면, 바울은 그들의 성숙함을 한껏 칭찬했을 것이
다. 율법이 가르치는 것처럼 거룩한 순종의 삶을 살겠다고 노력하는
데 어느 목사가 그것을 비난하겠는가? 오히려 실제 상황은 그 반대
다. 갈라디아의 성도들은 율법을 지킬 의사는 없이 할례나 절기 준수
같은 '율법의 행위들'에만 의존하려 했다. 그렇다면 질문이 생긴다.
그러면 그들은 도대체 무슨 생각으로 그런 태도를 취하게 되었을까?
율법을 지키는 일에는 관심이 없으면서, 유독 할례나 절기 준수와 같
은 규정들에만 집착하게 된 동기는 과연 무엇이었을까?

할례의 의미

바울이 비판한 '율법의 행위들'에서 핵심은 단
연코 할례. 남자의 생식기 포피를 자르는 할례는 육체적 고통도 고
통이지만, 문화적으로나 사회적으로도 쉽게 감행할 수 있는 의식이
아니다. 이방인이 유대인이 된다는 것은 여간 중대한 신분의 변화가

82

아니기 때문이다. 그렇다면 갈라디아 신자들은 왜 그런 어려운 요구에 마음을 열게 되었을까? 할례에 대한 이방 신자들의 열성을 이해하려면, 우리는 우선 주후 1세기 당시 할례가 유대인 신분의 핵심적 상징이었다는 사실을 기억할 필요가 있다.[1] 이는 마치 하켄크로이츠(갈고리 십자가)가 나치를, 욱일승천기가 제국주의 일본을, 혹은 일상 언어에서 파란 눈이 서양인을 의미하는 것과 같다. 그 자체가 정체성의 핵심은 아니지만, 타인과의 관계에서 우리와 남을 구분하는 가장 효과적인 표지로 기능하는 것이다. 당시 유대인들의 입장에서 유대인과 비유대인을 나누는 가장 결정적 기준은 할례였다. 세상은 할례자 아니면 무할례자, 둘로 갈라진다. 경멸적 의도가 있든 없든, 당시 유대인들의 일상 언어에서 할례(자)와 무할례(자)라는 단어는 '우리 유대인'과 나머지 '이방 죄인들'을 구분하는 약호로 광범위하게 사용되었다(2:7-9, 15). 믿음을 신앙의 핵심으로 여기는 기독교인들이 공동체 밖의 사람들을 '안 믿는 사람들'(불신자)이라 부르는 것과 같은 이치다.

이는 갈라디아서에서도 마찬가지다. 2:7에서 바울은 베드로가 '할례의 복음'을 위임받은 것처럼 자신은 '무할례의 복음'을 위임받았다고 말한다. 물론 이는 할례를 포함하는 복음과 그렇지 않은 복음, 두 가지가 있다는 말이 아니다. 여기서 할례와 무할례는 각각 할례자와 무할례자를 의미하는 일종의 환유metonymy다. 부분적이지만 특징적인 속성 하나를 들어 그 사람 전부를 나타내는 것이다.[2] 그러니까 여기서 바울의 표현은 '할례자를 대상으로 한 복음' 및 '무할례자를 대상으로 한 복음'이라는 뜻이 된다. 물론 이 경우 '할례자'와 '무할례자'는 복음 자체의 내용보다는 복음 선포의 대상을 가리킨다. 그래서 개역개정판은 이를 "할례자에게 복음 전함"과 "무할례자에게 복음 전함"이라는 말로 번역했다. 9절에서 다시 밝히는 것처럼, 바울 일행은 "이방인에게로" 가고, 베드로 일행은 "할례자에게로" 가게 되었다는 뜻이다.

이렇게 보면, 할례를 중심으로 한 갈라디아 교회의 혼란은 할례를 통해 "유대인이 될 것인가, 말 것인가" 하는 물음을 둘러싼 위기라 할 수 있다. 한마디로 유대인의 정체성과 관련된 물음이다. 물론 이 정체성의 물음은 "누가 의롭다 하심을 얻을 수 있는가?" 하는 칭의론, 곧 구원론의 문맥에서 제기된 것이었다. 그러니까 할례로 대표되는 "율법의 행위들로는 의롭다 하심을 얻을 수 없다"는 강한 부정은 한마디로 "할례를 통해 유대인이 된다고 해서 의롭다 하심을 얻는 것은 아니다"라는 말이 된다. 통상적인 생각과는 달리, 율법주의적 태도를 겨냥하여 "율법을 지킨다고 의롭다 하심을 얻는 것이 아니다"라고 주장하는 것이 아니라, 유대인들의 배타적 구원론을 겨냥하여 "할례 받은 유대인이라고 해서 의롭다 하심을 얻을 수 있는 것이 아니다"라고 말하고 있는 것이다.

유대인의 선민사상

물론 할례자 곧 유대인이라고 해서 구원 받는 것은 아니라는 주장이 제기된다는 사실은 당시 유대(기독교)인들 사이에 '유대인=구원 받을 백성'이라는 신념이 널리 퍼져 있었음을 의미한다. 얼핏 말도 안 되는 소리 같지만, 사실 이런 유대적 '확신'은 매우 성경적이다. 물론 우리 같은 '이방인들'이 보기에 매우 자기중심적으로 보이는 이 신념은 실상 하나님께서 '(우리) 조상 아브라함'을 택하셨고 그와 그 후손들에게 영원한 복을 약속하셨다는 언약적 신념에 근거한다. '하나님의 친구'로 불렸던 아브라함처럼, 그의 후손들 역시 그의 공로 덕을 볼 것이며 하나님께서 그에게 주신 약속의 혜택에 동참할 것이라는 신념이다. 유대인의 입장에서 이는 하나님의 신실하심에 대한 믿음의 구체적 표현이었다. 그래서 포로 귀환 시절의 영웅 에스라의 이름을 차용한 바울 당시의 한 유대 묵시가는 "당신은 그(아브라함)와 영원한 언약을 맺으셨고, 영원히 그의 후손들을 버리지 않겠다고 약속하셨습니다" 하고 호소하며, 바로 그 약속에서 미래 이스라엘의 희망을 찾았다(제4에스라 3:15). 우리가 알듯, 유대인들은 출애굽 후 시내산에서 하나님과 언약을 맺었는데, 그 언약의 핵심은 "나는 너희 하나님이 되고, 너희는 내 백성이 될 것이다"라는 약속이었다. 그러니까 유대인들은 선택된 "하나님의 백성"이고, 하나님은 "유대인의 하나님"이다(3:29; 9:4-5). 당연히 구원이란 하나님과 유대인들 사이의 이야기다. 유대인 곧 하나님의 백성이 된다는 것은 바로 구원 받는다는 것을 의미한다. 메시아 대망 역시 마찬가지다. 다윗의 자손으로 올 메시아의 임무는 다윗의 집, 곧 이스라엘 나라를 회복하는 일이다. 물론 이는 하나님께서 다윗에게 친히 약속하셨던 바이다(삼하 7장). 유대인들이 기다렸던 메시아는 "자기 백성", 곧 외세의 압제 아래 놓인 유대인들을 건져 낼 자였던 것이다(마 1:21; 눅 1:68-75).

유대인의 배타적 선민의식과 기독교

마태복음과 누가복음의 세례 요한 이야기는 이런 유대적 신념이 대중 속에서 작동하던 방식을 여실히 보여준다. 세례 요한은 자기에게 나온 "무리들"(누가복음) 혹은 "바리새인과 서기관들"(마태복음)에게 "누가 너희들이 진노를 피할 것이라고 가르치더냐?"고 따지며 그들의 소박한 '확신'을 허문다. 요한의 반박은 아브라함의 자손은 임박한 진노를 피할 것이라는 믿음, 그러니까 소위 유대식 '구원의 확신'이 당시 유대인들 사이에 널리 퍼져 있었음을 말해 준다(오늘날 많은 기독교인들이 말하는 구원의 확신과 전혀 다르지 않다). 하지만 이런 편리하고도 견고한 '확신'은 실상 하나님을 오해한 데서 나온 위험한 '착각'에 지나지 않았다. 사실인즉슨, 심판을 피하는 유일한 길은 아브라함의 (육신적) 후손이라는 외면적 정체성에 호소하는 것이 아니라 "회개에 합당한 열매를 맺는" 것이다. 길가의 돌들로도 아브라함의 후손들을 얼마든지 만들 수 있는 마당에, '아브라함의 후손'이라는 외적(혈통적·종교적·사회적) 신분이 더 이상 무슨 의미가 있겠는가(마 3:7-9; 눅 3:7-8). 본회퍼Dietrich Bonhoeffer의 용어를 빌리자면, 유대식 '값싼 은총' 혹은 '값싼 언약'에 대한 통렬한 비판인 셈이다.

기독교 복음의 확산 과정에서도 이런 유대적 신념은 막강한 위력을 발휘한다. 예수를 메시아로 고백하는 행위가 자동으로 유대인과 이방인의 경계를 허물지는 않는다. 선교 초기에 이방 세계로 흩어진 유대 신자들은 이방인들을 무시한 채 동료 유대인들에게만 복음을 전했다(행 11:19). 메시아 예수는 하나님이 자기 백성(마 1:21),

곧 유대인들을 이방의 압제로부터 구원하기 위해 보내신 분이다(눅 1:68-75). 따라서 택한 백성이 아닌 이방인들은 구원과는 무관하다. 애초부터 전도의 대상이 아닌 것이다. 좀 거칠게 말하자면, 우리가 강아지에게 전도할 필요를 못 느끼는 것과 마찬가지다. 사도행전의 고넬료 사건에서 보듯, 유대 신자들은 애초에 택한 백성의 울타리 밖에 존재하던 이방인들의 구원 가능성을 예상하지 못했다(엡 2:11-12 참조). 이방인들의 집에 들어가는 것 자체가 범죄로 인식되었다는 사실은 당시 유대인들의 사고방식이 어떠했는지를 잘 말해 준다. 베드로는 고넬료의 집에 도착해서까지 "무슨 일로 나를 불렀느냐?" 하고 묻는다. 성령이 가라 하셔서 오기는 왔지만, 도대체 자기가 왜 이방인의 집에 와야 하는지는 알 도리가 없었다. 이들에게 복음을 선포하여 구원하라는 명령이라고는 꿈에도 생각할 수 없었다. 이들은 하나님이 택하시지 않은 이방인들이요 무할례자들이기 때문이다. 당연히 유대 신자들은 하나님이 유대 신자들에게 주신 것과 똑같은 성령을 무할례자인 고넬료의 집안에 주셨다는 사실에 경악할 수밖에 없었다. 그리고 이 전대미문의 사건을 묵상하는 가운데 어렵사리 "그렇다면 이방인들에게도 생명을 얻는 회개를 주신 것"이라는 결론을 내릴 수 있었다(행 11:18).[3]

물론 이방인의 구원 자체는 인정하더라도, 구체적인 구원의 조건은 여전히 민감한 사안으로 남는다. 사실 이 조건이 보다 실질적인 문제에 해당한다. 원론적이지만, 대부분의 유대인들 역시 할례를 받고 유대교로 개종하는 이방인들을 수용할 의사가 있었기 때문이다. 교회의 고민은 성령의 선물을 어떻게 이해해야 하는가 하는 것이었다. 무할례자들에게 주어진 성령은 할례의 원천적 무효성에 대한 선고인가, 그래서 일단 성령을 받은 이방인들은 더 이상 할례 문제로 고민할 필요가 없는 것인가? 아니면 성령과 할례를 배타적으로 보려는 태도가 문제인가? 일단 성령을 받고 하나님을 알게 된 이상, 할례를 받고 '하나님의 백성' 곧 유대인이 되는 절차를 밟는 것이 당연한 일 아닌가? 특히 할례가 하나님의 직접적인 명령에 속한 것이라면, 그리고 이를 무시하는 사람은 누구든 하나님의 백성으로부터 끊어질 것이라고 경고하신 것이라면(창 17:14), 성령의 선물을 받았다고 할례를 무시하는 것은 위험한 발상이 아닌가?

이 물음에 대한 유대 기독교인들의 대답은 단순하지 않았다. 바리새파 출신의 보수적 신자들은 이방 신자들이 '구원을 받으려면' 할례를 받고 율법의 여러 조항들을 지켜야 한다고 주장했다(행 15:1). 할례 받지 않은 이들은 하나님 백성의 공동체에서 끊어지리라는 성경적 원칙에 근거한 생각이었다(창 17:14; 출 4:24-26; 레 12:3; 수 5:2-9). 반면 이방 선교에 적극적이었던 이들은 성령의 임재 자체가 할례의 의미를 폐기하는 것으로 간주했다. 하나님께서 할례를 받지 않은 이방인에게 성령을 주셨다는 것은 그들을 '있는 모습 그대로' 받으셨음을 의미하며, 따라서 할례라는 조건은 무의미해졌다는 추론이었다. 격론이 오고 간 후, 베드로와 야고보의 주도로 예루살렘 교회는 최종적으로 할례가 필요치 않다는 결론을 내렸다(행 15:1-29).

하지만 예루살렘 회의 하나로 모든 상황이 평정되기는 어려웠을 것이다. 교회의 재가 없이 안디옥으로 원정을 갔던 열성 보수파 신

자들에게서 볼 수 있는 것처럼, "그래도 이것은 아니다" 하는 생각
을 포기할 수 없는 이들도 있었다. 실상 유대 기독교가 역사의 지평
에서 사실상 사라질 때까지, 유대인과 이방인의 관계 문제는 초대 기
독교의 역사 전체를 채색하는 가장 어려운 문제 중 하나로 존재했다
(갈 2:11-21). 자연 이방 선교의 선봉이었던 바울 역시 이 문제로부
터 자유로울 수는 없었다. 빌립보서에서 할례를 주장하는 "악한 사
역자들"("행악하는 자들", 개역개정)을 "개들"이요 "거세당"("몸을 상해
하는 자들", 개역개정)이라 격하게 비난하는 모습은 바울이 겪었던 스
트레스가 어느 정도였는지 짐작케 한다(빌 3:2).[4] 로마서 15장의 신
중하고도 두려운 모습에서(15:14-15, 31), 고린도후서의 비통한 어
조에서, 그리고 사도행전 후반의 이야기에서 우리는 유대 사회뿐 아
니라 교회 내에서조차 '이방인의 사도'의 위상이 불안한 것이었음을
잘 볼 수 있다.

배타적 선민의식과 바울의 이방인 선교

갈라디아서의 격앙된 논증 역시 바로 이런 문
제를 해결하려는 노력이었다. 이는 보다 차분한 논조의 로마서에서
도 마찬가지다. '할례'라는 명사가 신약에 모두 36번 나타나는데, 그
중 31번이 바울의 것이고 다시 그중 절반인 15번이 로마서에 나온
다. 분량상 로마서의 3분의 1이 조금 넘는 갈라디아서에는 7번 나타
난다. 할례 문제, 곧 유대인과 이방인의 관계 문제가 로마서의 논증
을 채색하는 핵심 색조의 하나임을 말해 주는 대목이다.

본래 이방인인 우리로서는 실감하기 어렵지만, 할례 및 선민의식

89

과 관련된 유대인들의 집요함을 고려하지 않고서는 이방 선교의 역동적 스토리를 실감나게 이해하기란 어렵다. 앞서 언급한 세례 요한의 이야기에서 보듯, 기독교의 복음 이야기는 많은 부분 유대인들의 이런 배타적 선민의식과 대결하는 문맥에서 전개된다. 물론 "모든 믿는 자에게" 미치는 복음의 보편성은 시공의 제한을 받지 않는다. 그렇지만 유대인과 이방인이 따로 존재하는 세계에서 이 복음의 보편성은 하나님의 구원이 유대인들만을 위한 것이 아니라 "모든 믿는 자들"을 위한 것이라는 주장, 곧 하나님은 유대인들만의 하나님이 아니라 이방인의 하나님도 되신다는 주장으로 구체화된다(2:15-16; 롬 3:21-31; 10:12). **유대인들의 배타적 선민의식이 복음의 효과적 선포와 올바른 수용을 방해하는 상황에서는, 복음 선포가 많은 부분 이런 배타적 자폐성을 허무는 노력에 집중될 수밖에 없기 때문이다.** 갈라디아서 역시 이런 지속적 갈등의 한 장면인 것이다.

안디옥 사건과 칭의[5]

전통적으로 무시되어 왔지만, 바울의 논증이 많은 부분 유대인의 배타적 선민의식을 겨냥하고 있다는 사실은 갈라디아서에서도 잘 드러난다. 본격적 칭의론의 서론 격인 안디옥 사건(2:11-21)이 좋은 예다. 평소처럼 베드로(게바)는 '이방인들'과 함께 편하게 식사를 하고 있었다. 그러다 예루살렘 교회의 실질적 지도자였던 (주의 형제) 야고보로부터 일군의 유대인들이 안디옥으로 내려왔다. 이들의 성향은 다분히 보수적이었고, 베드로는 이방인들과 편하게 어울리고 함께 먹는 자신의 행동이 배타주의적 '할례자들'로부터 비난받을까 두려웠다(12절의 "할례자들"은 야고보로부터 온 사람들일 수도 있고, 예루살렘의 강경 보수주의자들일 수도 있다). 그래서 그는 이방인들과의 식탁 교제를 중단했고, 이를 본 바나바와 다른 유대 신자들 역시 베드로의 뒤를 따라 자리에서 물러나 이방인들과 "스스로를 분리시켰다"(12절). 바울은 이들의 '위선적' 행태에 격분했다(13절). 이방인들과의 식탁 교제를 거부한 것은 할례 받은 유대인은 할례 받지 않은 이방인들과 섞일 수 없다는 신념을 따른 것이었다. 하지만 지금까지 (전통적 의미의) '유대인처럼' 살지 않고 오히려 이방 기독교인들과 자유롭게 어울리며 '이방인처럼' 살았던 베드로나 바나바 같은 이들에게는 그런 행동이 위선일 뿐이다. 더 나아가 지금까지 함께 먹던 이방인들에게 이들의 이런 변절은 "할례를 받은 유대인이 아니면 함께 먹을 수 없다"는 선언으로 받아들여졌을 것이다. 의도한 것은 아닐 수 있지만, 결과적으로 "이방인들에게 유대인처럼 되라고 강요하는" 꼴이 되고 만 것이다(14절). 바로 이런 사건의 배경 하에서 칭의에 관한 주제 진술이 나타난다는 사실은 의미심장하다.

우리는 본래 유대인들이지 이방 죄인들이 아닙니다. 하지만 사람이 율법의 행위들을 통해서가 아니라 예수 그리스도를 믿음으로 의롭다 하심을 얻는 줄 알고서 우리 역시 그리스도 예수를 믿었습니다. 그것은 우리가 율법의 행위들을 통해서가 아니라 그리스도를 믿는 믿음으로 의롭다 하심을 받고자 했기 때문입니다. 율법의 행위들로는 그 누구도 의롭다 하심을 얻을 수 없기 때문입니다(2:15-16).

칭의에 대한 핵심적 진술(16절)이 유대인과 이방인의 차이를 강조하는 15절에 연결되어 있다는 사실은 칭의에 대한 바울의 진술 자체가 어떤 방식으로든 유대인과 이방인들의 관계 문제와 얽힌 것이라는 사실을 짐작하게 한다. 이 구절들을 자연스럽게 읽으면, "우리는 이방 죄인이 아니라 유대인"이라는 15절의 표현이 "율법의 행위로 의롭다 하심을 얻는다"는 16절의 진술과 병행되는 것임을 알 수 있다. 그러니까 15절은 유대인이라는 정체성이 의롭다 하심을 얻는 중요한 근거가 된다는 과거의 유대적 신념을 표현한다. 하지만 베드로나 바울처럼 예수를 만난 유대인들은, 칭의가 유대적 신분 곧 그 신분을 구성하는 '율법의 행위들'로 얻어질 수 없다는 사실, 그리고 칭의란 오직 그리스도(메시아)를 믿어야만 가능하다는 사실을 알게 되었다. 그래서 우리도 예수를 믿었다. "우리 역시" 예수를 믿게 되었다는 표현이 바로 이런 깨달음을 나타낸다. 이방 죄인이 아니라 유대인인 우리 또한 예수를 믿었다는 것이다.

아브라함과 칭의

성경 속에서 믿음으로 의롭다 하심을 얻는다는 바울의 주장에 대한 가장 강력한 지지자는 유대인의 머리라 할 수 있는 아브라함이다. 그런데 재미있게도 바울은 아브라함 이야기로부터 거듭 '이방인의 칭의'에 관한 이야기를 도출해 낸다. 아브라함이 믿음으로 의롭다 하심을 얻었다는 사실로 인해, 이제는 할례자가 아니라 믿음에 속한 이들이 "아브라함의 씨"가 된다(3:6-7). 당연히 이는 유대인이라야 (구원 받을) 아브라함의 씨라는 당시 유대인들의

92

신념을 송두리째 뒤흔드는 주장이다. 하지만 예수를 만난 바울은 (구약)성경 속의 아브라함 이야기를 새롭게 읽으며 "하나님께서 이방인들을 믿음으로 의롭게 하시리라는 것을 성경은 진즉부터 알고 있었다"는 사실을 확인한다(3:8). "모든 이방인들이 너를 통해 복을 받을 것이다"라는 말씀이 바로 그 사실을 가리킨다.

아브라함을 통해 예시된 복음을 역사 속에 구현한 그리스도의 십자가 역시 마찬가지다. 그리스도의 죽음은 우리를 율법의 저주로부터 속량하는 사건이었다(3:13). 물론 이 결정적 사건 속에는 상호 연관된 두 가지 목적이 있었다. 그중 하나가 "아브라함의 복이 이방인에게도 주어지는 것"이었다(3:14 상). 3:8-9에서 드러나는 것처럼, 아브라함의 복은 아브라함처럼 믿음으로 의롭다 하심을 얻는 것을 가리킨다. 그러니까 십자가 죽음을 통해 우리를 율법의 저주에서 건지신 목적은, 이제는 이방인들 또한 믿음을 통해 의롭다 하심을 얻을 수 있도록 하기 위함이었다. 로마서에서도 우리는 끊임없이 유사한 주장과 논증들을 만난다.

이렇게 바울의 구원 이야기는 언제나 유대인/이방인 문제와 얽힌다. 복음 자체가 이런 상황에서 생겨난 것이라서가 아니라, 복음 사건이 발생한 상황 자체가 그런 문제를 품고 있기 때문이다. 이런 상황에서 복음을 선포한다는 것은 복음이 어떻게 그런 상황을 창조적으로 해소하는지를 해명하는 과정을 포함한다. 그러니까 갈라디아서에서 '율법의 행위'와 관련된 바울의 집요한 논증들은 유대인과 이방인의 관계라는 독특한 정황 속에서 어떻게 영원한 복음이 그 본래적 위력을 드러내는지를 보여주는 방식이라 할 수 있다.

새 관점과의 차이

바울의 논증이 놓인 이방인과 유대인의 관계라
는 맥락을 강조한다는 점에서 우리의 읽기는 '새 관점'의 관심을 상
당 부분 공유한다. 하지만 우리의 견해는 몇 가지 중요한 점에서 통
상적인 새 관점 학자들과 다르다. 새 관점 학자들 역시 전통적 관점
의 학자들과 마찬가지로, 갈라디아의 상황이 율법 전체를 지키려는
열심을 드러낸다고 본다. 율법 전체를 지키려는 열성이 배타주의적
모습으로 드러났다는 것이다. 하지만 이와는 달리 우리는, 갈라디아
의 상황이 할례나 절기 준수 및 음식 규정 등의 특정 항목들에만 치
중할 뿐, 도덕적으로 율법을 지키려고 했던 상황은 **아니라고** 보았다.
그리고 이에 기반하여 갈라디아의 위기의 핵심을 **위선적 영성의 유
혹**이라 규정했다. 곧 유대인의 정체성과 관련된 일부 가시적 조항들,
곧 바울이 "율법의 행위들"이라 지칭한 항목들에는 민감했지만, 진
정한 의미에서 율법을 지키는 일에는 관심이 없었다는 것이다.[6] 바울
은 바로 이런 불순종과 위선을 문제 삼는다. 물론 바울의 이런 접근
법은 철두철미 자신의 복음적 관점에 근거한 것이다.

이미 언급한 것처럼, 우리의 이런 입장은 갈라디아의 당사자들
이 율법을 전체적으로 지키려 하면서 이를 통해 유대적 정체성을 확
보하려 했다고 보는 대다수 새 관점 학자들의 생각과 다르다. 갈라디
아인들이 율법을 전체적으로 준수하려 했다고 전제하면, 바울의 태
도는 성도들의 바람직한 열심에 대해 아무런 근거 없이 트집을 잡는
것이 될 수밖에 없다. 물론 그들은 전통적 해석이 말하는 '율법주의'
라는 진단에 동의하지 않는다. 대신 그들은 율법 실천 배후에 작동하

는 배타주의적 태도가 문제라고 생각한다.

하지만 이 대목에서 그들의 주장은 바울의 실제 논증을 벗어나는 것으로 보인다. 엄밀히 말해, '율법의 행위들'에 대한 바울의 비판은 갈라디아인들 혹은 선동자들의 배타주의적 태도나 이념을 겨냥하지 않는다. 이어지는 논의에서 거듭 강조하겠지만, 바울이 갈라디아인들을 비판하는 것은 그들이 배타주의적 이념을 수용했기 때문이 아니라, (그들의 이념과는 무관하게) 그들의 영성이 진정한 실천으로 연결되지 않는 '속 빈 강정'이었기 때문이다. **선동자들은 분명 배타주의적 태도를 보였다. 하지만 바울은 배타주의라는 그들의 패러다임이 아니라 자신이 믿는 복음의 진리를 따라 상황을 판단한다.** 바울은 그들이 설정한 '하나님의 백성' 개념의 배타성을 문제 삼은 것이 아니다. 정작 바울이 문제 삼은 것은, 선동자들의 하나님 백성 정의가 복음적 관점에서 볼 때 무가치한 조건들에 기초했다는 사실, 더 나아가 그 정의 속에 **복음이 요구하는 진정한 요건들이 누락되어 있다**는 치명적인 사실이었다.

결국 문제는 배타주의적 이념이 아니라, 그 배타주의 배후에 드러나는 위선적 태도다. 보다 정확히 말하자면, 바울이 보기에 그들이 주장했던 배타적 정체성과 '율법의 행위들'은 이래도 저래도 상관없는 조건들에 지나지 않는다. 중요한 것은 사랑으로 역사하는 믿음의 삶, 새로 태어난 존재로의 삶이다. 바울은 이것을 성령을 따르는 삶이라 요약한다. 그리고 이는 당연히 사랑으로 집약되는 율법의 정신과 일치한다. 갈라디아인들은 바로 이 복음의 진리를 떠나려 했다. 바울은 바로 이런 일탈을 두고, 하나님을 떠나고 성령을 떠나고 복음의 진리를 순종치 않는 배교의 상황이라 판단했다. 그래서 바울은 그들의 불순종을 지적하며, 그 불순종 배후에 놓인 율법(의 행위들)의 영적·도덕적 무기력함을 드러내고, 참된 생명의 길인 믿음과 성령을 새롭게 선포한다. 그것이 창조주 하나님께로 돌아오는 참된 돌아섬이기 때문이다.[7]

2부

상황 속의 복음: 바울의 신학적 대응

5:21 이런 일들을 행하는 사람들은 하나님 나라를 상속하지 못할 것입니다.

6:7-9 착각하지 마십시오. 하나님은 우리가 무시할 수 있는 그런 분이 아닙니다. 사람이 무슨 씨를 뿌리든, 뿌린 그것을 그대로 수확하게 될 것입니다. • 자기의 육체(라는 밭) 안으로 씨를 뿌린 사람은 그 육체로부터 부패를 수확할 것입니다. 반면 성령(이라는 밭) 안으로 씨를 뿌린 사람은 성령으로부터 영생을 수확할 것입니다. • 따라서 우리는 선을 행하다가 중도에 낙심하지 말아야 합니다. 때가 되면 수확하게 될 것입니다. 피곤하여 지치지 않는다면 말입니다.

05 ── 바울 구원론의 미래적 관점: 의의 소망을 기다리는 삶

앞 장에서 우리는 갈라디아의 신자들이 율법에 나타난 도덕적 의무를 준수하는 데는 관심이 없고 할례나 날짜 지키기와 같은 '외형적' 규정들에만 집착했다는 사실을 살펴보았다. 바울은 이를 '율법의 행위들'이라 불렀다. 그리고 그 앞 장에서는 이런 빗나간 열정이 유대인들의 배타적 구원론, 곧 할례를 받은 유대인이라야 구원에 이른다는 배타적 신념의 산물이라는 사실도 살펴보았다. 바울은 이처럼 '율법의 행위들'에 의존하는 행태가 어리석다고 말한다. 원칙적으로 하나님이 그 택한 백성을 구원하신다는 말은 맞다. 그런 의미에서 선택이란 배타적일 수밖에 없다. 문제는 그들이 단지 배타적이어서가 아니라, 그 선택의 표지를 잘못 짚었기 때문이다. 로마서에서 말하는 것처럼, 하나님이 찾으시는 진정한 유대인이란 할례와 같은 '육신적'[fleshly] 차별성으로 만들어지는 것이 아니기 때문이다(2:28-29). 반면 바울은 예수 그리스도를 믿는 믿음을 참된 해답으로 제시한다. 믿음을 통해 하나

99

님의 백성, 곧 구원 공동체에 속하기 위한 참된 조건을 만족시킬 수 있기 때문이다. 율법의 행위들을 통해서가 아니라 믿음으로 의롭다 하심을 얻는다는 말은 바울의 이런 입장을 한마디로 요약한다. 바울이 왜 '믿음'을 참된 의와 구원의 길로 제시하는지는 나중에 자세히 살펴볼 것이다. 그 전에 여기서는 바울이 구원을 설명하기 위해 활용하는 핵심 개념인 '칭의'稱義, justification에 대해 살펴보려고 한다. 이 칭의를 어떻게 이해하느냐에 따라 바울이 말하는 바가 달라질 것이기 때문이다.

여기서 우리의 의도는 칭의 개념을 세밀히 정의하는 것이 아니다. 물론 학자들은 칭의 개념에 대해 치열한 논쟁을 벌인다. 칭의는 구원과 유사한 구원론적 개념인가, 아니면 하나님의 백성에 포함된다는 다소 교회론적 개념인가? 칭의란 우리를 의롭다 '여겨 주는' 것인가, 아니면 의로운 존재로 '만들어 주는' 것인가? 혹은 잘못된 세상을 '바로잡는다'는 말인가? (갈라디아서에는 안 나오지만) '하나님의 의'라는 표현은 하나님 자신의 의로움을 가리키는가? 아니면, 하나님이 우리를 의롭게 해 주시는 것을 가리키는가? 칭의가 마지막 심판 때의 판결을 현재로 앞당긴 것이라면 현재적 칭의와 미래적 칭의는 서로 어떻게 연결되는 것인가? 혹은 최근 톰 라이트N. T. Wright와 존 파이퍼John Piper 간의 논쟁에서 문제가 되었던 것처럼, 바울 서신에서 제대로 된 '전가'轉嫁, imputation 개념을 찾아낼 수 있는가? 물론 학자들의 대답은 다양하고 논쟁은 사뭇 치열하다.

사실 학자들 사이에 이처럼 치열한 논쟁이 벌어진다는 사실 자체가 시사하는 바는 크다. 해석하는 사람들의 의견이 분분하다는 것은 애초에 바울이 칭의 개념을 확실히 정의해 주지 않았다는 말이다.

바울이 그러지 않았던 것은 필요가 없었기 때문이다. 예수에게 하나님 나라가 그랬듯, 바울에게나 그의 독자들에게나 칭의는 달리 설명이 필요 없는 친숙한 개념이었다. 물론 오늘 우리로서는 바울의 용법을 추적하여 그 개념을 유추해 내는 수밖에 없다. 하지만 학계의 격렬한 논쟁이 말해 주듯, 바울의 글 자체만 놓고 보면 접근하는 방식에 따라 서로 다른 추론이 가능하다. 여기서 학자들의 치열한 논쟁에 가담하는 것이 우리의 일은 아니다. 오히려 바울이 침묵하는 사안에 대한 치열한 논쟁은 자칫 칭의 개념보다는 칭의에 관한 다른 무언가를 강조하고 싶었던 바울의 의도를 흐릴 우려가 있다. 칭의 자체는 일단 모호한 개념으로 두더라도, 그 칭의에 대해 바울이 명시적으로 하는 말을 우선 귀담아 들어야 한다는 것이다. 역설적으로, 그러다 보면 오히려 칭의의 개념에 대해 보다 선명한 답을 얻을 수 있을지도 모른다.

내가 여기서 강조하고 싶은 것은 갈라디아서가 드러내는 칭의의 미래적 속성이다. 한마디로 나의 주장은 이렇다. 곧 갈라디아서에서 바울이 말하는 칭의란 '이미 이루어진' 현재적 실재가 아니라 '아직 기다려야 할' **미래의 소망**이다. 바울의 주장은 갈라디아의 신자들이 '믿음으로 이미 **의롭게 되었다**'는 것이 아니라, '믿음으로 **의롭게 될 것이다**'라는 것이다. 예수를 믿어 이미 의롭다 하심을 얻었다고 배운 이들에게는 이런 주장이 매우 놀랍게 들릴 것이다. 혹은 '칭의-성화-영화' 같은 도식에 익숙한 이들은 교리적으로 불편을 느낄 수도 있다. 어쩌면 지극히 자연스러운 반응이다. 하지만, 그럼에도 불구하고 이런 우려들은 사실 바울의 논증에 대한 오해의 산물일 공산이 크다. 적어도 이것이 내가 갈라디아서를 공부하면서 얻게 된 결론이다. 다시 말해,

101

갈라디아서 전체를 아무 모순이 없는 일관된 논증으로 해석하자면, 갈라디아서의 칭의 개념을 미래적 소망의 대상으로 이해할 수밖에 없다는 것이다. 바울 자신이 칭의를 '의의 소망'(5:5)으로 제시하고 있는 터라 나의 주장은 사실 지극히 당연한 주장에 해당한다. 하지만 대부분의 독자들에게 미래적 칭의 개념은 생소할 것이기에, 이런 주장의 근거를 어느 정도 살펴보는 것이 필요할 것이다. 칭의 개념 자체에 대해서는 나중에 더 이야기하기로 하고, 여기서는 갈라디아서에서 전체적으로 배어나는 바울의 미래지향적 전망을 전반적으로 더듬어 보자.

바울의 미래지향적 관점

'구원 받았다'는 말에 익숙한 현대 기독교인들에게는 낯설게 들릴 수도 있겠지만, 기독교 복음은 원초적으로 미래지향적이다. 바울의 복음 역시 마찬가지다. 다소 어려운 말로 '종말론적'이라고 부를 수도 있겠다. 그리스도의 재림에 대한 기대는 바로 이런 미래지향적 성격을 집약한 것이다. 물론 복음의 미래지향성은 현재의 삶을 상대화하는 현실도피적 태도와 전혀 무관하다. 오히려 현실에 집요한 관심을 기울이되, 그 현실의 참 의미가 미래를 통해 밝혀지리라는 신념을 말한다. 미래를 생각하기에 오히려 현실이 더 중요해진다. '현재'라는 것은 순간 존재하다 사라지는 시간, 그래서 이래도 저래도 상관없는 무상無常한 시간이 아니라, 분명한 미래를 향해 이어지는 시간, 하나하나 축적되어 우리가 바라는 미래를 만들어 내는 시간이기 때문이다. 그래서 미래의 소망은 현재의 의미를 밝혀 주고, 이 현재를 더 멋있게 만들어 주는 삶의 빛이다(이를테면,

롬 8:17; 고후 4:17-18).

바울의 시선이 이처럼 미래지향적이라면, 그가 갈라디아의 위기를 바라보고 진단하는 관점 또한 마찬가지일 것이다. 바울이 현재 갈라디아의 상황에 경악한 것은 이 현재의 선택이 소망을 갖고 살아가는 신자들로서는 최악의 선택, 곧 그들이 바라던 미래를 포기하는 어리석은 선택이기 때문이다. 당연히 바울은 갈라디아 성도들의 현재적 행태가 그들이 가진 미래의 소망에 어떤 영향을 미치는지를 따질 것이다. 이를 확인하는 가장 가까운 방법은 당면한 위기 상황을 인식하는 바울의 눈길을 추적하는 것이다. 바울이 현재의 위기 상황을 진단하는 기준이 '이미 이루어진' 어떤 것인지, 아니면 '아직 기다려야 할' 어떤 것인지를 확인해 보자는 것이다. 바울의 관점이 가장 선명하게 드러나는 결론부의 진술부터 살펴보자.

수확을 고대하는 씨 뿌림(6:7-9)

시편에서 어느 시인은 "눈물을 흘리며 씨를 뿌리는 자는 기쁨으로 거둘 것이다"라고 노래했다(시 126:5). 물론 땀내 나는 파종의 시간과 가슴 벅찬 수확의 스토리는 농부나 시인이 아닌 우리에게도 익숙하다. 우리는 이 그림언어가 전달하는 의미를 잘 안다. 현재는 힘겨운 씨 뿌림의 시간이지만, 곧 기쁨으로 곡식을 수확하는 때가 올 것이다. 지금 우리가 눈물을 흘리며 힘겹게 씨를 뿌리는 것은 가을에 풍성한 수확의 기쁨을 고대하기 때문이다. 바울은 우리의 삶이 바로 이와 같다고 말한다. 현재의 삶에는 반드시 필연적인 결과가 뒤따른다는 이야기다.

103

착각하지 마십시오. 하나님은 우리가 무시할 수 있는 그런 분이 아닙니다. 사람이 무슨 씨를 뿌리든, 뿌린 그것을 그대로 수확하게 될 것입니다. 자신의 육체(라는 밭) 안으로 씨를 뿌린 사람은 그 육체로부터 부패를 수확할 것입니다. 반면 성령(이라는 밭) 안으로 씨를 뿌린 사람은 성령으로부터 영생을 수확할 것입니다. 따라서 우리는 선을 행하다가 중도에 낙심하지 말아야 합니다. 때가 되면 수확하게 될 것입니다. 피곤하여 지치지 않는다면 말입니다(6:7-9).

편지 말미의 이 권고는 현 상황을 바라보는 바울의 관점을 집약한 것이다. 바울은 우리의 삶을 하나의 씨 뿌림에 비유한다. 언제나 선택에 직면하는 우리의 삶은 마치 어떤 밭에 씨를 뿌릴지를 선택하는 일과 같다. 하나는 육체라는 밭이고, 하나는 성령이라는 밭이다. 육체라는 밭 안으로(개역의 '위하여'는 '안으로'라고 번역하는 것이 더 자연스럽다) 씨를 뿌린 사람은 그 육체라는 밭으로부터 "부패"라는 소출을 거둘 것이다. 썩어 버린 것을 수확한다는 말은 그 자체가 역설적 수사다. 썩어 버린 씨앗에서 새로운 싹을 기대할 수는 없는 노릇이기 때문이다. 동시에, "부패" 곧 썩어짐은 궁극적인 멸망을 가리키는 바울식 표현의 하나다. 바울 서신에는 지옥과 같은 개념이 등장하지 않는다는 사실을 고려하면, 궁극적 멸망을 가리키는 가장 센 표현 중 하나인 셈이다.

바울의 구원론에서 우리가 누리게 될 구원의 핵심은, 우리가 이 "부패할 몸"을 벗고 "부패하지 않을 몸" 곧 부활의 새 몸을 입는 것이다. 우리의 몸이 부패의 굴레로부터 해방되는 것, 한마디로 "몸의 속량"이다(고전 15:50-54; 롬 8:23). 그런데 부패를 수확한다는 것은 부활의 몸을 입지 못한 채 썩음으로 모든 것을 마감한다는 뜻이다. 그것이 바로 육체라는 밭에다 인생의 씨를 뿌린 삶, 곧 세속적 욕망을 따라 살았던 삶의 필연적 결과다. 반면 성령이라는 밭에 씨를 뿌리는 사람은 성령의 밭으로부터 "영생"이라는 값진 소출을 거둘 것이다. 이 점을 잘 관찰해야 한다. 여기서 바울이 말하는 수확은 (기본으로 주어지는) 구원에 덧붙여진 어떤 상급이 아니라 영생 곧 구원 그 자체다. 영생은 성령에 씨를 뿌리는 삶, 곧 성령의 인도를 따라 살아가는 삶의 필연적 결과로 주어진다는 것이다. 로마서 6장에서 바울이 보다 길게 설명하는 논점도 바로 이것이다(롬 6:15-23, 특히 20-22절).

바울이 "믿음으로 이미 의롭다 하심을 얻었다"는 사실을 강조할 의도였다면, 편지를 이런 식으로 끝내지는 않았을 것이다. 이처럼 선명한 미래적 경고는 "믿음으로 의롭다 하심을 얻었다"는 주장 자체를 무력화시키는 것처럼 보이기 때문이다. 그래서 바울이 '이미' 이루어진 칭의를 강조한다고 생각하는 이들은 편지 후반부에 나오는 이런 미래적 전망을 설명하는 데 어려움을 겪는다. 믿음으로 이미 의롭게 되었다고 열심히 목소리를 높여 놓고서, 이제 와서는 우리가 어떻게 사느냐에 따라 "부패"에 직면할지 "영생"을 누릴지 결정된다고 말하는 셈이기 때문이다. 그래서 많은 이들은 이 구절을 놓고 "현재의 수고에는 그에 합당한 종말론적 결과가 따라올 것"이라는 식의 모호한 설명으로 얼버무리곤 한다. 바울의 적나라한 진술을 애써 무시하고 보다 막연한 표현으로 어려움을 덮어 버리는 것이다.[1]

이런 꼼수는 학자들만의 전유물은 아니다. 바울의 이 진술을 풀어 표현해 보면, "행위구원론 냄새가 난다"고 우려하는 사람들이 많다. 종종 신학을 꽤 공부해야 이해할 수 있는 개념들을 도입하거나, 머리를 복잡하게 굴려야만 따라갈 수 있는 다단계식 설명들을 제시하는 경우도 많다. 하지만 이상하지 않은가? 바울의 말을 적나라하게 옮기면 이상하거나 위험해 보이고, 더 모호하고 복잡하게 바꾸면 안전하게 느껴지는 것은 과연 무슨 이유일까? 공동체의 평범한 신자들을 향한 바울의 진술이, 혹은 당시의 일반 대중들을 향한 예수님이나 야고보의 그 선명한 경고들이 복잡한 신학적 수식을 요구할 만큼 그렇게 어려운 이야기였을까? 오히려 많은 신학자들이 '너무 단순한 해석'이라고 말하는 그것이 바로 성경의 경고가 의도한 본래 의미가 아니었을까? 신학의 일차적 책임은 성경의 가르침을 더 선명하게 전달하고 거기에 더 적나라하게 반응하게 만드는 것이지, 분명한 가르침을 더 복잡하게 만들고 끊임없는 사색과 고민에 몰두하게 만드는 것이 아니다. 한 가지 분명한 것은, 많은 사람들이 행위구원론적 발언이라 염려하는 '수위 높은' 주장들은 모두 성경 자체의 진술들이지 내가 지어낸 말들이 아니라는 사실이다.[2]

　우리의 교리적인 염려에도 불구하고 바울의 어조는 선명하다. 육체의 밭에 농사를 지으면 썩어짐을, 성령의 밭에 농사를 지으면 영생을 수확한다. 하나님이 다스리는 세상은 '심는 대로 거두는' 세상이기에, 그분의 지혜로운 섭리 속에서 현재 우리의 선택은 우리의 영원한 운명에 영향을 미친다. 교리적으로 이를 무엇이라 부를지는 중요하지 않다. 바울이 그렇게 가르쳤다는 사실은 달라지지 않기 때문이다. 그래서 우리는 되묻는다. 바울이 '이미'를 강조한다는 판단은 과연 옳은 것일까? 정말 바울은 이미 이루어진 것들을 되돌아보며 지금의 사태를 저울질하고 있는 것일까?

목표를 향한 달리기(5:7)

예나 지금이나 달리기는 가장 인기 있는 운동 경기 중 하나다. 두 발로 맨땅 위를 달리기도 하고, 물속을 온몸으로 달리기도 하며, 스케이트를 신고 얼음 위를 지치기도 하고, 혹은 말이나 자전거나 자동차 같은 것을 타고 달리기도 한다. 또 직접 뛰기 싫으면 대신 말을 뛰게 하고 거기에 돈을 걸기도 한다. 이처럼 달리는 장소나 방법은 제각각이지만, 모든 경주競走에는 불변의 원칙이 있다. 곧 출발점에서 시작하여 결승점을 향해 달린다는 것이다. 100미터 경주처럼 순식간에 끝날 수도 있고, 마라톤처럼 두 시간이 넘을 수도 있지만, 정해진 목표를 향해 달려간다는 사실에는 변함이 없다. 그래서 경주는 우리 인생을 설명하는 가장 친숙한 비유의 하나다. 특별히 심판과 구원이라는 분명한 결승점을 바라보는 그리스도인에게 달리기는 더 말할 나위 없이 적절한 삶의 언어가 된다. 그래서 바울도 자신의 삶이나 성도들의 삶을 이야기할 때 자주 달리기 그림을 활용한다(고전 9:24-27; 갈 2:2; 빌 3:10-14; 딤후 4:7-8). 물론 이는 바울이 어떤 관점에서 현재의 삶을 바라보고 있는지에 대한 좋은 단서가 된다.

경주에서 우리가 손에 땀을 쥐는 것은 뛰는 사람 모두가 승리하는 것이 아니기 때문이다. 실력이 모자라면 아예 기대를 접어야 할 테지만, 최고 실력을 가졌으면서도 부정 출발 때문에 실격하기도 한다. 그래서 선수들은 긴장한다. 시합 전까지는 죽어라고 땀 흘려 훈련하고, 실제 뛸 때는 죽을힘을 다해 목표를 향해 달려간다. 메달을 따고 싶고, 우승을 하고 싶기 때문이다. 때로는 뜻밖의 사고로 결승점에 이르지 못하거나 원하던 결과를 얻지 못하기도 한다. 2004년 아테네 올림픽 때의 마라톤 경주가 대표적 사례다. 경기 도중 관중 한 사람이 줄곧 선두였던 브라질의 리마 선수에게 달려들어 길 밖으로 함께 나뒹구는 일이 벌어졌다. 곧 수습되긴 했지만, 이 일로 자기 페이스를 잃은 리마는 결국 뒤따르던 선수들에게 추월을 허용하여 동메달을 목에 거는 것으로 만족해야 했다.

바울은 지금 갈라디아 신자들의 모습이 바로 이와 같다고 말한다.

> 여러분이 잘 달려왔는데, 누가 여러분들을 막아서서 진리를 순종치 못하게 만들었습니까?(5:7)

바울이 보기에 현재 갈라디아의 위기는 신자들이 이미 이루어진 칭의·구원을 망각하고 있는 것이 아니다. 만일 그랬다면, 이처럼 호들갑을 떨 것도 없다. 차분히 "여러분은 이미 믿음으로 의롭다 하심을 받은 사람들 아닙니까?" 하고 일깨워 주면 되었을 것이다. 그렇다고 이미 얻은 칭의를 잃어버리고 있다는 말도 아니다. "그런 식으로 하면 이미 주어진 칭의가 무효가 됩니다" 하는 식의 경고는 갈라디아서 어디에도 보이지 않는다. 사실 우리는 종종 '구원의 상실'에 관해 이야기하지만, 그것이 성경의 관심사는 아니다. '상실'이라는 발상 자체가 이미 구원을 얻었다는 것을 전제하는데, 이는 '구원의 소망'을 선포하는 성경의 가르침과 잘 어울리지 않는다.[3] 달리기라는 그림언어 속에 내재한 논리처럼, 바울이 느낀 위험의 본질은 "의의 소망"이라는 목

108

표의 상실에 있다(5:5). 목표를 향해 잘 달리던 신자들이 선동자들의 방해를 받았고, 이로 인해 목표를 향한 달음질을 멈추어 버렸다. 신자들 편에서는 더 잘해 보려는 계산이었을지 모르지만, 바울이 보기에 이는 칭의·구원이라는 결승점을 포기하는 행동에 지나지 않았다.

고린도전서에서 바울은 고린도의 신자들에게 "모두가 운동장에서 달리지만, 정작 상을 받는 사람은 하나가 아닙니까? 그러니까 여러분도 상을 받을 수 있도록 그렇게 달려가십시오" 하고 충고한다(고전 9:24). 이미 상을 받았으니까, 감사한 마음으로 열심히 뛰자는 것이 아니다.[4] 혹은 상을 받기로 이미 내정된 마당이라 그저 참가만 하면 기록과 상관없이 상을 얻는다는 것도 아니다. 잘 뛰어 상을 받을 수도 있고, 뛰었지만 상을 받지 못할 수도 있다(고전 9:27). 그래서 제대로 뛰어야 한다. 바울이 보기에, 지금 고린도 신자들이 달리는 태도는 매우 위험하다. 현재 그들이 선택한 행동은 복음과 어긋나는 대목이 너무 많아 그들이 구원의 메달권에서 멀어질까 염려스럽다. 그래서 바울은 "여러분이 상을 받을 수 있도록" 그렇게 달려야 한다고 권고하는 것이다.[5]

물론 달리기 그림은 갈라디아서 6장에서 보았던 뿌림과 거둠이라는 농사 비유와도 잘 어울린다. 현재의 씨 뿌림이 미래의 수확을 결정하듯, 현재의 달리기가 미래의 승패를 좌우한다. 갈라디아 신자들은 최근까지 성령의 밭에 씨를 뿌리는 삶을 잘 살아왔는데, 선동자들의 꾐에 빠져 성령을 따르는 삶을 포기해 버렸다. 성령으로 계속 달리면서 진리에 순종하는 삶을 지속해야 하는데, 지금은 그런 삶의 자태를 상실해 버렸다는 것이다(3:3). 만약 이것을 '행위구원론'이라 부른다면, 우리는 바울을 비롯한 성경 전체가 행위구원론을 가르친다고 말해야 할 것이다. 물론 그보다 더 쉬운 방법은 겸손히 우리의 신학적 말투를 고치는 것이다.

성령으로 시작하고 육체로 마치기?(3:3)

바울의 미래지향적 관점을 드러내는 진술들 중 가장 흥미로운 구절이 3:3이다.

> 여러분이…… 성령으로 시작했는데, 이제 와서 육체로 끝내겠다고요?

여기서 처음 등장한 성령과 육체의 이항대립은 갈라디아서 전체에 걸쳐 바울의 논증을 지탱하는 가장 핵심적인 틀을 형성한다.[6] 가령 '사라와 하갈의 알레고리'라 불리는 4:21-31에 보면, 하갈의 아들은 "육체를 따라" 곧 그냥 인간적인 방식으로 태어난 아들이고, 사라의 아들은 약속으로 태어난 아들이다(4:23). 그러니까 이 둘의 출생은 그냥 인간적으로 태어난 아들과 하나님의 약속이 개입하여 태어난 아들 간의 대조다. 물론 생명을 창조하는 하나님의 약속 속에는 약속하신 것을 실행에 옮기셨다는 사실까지 함축되어 있다. 그런 의미에서 이삭의 탄생은 하나님이 생명의 성령으로 아브라함과 사라에게 역사하신 결과다. 그래서 (구약)성경적 맥락에서 볼 때 "약속을 통해 태어난" 아들은 바울식 언어로 말하자면 "성령을 따라 태어난" 아들이 된다(4:28-29). 물론 성령으로 태어났다는 점에서 이삭 이야기는 "성령으로 시작한" 갈라디아인들의 이야기와 상통한다(3:3).

110

바울이 이 두 이야기를 겹치는 의도는 선명하다. 이삭과 이스마엘의 경우에서 보듯, 상속의 미래란 육체로 태어난 아들이 아니라 성령으로 태어난 아들에게만 보장된다(4:30-31).

잠시 후 5:16-26에서는 보다 실제적으로 성령의 인도를 따라 사는 삶과 육체의 욕망에 이끌리는 삶이 대조된다. 물론 육체를 따르는 이들은 하나님 나라를 상속하지 못할 것이다(5:21). 하나님 나라란 성령을 따라 살며 그 열매를 맺는 이들에게만 약속된 것이기 때문이다(롬 8:13 참고). 이것이 바로 조금 전 앞에서 살펴보았던 6:7-8의 이야기다. 육체라는 밭에 씨를 뿌려 부패를 수확하는 삶과 성령이라는 밭에 씨를 뿌려 영생을 수확하는 삶의 대조다. 그러니까 바울이 현재 우리 삶을 놓고 성령과 육체를 서로 대조할 때는 언제나 최종적인 멸망 혹은 영생이라는 종말론적 관심이 그 배후에 어른거린다.

지금 우리의 관심사인 3:3 역시 마찬가지다. 여기서 성령과 육체는 갑자기 달라져 버린 갈라디아 신자들의 두 가지 태도를 간명하게 요약한다. 그들은 성령으로 시작했지만, 이제는 성령 대신 육체로 끝내려고 한다. 과연 이것이 무슨 말일까? 여기서 우리의 눈길을 끄는 것은 '시작하다'(에나르케오마이)와 '끝내다'(에피텔레이오마이)라는 동사의 결합이다. 3:2-5 전체에서 드러나는 것처럼, 성령으로 시작했다는 것은 믿음으로 성령을 받아 그리스도인의 삶을 시작했다는 뜻이다.

논란이 되는 것은 '끝낸다'는 말의 의미다. 어떤 주석가들은 이 말을 '완성한다'는 의미로 풀이한다. 무언가 모자란 것을 온전하게 만든다는 것이다. 이런 해석에는 현 상황에 대한 나름의 전제가 깔려 있다. 이 이론에 따르면, 선동자들이 보기에 율법을 무시하는 바울의 복음에는 도덕적으로 치명적인 결함이 있다. 물론 바울은 새로운 삶의 기준이 되는 성령을 강조한다. 하지만 바울이 그려 내는 성령 윤리 속에는 실제 생활에 필요한 구체적인 지침은 별로 없어 보인다. 그런 절름발이 복음을 믿는 이들이 도덕적 혼란에 쉽게 빠지리라는 것은 불을 보듯 뻔하지 않은가! 그래서 선동자들은 이런 안타까운 상황을 개선하고자 했다. 갈라디아 신자들에게 할례를 주고 율법의 가르침 아래 들어오게 함으로써 '2퍼센트 모자란' 바울의 복음을 '완성'하고자 했다는 것이다. 구체적인 삶의 지침에 목말라하던 갈라디아인들 역시 외부인들의 이런 도움이 반가웠을 것이다. (전혀 다른 맥락에서, 당시의 신비종교에서 유행했던 것처럼, 할례라는 (신비로운) 의식을 통해 보다 높은 영적 경지로 들어가고자 했다는 해석도 있다. 하지만 이는 본문에 대한 주해보다는 당시 상황에 대한 상상력의 산물에 가깝다.)

일견 그럴듯하지만, 실상 이런 해석은 바울 선교의 실제 상황을 잘못 읽은 결과다. 바울의 여러 편지들은 그가 처음부터 이방 신자들의 삶에 얼마나 깊은 관심이 있는지를 잘 보여준다. "나를 본받으십시오" 하는 빈번한 권고는 바울이 자신의 행보를 통해 구체적인 삶의 모범을 제시했음을 알게 한다(고전 11:1). 편지 속에서도 "성령을 따르라"는 원론적 권고도 등장하지만, 예배 중 옷차림을 어떻게 할 것인지에 관한 문제처럼 시시콜콜한 부분까지 훈수를 두기도 한다(고전 11:1-16). 우상 제물에 대한 바울의 상세한 권고나 방언 및 예언에 관한 바울의 구체적 지침들이 좋은 사례다(고전 8-10, 11-14장). 그러니까 바울의 '성령 윤리'가 일상적 구체성을 결여하고 있다는 판단은 대단히 피상적 판단에 지나지 않는다.

선동자들이 '율법을 통해' 바울 공동체의 도덕적 취약성을 극복하려 했다는 주장 또한 의심스럽다. 하나님의 법으로서 율법이 가진 권위야 분명했겠지만, 영적 권위와 실질적 효용은 별개의 문제다. 사실 고대 팔레스타인의 농경·목축 사회를 배경으로 주어진 율법(토라=모세오경)의 많은 규정들은 1세기 로마의 도시문화 속의 이방 신자들에게는 무의미한 것이었다. 그나마 이방인들에게 적용 가능한 도덕적 규정들은 이방인들도 이미 아는 '보편타당한' 규범들이 대부분이었다. 사실 팔레스타인의 유대인들에게조차 토라는 적용하기 어려운 옛 규정이 많았고, 그래서 그 율법을 '지킬 수 있는' 것으로 만들기 위해서는 '옛' 율법에 대한 새로운 해석이 끊임없이 이루어져야 했다. 예수와 바울 당시 유대 사회에서는 이런 랍비적 해석의 전통들이 모여 '장로들·조상들의 전통'으로 통용되었다(1:14; 마 15:2; 막 7:3-5). 유대 사회에서도 사정이 이러했다면, 이방 세계에서는 오죽했겠는가? 물론 일상적 실천의 장치들인 '장로들의 전통'이 로마 제국의 이방인들에게도 그대로 전파되었다고 볼 수는 없다. 그러니까 오래 전 먼 곳에서 생겨난 유대 율법이 이방 신자들의 일상적 삶을 위한 구체적인 지침을 주기는 어려웠다는 이야기다. 그러니까 '끝낸다'는 말이 영적·도덕적 수준을 끌어올린다는 의미에서 '완성한다'는 의미이기는 어렵다는 것이다.

3:3의 시작과 끝냄 이야기는 바울의 종말론적 관점을 드러내는 것으로 해석하는 것이 가장 자연스럽다. 이를 보여주는 가장 흥미로운 근거는 유일하게 동일한 두 동사가 결합되어 등장하는 빌립보서 1:6이다.

내가 확신하는 바는 바로 이것입니다. 곧 여러분들 가운데서 선한 일을 **시작하신** 분께서 그리스도 예수의 날까지 (그 일을) **완수하시리라**는 것입니다.

이 구절에서 '끝낸다'는 것은 '완수한다'는 뜻이다. 기대했던 최종 목표를 달성한다는 의미다. 물론 그리스도인의 현재적 삶의 여정은 '예수 그리스도의 날' 곧 예수의 재림과 더불어 끝난다. 그러니까 이 구절에서 바울이 피력하는 바는 바울의 선교 사역을 물심양면으로 돕는(1:5, 7; 4:14-19) 선한 일을 성도들 가운데서 시작하신 하나님께서 예수의 재림 때까지 그 선한 일을 완수해 가시리라는 확신이다.

이런 관점에서 보면 갈라디아서의 '끝냄'도 어렵지 않게 이해할 수 있다. 갈라디아의 신자들은 바울이 선포한 복음을 듣고 믿어 성령을 받았고, 이로써 그리스도인으로서의 삶을 시작했었다(3:2, 5). 물론 이렇게 시작한 삶 혹은 이렇게 시작한 달리기(5:7)는 최종 목표 지점까지, 곧 그들이 고대해 마지않는 마지막 수확의 날까지 계속되어야 한다. 물론 시작할 때처럼 '성령으로' 말이다. 그런데 그들은 중도에 방향을 바꾸고 있다. 성령으로 시작해 놓고서, 이제는 육체로 그 과정을 완수해 보겠다고 나선 것이다. 문제는 '육체'는 원하는 목표에 이르는 길이 아니라는 사실이다. 그들의 행동이 그처럼 '어리석은' 이유가 여기 있다(3:1, 3). 스스로 미래를 포기하는, 제정신으로는 도저히 할 수 없는 행동이기 때문이다(1:6). "여러분이 그렇게 어리석습니까?"

의의 소망을 고대함(5:5)

　　　　바울이 기본적으로 미래지향적 관점에서 갈라디아의 상황을 진단하고 있다면, 갈라디아서의 중심 주제인 칭의론 역시 동일한 관점을 드러내는 것이 당연할 것이다. 실제로 칭의론에 대한 바울의 최종적인 요약은 지금까지 우리가 살핀 것과 동일한 흐름을 보여준다.

> 우리는 믿음에서 나는 성령으로 의의 소망을 기다리기 때문입니다
> (5:5).
> 우리는 성령으로 믿음을 따라 의의 소망을 간절히 기다리노니
> (개역개정).

　대부분의 학자들은 이 구절이 바울 칭의론의 핵심적인 요약이라는 데 동의한다. 그런데 바로 이 대목에서 바울은 칭의를 "의의 소망"이라는 미래적 선물로 규정한다. 개역개정판의 번역에 의하면, 믿음 또한 이미 이루어진 무언가의 근거가 아니라 앞으로 와야 할 것을 고대하는 기다림의 자태다. 앞에서 지적한 것처럼, 바울이 이미 이루어진 무언가를 강조할 요량이었다면 절대 하지 않았을 그런 종류의 진술인 것이다.

　하지만 칭의 자체가 중요한 주제인 만큼, 이에 대해서는 보다 상세한 설명이 필요하다. 그래서 다음 장에서는 이 핵심 구절을 포함하여 칭의가 언급된 여러 구절들을 살피면서 칭의가 어떻게 미래적 개념으로 제시되고 있는지를 알아보도록 하자.

5:5   왜냐하면 우리는 믿음에서 나는 성령으로 의의 소망을 기다리기 때문입니다.

06 — 의의 소망을 향한 목마른 기다림

앞에서 우리는 바울이 구원의 소망이라는 미래지향적 관점에서 갈라디아 교회의 위기를 진단하고 있음을 살펴보았다. 글의 말미에 간략하게 예고한 것처럼, 이번 장에서는 갈라디아서의 핵심 주제에 해당하는 칭의 개념을 보다 상세히 살펴보도록 하자.

로마서와 칭의

칭의 개념이 미래적일 수 있다고 말하면 놀라는 사람이 많다. 바울이 분명 "믿음으로 의롭다 하심을 얻었다"(롬 5:1)고 말하고 있는데, 그래서 모두가 그렇게 가르치고 배우는데 무슨 소리냐는 것이다. 물론 (부분적으로) 옳은 지적이다. 바울은 분명 신자들이 믿음으로 의롭다 하심을 얻었다고 말한다. 적어도 로마서에서는 그렇다. 하나님의 의가 이미 계시되었고(3:21), 믿는 자들은 이미 의롭다 하심을 받은 자들이다(5:1). 그리고 현재 그리스도의 희

생으로 의롭게 된 자들은 장차 미래의 진노하심에서 구원을 얻을 것이다(5:9). 이 현재의 의는 "죄로부터 의롭게 되었다"는 말로도 표현된다(6:7). 또 의의 법을 추구한 이스라엘은 그 법에 이르지 못했지만, 의를 추구하지도 않았던 이방인들은 오히려 의를 얻었다(9:30). 그래서 전통적으로 우리 교회가 가르치는 '칭의론'은 장차 의롭게 될 것이라는 희망이 아니라 믿음으로 이미 의롭다 하심을 얻었다는 사실에 대한 확신으로 이루어진다.

문제는 그것이 전부가 아니라는 사실이다. 사실 로마서를 한글로 읽었을 때 칭의의 현재성을 강조하는 것처럼 보이는 구절들 중 상당수는 실상 아무 시제 표시가 없는 중립적 표현들이다. "값 없이 의롭다 하심을 얻은 자 되었느니라"(3:24, 개역개정)는 현재형 주동사와 상응하는 현재분사로서 '의롭다 하심을 얻는다'라고 무시제로 번역하는 것이 옳다. "의롭다 하심을 받아 생명에 이르렀느니라"(5:18, 개역개정)는 진술 역시 실제로는 아무런 시제 표현도 없는 명사구다(unto life of righteousness). 굳이 동사를 넣자면 시제를 뺀 "의의 생명에 이릅니다" 정도가 적당할 것이다. 이루어진 사실을 강조하는 것이 아니라, 이루어지는 방식 혹은 원리를 설명하는 원론적 진술들이다. 다소 놀랍게 들리겠지만, 사실 위의 단락에서 든 몇 개 구절을 제외하면 칭의를 이미 이루어진 사실로 명시하는 구절들은 달리 없다.

자주 놓치는 사실이지만, 칭의가 미래의 사건으로 묘사되는 구절은 의외로 많다. 로마서에서 칭의에 관한 첫 진술은 "하나님 앞에서는 율법을 듣는 자가 의인이 아니라 오히려 율법을 행하는 자가 **의롭다 하심을 얻을** 것이라"는 것이다(2:13). 간혹 이 진술은 바울 자신의 신념이 아니라는 주장이 제기되기도 하지만,[1] 바울은 이것이 자기 복음의 일부라고 분명히 못박는다(2:16, "내 복음을 따라서"). 또 율법의 행위로는 **의롭다 하심을 얻을** 육체가 없다(3:20). 칭의는 이방인과 유대인을 차별하지 않는다. 왜냐하면 "할례자도 믿음으로, 무할례자도 믿음을 통해 **의롭다 하실** 하나님은 한 분"이시기 때문이다(3:30). 또 믿음으로 의롭다 하심을 받은 아브라함의 사례가 성경에 기록된 것은 그저 아브라함 자신만을 위한 것이 아니라 장차 "**의롭다 하심을 얻을 우리**"를 위한 것이기도 하다(4:24. 물론 이 구절의 미래는 아브라함의 입장에서 볼 때 내지는 그 이야기가 기록된 시점에서 볼 때의 미래일 수도 있다). 한 사람 아담의 범죄 때문에 많은 사람들이 죄인이 **되었던** 것처럼, 한 사람 그리스도의 순종 때문에 "많은 사람들이 **의롭게 될**" 것이다(5:19). 이들 중 한둘은 그저 논리적 미래 혹은 수사적 미래로 설명할 수 있겠지만, 모든 구절들을 그렇게 해석하기는 쉽지 않다. 이렇게 보면 "의롭다 하심을 받았다"고 명시하는 경우만큼이나 "의롭다 하심을 받을 것이다" 하는 미래적 진술 또한 많다는 사실을 확인할 수 있다.[2]

빌립보서의 P[46] 사본

이 점에서 흥미로운 사례가 하나 있다. 잘 알려진 것처럼, 지금 우리는 성경 저자들의 '친필 원고'를 갖고 있지 않다. 지금 우리가 읽는 신약 본문은 지금까지 발견된 수많은 필사본筆寫本, manuscripts(손으로 베껴 쓴 복사본)들을 서로 비교하여 복원한 것이다. 그런데 바울 서신 영역에서 매우 중요한 사본 중에 P[46]이라는 것이 있다(파피루스에 기록된 사본들은 papyrus의 앞 글자를 따서 대문자 P를 적고 그 뒤에 작은 숫자로 일련번호를 붙여 분류한다). 주후 약 200년 무렵 필사된 매우 오래된 사본들 중 하나로서, 원문을 결정하는 데 중요한 증거로 활용되는 사본 중 하나다. 그런데 이 사본의 빌립보서 3:13에는 우리가 읽는 개역개정의 본문이나 다른 번역의 본문들에 채택되지 않은 단어가 하나 나온다. "내가 이미 얻었다 함도 아니요, **이미 의롭다 하심을 받았다 함도 아니며**, 온전히 이루었다 함도 아니라. 오직 내가 그리스도 예수께⋯⋯." 여러 가지 이유에서 대부분의 학자들은 이 단어가 바울이 쓴 원문은 아니라 후대 어떤 필사자에 의해 첨가된 것으로 추정한다.[3] 아마 그럴지도 모른다. 하지만 설령 그렇다 하더라도 이것이 해석의 자료로서는 매우 중요하다. 이 사본의 작성자 혹은 그가 속한 신학적 전통에서는 칭의를 미래적인 것으로 이해했음을 보여주는 증거가 되기 때문이다.

이처럼 바울은 칭의를 현재로도 말하고 미래로도 말한다. 물론 우리에게는 서로 다른 이 두 진술을 어떻게 볼 것인가 하는 문제가 남는다. 현재가 확정된 선언이고, 미래는 어떤 수사적 효과를 위해 동원된 것인가? 아니면 진짜 칭의는 미래의 일인데, 어떤 이유에서 이를 이미 이루어진 것이나 다름없는 것처럼 말하는 것일까? 아니면 칭의가 하나의 긴 과정 혹은 시작과 끝이 선명한 이중적 사건이어서, 이미 의롭다 하심을 얻은 자들이 최종적으로 의롭다 하심을 얻게 될 것이라는 말일까? 대개 미래적 차원에 대해 침묵하는 식으로 문제를 해결(혹은 무시)하는 수가 많지만, 실제로 이 두 종류의 진술을 어떻게 종합할 것인지는 올바른 칭의론의 이해를 위해 매우 중요한 숙제

중 하나라 말할 수 있다.

06 — 의의 소망을 향한 목마른 기다림

갈라디아서의 칭의

앞 장에서 말한 것처럼, 갈라디아서에 나타난 바울의 기본 관점은 "우리가 성령으로 믿음을 좇아 의의 소망을 기다리고 있다"는 것이다(5:5). 그렇다면 갈라디아서에는 이미 이루어진 칭의 이야기가 나올까? 칭의에 관한 첫 진술은 2:16이다.

> 하지만 사람이 율법의 행위들을 통해서가 아니라 예수 그리스도를 믿는 믿음으로 의롭다 하심을 얻는 줄 알고서 우리 역시 그리스도 예수를 믿었습니다. 그것은 우리가 율법의 행위들을 통해서가 아니라 그리스도를 믿는 믿음으로 의롭다고 하심을 받고자 했기 때문입니다. 율법의 행위들로는 그 누구도 의롭다 하심을 얻을 수 없기 때문입니다.

이 한 구절에서 우리가 "율법의 행위들"을 통해서가 아니라 "그리스도를 믿는 믿음으로" 의롭게 된다는 사실이 각각 세 번씩 반복된다. 하지만 칭의에 관한 이 원론적 진술 속에는 칭의의 **시점**에 관한 어떤 단서도 발견되지 않는다. 이미 언급한 것처럼, 현재 바울의 당면 과제는 칭의의 시점을 밝히는 것이 아니라 이 칭의의 **방식 혹은 근거**를 분명히 하는 것이기 때문이다.

칭의에 관한 다른 구절들도 마찬가지다. 바울은 로마서에서와 마찬가지로 갈라디아서에서도 아브라함의 칭의에 근거하여 믿는 자들

121

의 칭의 원리를 도출한다. 바울의 설명에 의하면, 하나님께서 이방 사람들을 믿음으로 '의롭게 하신다'(현재형)는 사실을 성경이 먼저 알고서, 아브라함에게 미리 그 복음을 전해 두었다(3:8). 창세기에 기록된, "모든 이방인이 너로 말미암아 복을 받으리라"는 말씀이 바로 그것이다(창 12:3 등). 따라서 믿음에 속한 자들은 믿음으로 의롭게 되었던 아브라함과 함께 "복을 받는다"(3:9, 현재형). 또 율법에 관해 논의하면서 바울은 만약 율법에 생명을 부여하는 능력이 있었다면 "의로움이 분명 율법에서 왔을 것"이라고 말한다(3:21). 물론 이는 율법에는 우리를 살릴 수 있는 능력이 없고, 따라서 율법은 칭의의 수단이 아니라는 말이다. 그래서 그리스도께서 오셨다. 그리고 그리스도의 오심은 "우리가 믿음으로 의롭다 함을 얻게 하려는" 의도에서였다(3:24). 이 역시 칭의의 수단을 분명히 하는 원론적 진술에 해당한다. 칭의의 시점에 관한 정보는 없는 셈이다.

"의롭게 되기를 추구하다가……"(2:17)

그런 점에서 매우 재미있는 구절이 안디옥 사건을 기록하고 있는 2:17이다.

우리가 그리스도 안에서 의롭게 **되려 하다가** (당신의 행동이 시사하는 것처럼) 도리어 죄인이 되고 만다면, 그럼 그리스도께서 죄를 짓게 만든 장본인입니까? 말도 안 되는 이야기입니다.

문맥 속에서 보면 이 구절은 안디옥에서 바울이 위선적 태도를 보이는 베드로를 꾸짖는 말이다. 하나님 앞에서는 할례자와 무할례자가 아무 차별이 없음을 진작부터 알았던 베드로는 이방 신자들과 편하게 어울려 식사를 할 수 있었다(행 10:28 참고). 그런데 예루살렘의 야고보에게 속한 사람들, 곧 할례자와 무할례자 구분에 보다 엄격했던 신자들이 안디옥을 방문했고, 베드로는 그 사람들의 눈치를 보면서 이방인들과 함께 먹던 자리에서 물러나고 말았다. 베드로가 그렇게 하니, 바나바를 비롯한 다른 유대인 신자들도 어쩔 수 없었다. 결과적으로는 유대인 신자들과 이방인 신자들이 깔끔하게 구별되는 상황이 되고 말았다. 이를 목격한 바울은 유대인 신자들의 이런 위선적 행동에 매우 화가 났다. 지금까지 이방인 신자들과 잘 어울려 놀다가, 이제 와서 마치 그것이 무슨 죄가 되는 양 행동한 것이기 때문이다.

베드로를 향한 17절의 비난은 바로 그런 이중적 행동을 비웃는 말이다. 애초에 안디옥의 유대 신자들은 이방 신자들과 편하게 어울리며 밥을 먹었다. 그건 바로 칭의가 "율법의 행위들"과는 아무런 상관이 없다는 사실, 칭의의 유일한 조건은 예수 그리스도를 믿는 것이라는 사실을 깨달았기 때문이다(2:15-16). 그들은 할례와 무할례, 곧 유대인과 이방인의 구분이 무의미함을 알았고, 그래서 이방 신자들과 자유로이 어울릴 수 있었다. 그런데 이제 와서 이방 신자들과의 공동 식사를 거부하며 자기들을 구분하려 드는 것은 마치 지금까지의 어울림이 죄라고 말하는 것과 같다. 물론 지금까지 그들이 이렇게 '죄인'처럼 굴었던 것은 예수를 믿었기 때문이다. 그렇다면 결국 예수께서 그들을 죄인으로 만들었다는 말인가? 이 구절은 다음과 같이 풀어 볼 수 있다.

> 여러분들의 지금 이런 행동은 지금까지 자유로이 이방인들과 교제
> 해 왔던 여러분들 자신을 죄인이라 규정하는 것과 같습니다. 그런데
> 여러분들이 그렇게 '죄인'처럼 이방인들과 어울렸던 것은 칭의가
> 율법의 행위들이 아닌 예수를 믿는 믿음으로 주어진다는 믿음 때문
> 이었으니까 결국 그리스도께서 여러분들을 죄인으로 만든 셈입니
> 다. 이게 말이나 되는 이야기입니까?

여기서 우리에게 중요한 것은 "그리스도 안에서 의롭게 되려 하
다가"(2:17)라는 표현이다. 개역개정에서는 다소 밋밋하게 번역되었
지만, 보다 정확하게 옮기면 '의롭게 되기를 추구하다가'*seeking to be justified*
라고 번역할 수 있다. 바울이 베드로의 행동을 꾸짖으면서 했던 이
말은 안디옥에서의 사건 당시 '우리' 곧 베드로와 바울 같은 유대 그
리스도인들의 상태를 묘사한다. 여기서 바울은 흥미롭게도 유대 그
리스도인들의 상태를 '그리스도 안에서 의롭게 되려고 애쓰는' 상황
이라 규정한다. 물론 의롭게 되기를 추구한다는 것, 곧 의롭게 되려
고 애를 쓴다는 것은 아직 그 의로움의 목표에 도달하지 못했음을
의미한다(빌 3:12-14 참고). 그러니까 적어도 당시 바울이 보기에 안
디옥의 (유대) 그리스도인들은 이미 의롭다 하심을 얻은 사람들이 아
니라 '그리스도 안에서 의롭게 되려고 애쓰는' 상황, 곧 여전히 의로
움의 목표를 향해 달려가는 중이었다.

간절하게 기다리는 의로움의 소망(5:5)

　　　　　　　　물론 이런 미래적 면모가 가장 선명하게 드러
나는 대목은 역시 5:5이다.

　　왜냐하면 우리는 믿음에서 나는 성령으로 의의 소망을 기다리기 때
　　문입니다.

　'기다린다'(아페크데코마이)는 말은 미래의 소망을 나타낼 때 전
형적으로 사용되는 표현으로서, '애타게 기다린다'는 의미를 갖는다.
같은 단어가 사용된 로마서에 보면, 피조물들은 하나님의 아들들이
나타나기를 "고대하고"(8:19), 성령의 첫 열매를 가진 우리들까지도
속으로 탄식하며 "양자 될 것" 곧 우리 몸의 속량(=몸의 부활)을 "애
타게 기다린다"(8:23). 바울은 현재가 이런 목마른 기다림의 시간임
을 강조한다(8:18). 우리가 구원을 얻었다는 것은 '소망으로' 그랬다
는 말이다. 지금 우리 눈에 보이는 것, 곧 이미 이루어져 있는 것이라
면 기다릴 이유가 없다. 우리는 그런 것들을 두고 소망이라 부르지
않는다. 우리가 구원을 소망한다는 것은 그 구원이 아직 보이지 않는
것, 곧 아직 실현되지 않은 것이기 때문이다. 그러니 우리는 인내하
며 그 소망을 "애타게 기다린다"(8:25). 갈라디아서에서 바울은 칭의
가 바로 이 간절한 기다림의 대상이라고 말하는 것이다.[4]
　이처럼 칭의가 미래에 얻을 구원의 한 표현이라면, 이 '의의 소
망'은 갈라디아서에 등장하는 구원의 또 다른 이미지들인 '하나님
나라'(5:21)나 '영생'(6:8)과 사실상 겹친다. 물론 이것들은 현재 성

도들의 신실한 삶의 마지막에 하나님께서 내려 주실 선물들이다. 어쩌면 갈라디아서에 '구원'이라는 단어가 나오지 않는 것이 이런 이유 때문일지 모른다. 로마서에서는 칭의가 현재적 개념으로 확장되는 대신 '구원'이 미래 소망의 대상으로 제시되지만(5:9-10), 갈라디아서에서는 칭의 자체가 여전히 미래적 개념으로 활용되기 때문이다.

칭의를 둘러싼 교리적 입장의 싸움

의아하게 들릴 수도 있지만, 사실 갈라디아서에서 칭의를 '이미 이루어진 것'으로 설정하면, 바울이 보여주는 심각한 위기의식을 설명하기가 어렵다. 만약 갈라디아의 성도들이 예수 그리스도를 믿어 이미 의롭다 하심을 받았다고 치자. 그렇다면 이제 와서 그들이 '율법의 행위로' 혹은 '율법으로' 의롭게 되려는 이유가 무엇일까? 몇 가지 시나리오가 가능하다. 어쩌면 그들이 믿음으로 의롭다 하심을 받았다는 초보적인 사실을 모르고 있었을지 모른다. 애초에 바울이 그 사실을 가르친 적이 없었을 수도 있고, 혹은 가르쳤는데 성도들이 잊어버렸을 수도 있다. 아니면 선동자들의 감언이설에 속아, 현재 수준의 칭의로는 부족하며 율법의 행위를 통해 더 온전한 칭의를 얻어야 한다는 생각을 가진 것일 수도 있다. 만약 이런 상황이었다면 분명 바울은 그런 착각 혹은 잘못을 반박하는 논증을 제시했을 것이다. 그들이 믿음으로 이미 의롭게 되었음을 재차 강조하거나("여러분이 이미 믿음으로 의롭다 하심을 얻었다는 사실을 알지 못한단 말입니까?"), 아직 이에 대해 가르친 적이 없다면 이제라도 확실히 가르치거나("이제야 하는 말이지만, 사실 여러분들은 믿을 때 이미

의롭다 하심을 받았습니다"), 혹은 그들의 불만에도 불구하고 믿음에만
의존한 그들의 현재적 칭의가 제대로 된 칭의라는 사실을 분명히 선
언했을 것이다("여러분들이 믿음으로 받은 칭의는 아무것도 모자람이 없
는 온전한 칭의입니다"). 하지만 이것들 중 어느 경우라 해도, 바울이
지금 갈라디아서에서 보여주는 것처럼 필사적인 대응을 할 필요는
없다. 갈라디아인들이 무슨 착각을 하든, 어차피 믿음으로 의롭다 하
심을 받았다는 사실은 달라지지 않는다. 갈라디아인들의 무지나 착
각이 그들이 믿음으로 이미 얻은 칭의를 망가뜨리는 것이 아니라면
말이다. 바울로서는 그저 그들의 어리석음을 지적하고 교정하는 것
으로 충분했을 것이다. 이미 합격했지만 아직 그 사실을 몰라 안절부
절못하는 수험생에게 합격 사실을 알려 주기만 하면 되는 것처럼 말
이다. "여러분은 이미 믿음으로 온전히 의롭다 하심을 얻었습니다.
그러니 율법의 행위들을 놓고 더 이상 안달할 이유가 없습니다." 하
지만 갈라디아서에는 그런 식의 멋진 축하 발언은 등장하지 않는다.
사실 그렇게 보기엔 지금 바울의 염려는 너무 심각하다. 그들의 잘못
은 배교에 버금가고(1:6; 4:8-9; 5:4), 그래서 바울의 경고 또한 과격
하기 짝이 없다.

소망의 대상으로서의 칭의

대부분의 성도들에게는 미래적 칭의 개념이 생
소하다. 우리가 교회에서 배우는 칭의 교리가 대부분 칭의의 현재적
차원에 초점을 맞추기 때문이다. 이와 더불어 구원을 아예 '받은 것'
으로만 생각하는 우리의 편리한 습관도 이런 생소함에 한몫을 할 것

이다. 하지만 이런 우리의 습관에도 불구하고, 성경적 의미의 구원은 본래 미래에서 출발하는 개념이다. 가장 원초적인 맥락에서 구원이란 마지막 심판에서의 구원을 가리킨다. 곧 죄로 죽어야 할 우리가 하나님의 "장래 진노하심에서 구원 받는 것"을 의미한다(살전 1:10; 롬 5:9-10). 당연한 말이지만, 바울이 사용하는 칭의 관련 용어들도 그 출발점은 마지막 심판이다. 본래 구약에서 유대교로 이어지는 신학 전통에서 칭의는 마지막 심판을 배경으로 한 미래적 구원의 개념이었다. 하나님께서 모든 사람을 심판하실 것인데, 율법에 순종하며 신실하게 산 사람은 의롭다 인정해 주시고 그렇지 못한 사람에게는 진노를 내리실 것이다. 예수님의 비유에서처럼, 주인의 명령대로 잘 실천한 종에게 "잘 하였도다, 착하고 충성된 종아" 하고 내리는 선언인 것이다. 따라서 바울이 갈라디아서에서 '의의 소망'에 관해 말하거나 로마서에서 장차 우리를 '의롭다 하실' 하나님에 관해 말하는 것은 전혀 이상한 일이 아니다.

바로 앞에서 살핀 것처럼, 갈라디아의 위기는 그리스도인이 이미 의롭다 하심을 얻은 현재를 어떻게 제대로 깨달을 것인가 하는 교리적 깨우침의 싸움이 아니라, 어떻게 하면 '의의 소망'에 이를 수 있는가 하는 실제적 선택의 싸움이다. 곧 이미 의롭게 되었냐 아니냐의 싸움이 아니라, 의의 소망이라는 동일한 목표를 놓고 서로 다른 칭의의 방식들이 경쟁을 벌이는 구도다. 그래서 바울은 '시작과 끝냄'에 관해 이야기하고(3:3), 그 소망을 향한 '달음질'에 관해 이야기하며(5:7), 현재의 씨 뿌림과 미래의 수확에 관해 이야기한다(6:7-8). 우리가 갈라디아서의 여러 논증들을 선명하고 일관되게 이해하려면 바울의 이런 미래지향적 관점을 머릿속에 담고 있어야 한다. 바울이 현재의 위기를 그런 미래적 구원의 관점에서 파악하고, 바로 그런 미래지향적 입장에서 그의 모든 논의를 전개할 것이기 때문이다.[5]

미래적 전망이라는 큰 틀 속에서 우리는 이제 바울 복음의 신학적 논리를 보다 상세히 살펴볼 것이다. 우선 다음 장에서는 바울 칭의론의 핵심에 해당하는 믿음에 관해 살펴본다. 율법의 행위들은 칭의의 수단이 아닌데, 믿음은 그 해답이 되는 이유가 무엇일까? 믿음이 도대체 무엇이기에, 이 믿음이 우리를 의의 소망으로 인도하는 것일까?

3:2   여러분에게 이것 한 가지만 묻겠습니다. 여러분이 성령을 받은 것이 율법의 행위들을 통해서입니까, 듣고 믿어서였습니까?

3:5   여러분에게 성령을 주시고 여러분들 중에서 기적을 행하시는 하나님이신데, 그게 율법의 행위들 때문입니까, 아니면 듣고 믿어서입니까?

3:13-14 그리스도께서 우리를 위하여 저주가 되심으로써 우리를 율법의 저주에서 속량하셨습니다. "나무에 달린 자마다 저주 아래 있는 자"라고 기록되어 있기 때문입니다. • 이는 그리스도 예수 안에서 아브라함의 복이 이방인에게도 주어질 수 있도록 하기 위해서, 그리고 우리들이 믿음을 통해 성령의 약속을 받도록 하기 위해서입니다.

07 ― 왜 믿음인가?

친숙함의 베일

친숙함은 양날의 칼이다. 미지의 대상에 대한 불안이 없다는 점에서 좋기도 하지만, 내 앞의 대상에게 더 이상 마음을 쓰지 않게 한다는 점에서 위험하기도 하다. 생생한 관심을 거두게 한다는 점에서 친숙함은 종종 지속적인 앎을 방해하는 장애물로 작용한다. 누군가 나에게 '아는' 사람이 되는 순간, 그를 향한 나의 관심은 절실함을 잃는다. 그래서 나와 어떤 사람의 관계는 그 사람이 '내가 아는 사람'이 되는 순간의 수준에서 고착되기 쉽다. 물론 내가 친숙하게 느낀다는 말과 내가 그 대상을 제대로 안다는 말은 다르다. 대개의 경우 내가 느끼는 친숙함이란 상대방을 두고 내가 만들어 낸 이미지에 대한 친숙함일 뿐, 그 사람 자체에 대한 친숙함은 아니다. 루이스^{C. S. Lewis}는 이런 상황을 두고 '친숙함의 베일'the veil of familiarity이라는 표현을 썼다.

131

물론 '친숙함의 베일'은 인간관계에 국한되지 않는다. 우리의 모든 '앎'에는 동일한 위험이 존재한다. 안다고 생각하는 순간 더 알아야 할 필요가 없어지고, 우리의 지식은 그 수준에서 고착된다. 하지만 더 알아야 할 것이 없을 정도로 무언가를 알기란 쉽지 않다. 그래서 친숙함의 느낌은 위험하다. 실제로 알아야 할 것을 다 알아서가 아니라, 그저 자주 들어서 친숙하게 느껴지는 경우가 많기 때문이다. 그래서 익숙해진 이름만 벗기고 나면, 막상 할 말이 없는 경우도 많다. 얼굴과 이름 아래 정작 알아야 할 것이 많이 있는데, 내가 어딘가에 선을 그어 버리고 나 스스로 익숙해져 버렸기 때문이다.

문학의 기능 중 하나는 '낯설게 하기'defamiliarization다. 익숙한 일상을 다소 다른 각도에서 보게 함으로써 '친숙함의 베일'에 가려진 무언가를 깨닫게 해 준다. 그래서 문학은 이런저런 이야기를 꾸며 내고, 이를 통해 새로운 시각과 새로운 물음으로 우리 삶을 다시 보게 한다. 상상력을 발휘하여 삶의 각도를 살짝 비틀어 줌으로써, 일상에서는 볼 수 없었던 무언가를 보게 만드는 것이다. 발명가들의 말로 하자면, '발상의 전환'이다. 뻔히 아는 돌도 뒤집어 보려는 호기심, 혹은 이미 아는 것도 다시 물을 수 있는 겸허함이다.

성경을 읽는 우리의 태도나 복음을 생각하는 우리의 태도에도 이런 연습이 필요하다. 우리가 안다고 생각하는 많은 것들이 실제로 아는 것이 아닐 때가 많기 때문이다. 물론 이 지식이 구원의 진리에 관한 것이라면 문제는 더 심각해진다. 착각의 대가가 그만큼 클 것이기 때문이다. 그래서 우리는 마치 처음 성경을 대하는 심정으로, 우리가 다 안다고 생각하는 이야기를 다시금 뒤집어 본다. 내가 아는 것이 정말로 아는 것인지, 아니면 단순한 반복에 의한 학습 효과인지 확인하는 것이다.

'친숙한' 믿음

서두가 길어졌지만, 이 장의 제목은 바로 이런 관심을 담고 있다. 우리는 믿음이 구원의 길임을 잘 안다. 그래서 바울은 갈라디아서에서 사람이 "믿음으로" 의롭다 하심을 얻는다고, "믿음으로" 의의 소망을 기다린다고 말한다(2:16; 5:5). 이미 다 아는 말 같지만, 다시 한 번 돌다리를 두드려 보자. **왜 믿음이 구원의 해답일까?** 이 문제를 던지고 답을 쓰라고 요구하면 나는 무슨 이야기를 쓸 것인가? 너무 당연한 것을 물어서 짜증이 나는가? 사실 그 짜증은 "다 안다고 생각했는데 막상 쓸 말이 없다"는 당혹감의 반작용은 아닐까?

실제 나는 이런저런 강의 자리에서 내 강의를 듣는 학생이나 청중들에게 이런 물음을 자주 던진다. 물론 가장 흔한 답변은 당혹스런 웃음이다. 그러니까 일단 이 질문을 던지고 보면, 그리고 그 대답이 생각처럼 선명치 않다는 사실에 당혹해 하다 보면, 이제야 우리는 우리가 부지런히 활용해 왔던 '오직 믿음'이라는 구호가 전혀 자명한 것이 아니었음을 깨닫는다. 하긴 그렇다. 모든 구호가 그렇듯, 우리가 '오직 믿음'이란 구호에 열광했던 것도 그 의미가 선명해서라기보다는 그 구호가 수행하는 역할이 편리해서가 아니었던가. 우리가 믿는 진리의 축약이라기보다는 우리의 행보를 정당화하기 위한 수단으로서 말이다.

잘 아는 것처럼, 당시 갈라디아 교회의 상황에서 믿음에 대한 바울의 '주장'은 율법 혹은 율법의 행위들이 의의 소망에 이르는 통로라는 선동자들의 '주장'과 맞선다. 신학적으로 이 논쟁의 기득권은 유대 전통에 기댄 선동자들에게 있다. 선동자들이 요구한 할례는 사실 '영원한 언약'의 핵심이었다(창 17:7, 13). 할례 받지 않은 자는 누구든 하나님의 백성 중에서 끊어질 것이라고 말씀하신 분은 다름 아닌 하나님 자신이다(창 17:14). 율법이 의의 소망에 이르는 길이라는 주장 역시 지극히 '성경적'이다. 시내산 율법에서 분명히 선포되었던 것처럼(출 19장; 신 6장), 그리고 율법을 노래한 여러 시편들이 말해 주는 것처럼(시 1, 19, 119편 등), 율법이야말로 가장 확실한 구원의 통로가 아니었던가?' 그러니까 할례와 율법을 구원의 조건으로 내걸었던 선동자들은 이기적 동기로 이방 신자들을 장악하려던 사람들이 아니라 그 나름으로 성경의 가르침에 신실하려 했던 사람들이었다. 당시 유대인들 혹은 보수적인 유대 기독교인들의 입장에서 보자면, 정통 신학을 벗어난 것은 선동자들이 아니라 오히려 바울이었다. 이방인이었던 갈라디아의 성도들이 할례와 같은 어려운 요구를 수용했다는 사실은 그들의 주장이 '탄탄한' 성경적 근거를 가진 것이라는 사실을 뒷받침해 준다. 이런 상황에서 자신의 주장을 증명해야 할 일차적 책임은 선동자들이 아니라 바울에게 있다. 물론 바울의 입장에서 그 이유는 너무도 분명하다. 그리고 그 뻔한 것을 깨닫지 못하는 성도들의 '아둔함'이 답답하기 그지없다(3:1, 3). 하지만 아무리 뻔한 사실이라도 모르는 사람에게는 설명이 필요하다. 그래서 바울은 설명한다. 왜 율법의 행위가 아니라 믿음이 의의 소망에 이르는 길이 되는지를.

오늘 우리의 상황은 갈라디아의 신자들과 다르면서도 비슷하다. 율법의 행위들이 아니라 믿음이 해답이라는 사실을 안다는 점에서 우리는 그들과 다르다. 하지만 왜 믿음이 해답인지를 잘 모른다는 점에서 우리와 그들은 별반 다르지 않다. 물론 우리는 모른다고 생각하지 않는다. 나름의 대답이 있기도 하다. 믿음이란 예수를 믿는 것이다. 그리고 예수를 믿는다는 것은 한마디로 그분이 나를 대신하여 십자가에 달리셨다는 것, 그 죽음을 통해 내 죄가 용서되었음을 믿는 것이다. 이것이 바로 믿음으로 의롭다 하심을 얻는다는 말의 핵심적 의미다. 대부분의 경우 우리의 답변은 이 지점에서 멈춘다. 문제는 바울은 여기서 멈추지 않는다는 사실이다.

질문을 던져 보자. 바로 앞에서 우리가 내놓은 답변이 실제 바울이 믿음에 관해 했던 말인가? 갈라디아서에서 바울이 율법의 행위와 믿음을 대조할 때, 목청을 높이며 역설했던 논점이 바로 그것이었던가? 물론 이 물음에 대한 정답은 우리의 (자기) 확신이나 자신감에서가 아니라 실제 바울의 진술을 통해 증명되어야 한다. 갈라디아 신자들과는 달리 할례 받을 의사가 전혀 없는 우리도 갈라디아서를 읽어야 할 이유가 여기에 있다. 왜 믿음이 해답인지를 제대로 알지 못하고서 탄탄한 믿음의 삶을 기대할 수는 없기 때문이다.[2]

믿음과 성령(3:1-5)

우리가 지금껏 들어왔던 이야기들을 잠시 접어 두고, 난생처음 성경을 읽는 것처럼 그렇게 바울의 말을 읽으면 어떨까? 바울은 지금 믿음에 관해 무슨 말을 하고 있는 것일까? 갈라디아서에서 바울이 믿음이라는 말을 처음 입에 올린 부분은 2:16 이다. 하지만 이는 '율법의 행위들'이 아니라 '믿음'이 칭의의 길이라는 일반적 선언이지 그 근거에 대한 구체적 해명은 아니다. 2:20도 마찬가지다. 바울은 이제 자신의 삶이 "하나님의 아들을 믿는 믿음"의 삶이라고 강조하지만, 그 믿음이 왜 참된 삶의 길인지는 설명하지 않는다.

우리가 믿음에 대해 결정적인 단서를 발견하는 대목은 3장에 들어와서다. 1-2장에 이르는 긴 자전적 회고가 끝나고 3장에 들어서면서부터, 일련의 수사적 꾸지람의 형태로 갈라디아인들을 향한 바울의 직접적인 논박이 시작된다. 우선 바울은 믿음의 길을 버리고 율법의 행위들로 기울어지는 갈라디아 성도들의 '어리석음'을 질타한다. "참으로 어리석군요, 갈라디아인들이여!"(3:1; 우리말 번역에는 안 나타나지만, 원문에는 '오!' 하는 감탄사가 있다. 우리말의 감탄사처럼 강한 것은 아니어서 '참으로'라는 부사로 옮겼다) "누가 여러분들을 꾀었습니까?" 하는 질책 역시 바울의 답답함을 적나라하게 드러낸다. 주술적 뉘앙스가 담긴 표현으로, '홀렸다'거나 '뭐가 씌었다'라는 말과 유사하다. 좀 더 점잖게 '현혹되었다'고 풀 수도 있다. 물론 실제로 그렇다는 것이 아니라, 그만큼 그들의 행동이 터무니없다는 말이다. 물론 바울이 이런 비난을 쏟아 내는 것은 지금 성도들이 믿음 대신 율법의 행위들에 의존하려 한다는 사실 때문이다.

그렇다면 그들의 그런 선택이 멍청한 이유는 무엇일까? 바울은 "십자가에 달리신 그리스도께서 여러분들의 눈앞에 그토록 분명하게 드러났는데, 누가 여러분을 현혹했습니까?" 하고 따진다. 바울은 갈라디아인들에게 십자가에 달리신 그리스도를, 그리고 그 죽음의 의미를 생생하게 선포했다(고전 1:17-18, 23; 2:1-5). 십자가에 달리신 그리스도의 모습이, 혹은 그 메시지가 지금 성도들의 눈앞에 선하다. 물론 이 그리스도를 바라보면 바로 답이 나온다. 아니, 나와야 한다. 그런데 지금 상황은 그게 아니다. 안타깝게도 지금 성도들은 십자가에 달리신 그리스도를 분명히 알면서도 여전히 터무니없는 선동에 현혹되고 있기 때문이다. 그래서 바울은 답답하다. "도대체 뭐가 씌었길래……"

물론 십자가에 달리신 그리스도를 언급한다고 그게 "왜 믿음인가?"에 대한 해명이 되는 것은 아니다. 적어도 답을 모르는 갈라디아인들에게는 그렇다. 사실, 믿음 자체가 십자가에 달리신 예수 그리스도를 믿는 것이기에(2:16, 20), '그리스도'나 그에 대한 '믿음'이 사실상 같은 의미로 사용되고 있기 때문이다.

진짜 해답은 2절부터 나온다.

> 여러분이 성령을 받은 것이 율법의 행위들을 통해서입니까, 듣고 믿어서였습니까?

이 수사적 물음은 신학적 입장을 묻는 질문이 아니라 갈라디아 성도들의 실제 경험을 생각해 보라는 꾸지람이다. 그리스도인으로 회심하면서 갈라디아인들은 분명 성령을 받았다. 바울은 이 선물이 어떻게 주어졌는지를 생각해 보라고 요구한다. 그들이 성령을 받았

137

던 것이 율법의 행위들을 통해서였는가, 아니면 (복음을) 듣고 믿어서였는가? 물론 답변은 분명하다. 그들에게 성령의 선물이 주어진 것은 순전히 믿음을 통해서였다. 바울이라는 한 유대인이 찾아와 십자가에 달린 나사렛 예수에 관한 이야기를 들려주었고, 그들은 이 소식을 듣고 믿음으로써 성령의 선물을 받지 않았던가? 주어를 바꾸었지만, 사실상 동일한 질문이 5절에서 다시 반복된다.

> 여러분에게 성령을 주시고 여러분들 중에서 기적을 행하시는 하나님이신데, 그게 율법의 행위들로, 아니면 듣고 믿음으로?

단도직입적인 느낌을 살리기 위해 동사가 생략된 문장을 그대로 옮겨 보았다. 2절과는 달리 "성령을 주시고"나 "기적을 행하시는"처럼 현재분사를 사용했다. 이런 변화는 하나님이 지금도 성령을 주신다는 의미일 수도 있지만 그냥 하나님에 대한 원론적 진술일 수도 있다. 물론 2절이나 5절의 의도는 동일하다. 신자들이 성령을 받았다고 말하든, 하나님이 성령을 주셨다고 말하든 중요한 사실은 변하지 않는다. 하나님이 성령을 주시고 신자들이 성령을 받았던 그 사건은 율법의 행위들을 통해서가 아니라 믿음을 통해서였다. 왜 율법의 행위들이 아니라 믿음이 의롭다 하심을 얻게 하는가 하는 물음에 대한 결정적 답변이 바로 이것이다. 믿음은 성령을 주지만, 율법의 행위들은 그러지 못한다. 여기서 우리는 믿음에 관한 가장 중요한 논증 하나를 확인한다. 믿음은 하나님께서 성령을 주시는 통로가 된다. 반면 율법의 행위들은 성령의 통로가 아니다. 이것이 바울이 역설하는 율법의 행위들과 믿음의 실질적 차별성이다.

그리스도와 성령(3:13-14)

　　　　　　믿음으로 성령을 받았다는 것은 십자가에 달리신 그리스도를 믿어 성령을 받았다는 말과 같다. 그렇다면 그리스도의 십자가 자체가 성령과 무관하지 않다는 이야기다. 이는 공연한 추론이 아니다. 3:13-14에서 바울이 말하는 바가 바로 이것이기 때문이다. 13절에서 바울은 그리스도의 십자가 죽음이 율법의 저주에서 우리를 속량한 사건이라고 말한다. 그리스도는 나무(십자가)에 달렸다. 구약성경에 의하면 이는 그가 하나님의 저주를 받았다는 말이 된다(신 21:23).[3] 하지만 하나님은 그를 다시 살리심으로써 그의 의로움을 확인하셨다. 이는 예수께서 율법의 저주를 받아 죽은 것이 자신의 잘못 때문이 아니라는 말이 된다. 그렇다면 그가 받은 저주는 무엇인가? 바로 이런 물음과 더불어 그리스도의 대속적 죽음에 대한 생각이 시작된다.[4] 사실 그 저주는 우리가 받아야 할 저주를 그가 대신 지신 것이다. 우리가 잘 아는 것처럼, 더없이 소중한 이야기다. 하지만 소중하다고 해서 그게 전부라는 말은 아니다. 대속적 죽음으로 우리를 율법의 저주에서 속량하신 것이 구원 드라마의 끝은 아니다. 바울의 논증 속에서 그리스도의 대속적 십자가는 그 자체로 완결되는 사건이 아니라 다른 중요한 목적을 이루기 위한 조치이기도 했다. 그것이 바로 14절이다.

　　14절에서 바울은 목적을 나타내는 접속사(in order that)를 두 번 반복하면서 이 대속적 죽음의 목적을 이중적으로 설명한다. 첫째 목적은 아브라함의 복이 이방인에게로 확장되는 것이다. 문맥상 "아브라함의 복"은 아브라함 자신이 경험했던 복, 곧 아브라함처럼 믿음에 의지하는 자들이 받게 될 의롭다 하심의 복을 의미한다. 곧 십자가의 목적 중 하나는 믿음으로 의롭다 하심을 얻는 이신칭의의 복이 이방인들에게로 확장되는 것이다(14절 상). 예수는 자신의 십자가 죽음을 통해 유대인과 이방인 사이에 막힌 담을 허무시고 이방인들 역시 유대 기독교인들과 마찬가지로 구원의 상속자가 되도록 하셨다(엡 2:11-22). 할례를 받고 유대인이 되어야 하나님의 백성이 될 수 있고, 그래야 장차 의롭다 하심을 얻을 수 있다는 선동자들의 주장을 생각해 보면, 바울이 이 사실을 강조하는 이유를 알기는 어렵지 않다.

십자가 죽음의 두 번째 목적은 "우리들이 믿음을 통해 성령의 약속을 받도록" 하는 것이다(14절 하). 우리는 이 결정적 진술의 의미를 분명히 이해해야 한다. 여기서 바울은 그리스도의 대속적 죽음이 **우리에게 성령을 주시기 위한** 조치였다고 말한다. 물론 그리스도의 죽음은 율법의 저주로부터 우리를 속량한다. 하지만 십자가 대속 자체가 구원 드라마의 완결이 아니다. 오히려 십자가는 우리에게 성령의 선물을 주기 위한 의도적 포석이었다. 십자가는 십자가 죽음에서 성령의 선물로 이어지는 구원 드라마의 출발이었고, 그 죽음의 의미는 성령의 선물과 연결될 때에야 제대로 드러난다. 물론 이런 논증이 대속적 죽음의 의미를 약화시키는 것은 아니다(고후 5:15). 오히려 성령의 선물은 그 대속적 죽음 속에 담긴 하나님의 목적을 구체적으로 드러낸다. 그의 죽음 자체가 우리로 하여금 "죄에 대하여 죽고, 의에 대하여 살도록" 하시려는 것이기 때문이다. 그가 십자가라는 채찍에 맞은 것은 우리가 나음을 얻도록 하기 위해서였다(벤전 2:24).

물론 '십자가 죽음이 성령을 주기 위함'이라는 14절 하반절의 진술은 갈라디아인들이 믿음으로 성령을 받았다는 2절과 5절의 이야기와 상통한다. 당연한 이야기다. 믿음 자체가 십자가에 달리신 그리스도를 믿는 것이기 때문이다. 여기서 우리는 3장 초두의 물음을 새삼 떠올린다. "십자가에 달리신 그리스도께서 여러분들의 눈앞에 그토록 분명하게 드러났는데, 누가 여러분을 홀렸습니까?"(1절) 그러니까 이 물음을 던질 때 바울은 십자가에 달리신 그리스도와 그를 믿는 믿음으로 주어지는 성령의 선물을 생각하고 있었던 셈이다. "성령의 유일한 원천인 십자가가 이렇게 생생한데, 지금 여러분은 도대체 왜 이러는 것입니까?"

그리스도와 성령(4:1-7)

동일한 논점이 4장에서 다시 반복된다. 물론 달라지는 부분도 있다. 십자가라는 구체적 사건 대신 여기서 바울은 그리스도의 성육신 혹은 아들의 '보내심'에 관해 이야기한다. 물론 하나님의 아들이 여자에게서 났다는 것은 그 또한 다른 유대인들처럼 '율법 아래' 놓였다는 것을 의미한다. 그래서 그리스도의 십자가 죽음에 초점을 맞추고 이를 '율법의 저주'로부터의 속량으로 해석한 3:10-14과는 달리, 4장에서는 하나님께서 그 아들을 보내신 것 자체를 '율법으로부터의 속량'으로 제시한다. 하지만 세세한 논증 방식의 차이에도 불구하고 바울의 기본 논리는 동일하다. 하나님께서

141

그 아들을 보내어 우리를 율법으로부터 속량하신 것은 우리에게 자녀(아들)라는 신분을 부여하기 위해서였다(4:5). 물론 7절에서 밝히는 것처럼, 우리의 자녀 됨을 강조하는 이유도 선명하다. "그러므로 여러분은 더 이상 종이 아니라 아들이며, 아들이라면 하나님을 통해 [세워진] 상속자인 것입니다."

매우 자연스러운 논리이지만, 우리의 이런 설명은 한 구절을 건너뛴 것이다. 바로 6절이다. 의미심장하게도 바울은 7절의 결론으로 도약하기 전 성령에 관한 이야기를 덧붙인다. "여러분은 자녀이므로 하나님께서 그 아들의 영을 우리 마음에 보내 주셔서 (성령이) '아바 아버지'라 부르게 하셨습니다."[5] 그리스도의 속량은 우리를 자녀로 만들었다. 하지만 이 자녀 됨은 성령 보내심을 빼고 이야기할 수 없다. 성령께서 우리의 자녀 됨을 확증하고 유지하시는 분이기 때문이다. 그래서 이 성령은 '그 아들의 영'이라 불린다. 아들이신 그리스도의 영을 함께 받음으로써 우리 역시 그와 동일한 자녀가 되는 것이다(3:27-28). 하나님의 자녀라는 신분을 부여한다는 점에서 하나님이 그 아들을 보내신 것과 그 아들의 영을 보내신 것은 서로 긴밀히 연결된 이야기다. 말하자면, 구원이라는 큰 안무를 구성하는 두 개의 동작과 같다. "그 아들을 보내셨다"(4절)는 말과 "그 아들의 영을 보내셨다"(6절)는 표현의 긴밀한 유사성 역시 이 점을 뒷받침한다.

그렇다면 여기서도 우리는 그리스도와 성령 간의 긴밀한 관계를 확인한다. 십자가 사건이 성령을 주기 위한 포석이었던 것처럼, 그리스도의 오심 자체가 성령의 오심을 염두에 둔 사건이었다. 다양한 동작이 하나로 어우러져야 멋진 안무가 나오는 것처럼, 그리스도를 보내신 일과 성령을 보내신 일을 함께 생각해야만 구원의 드라마가 만들어질 수 있다. 이 점을 놓치면, 우리는 바울의 복음을 심각하게 오해할 수 있다. 십자가만으로 구원의 전모를 설명할 수 있다고 착각하는 것은 십자가가 구원과 상관없다고 주장하는 것만큼이나 위험하다.

물론 바울은 '십자가에 달리신 그리스도'를 강조한다(3:1; 고전 1:17-18; 2:1-5). 하지만 바울에게 있어 그리스도는 이미 살아나신 분, 자신의 일상 속에 살고 계신 분이시기도 했다(2:20). 바울의 성령 이야기는 바로 부활하신 예수의 영적 임재와 이어져 있다(고전 15:45). 그러니까 그가 말하는 십자가란 언제나 부활하신 그리스도의 십자가를 가리킨다. 그의 부활이 죽음을 전제하듯, 그의 죽음 또한 부활의 빛 아래서 회고되는 것이다. 그가 군이 '십자가'를 강조하는 것은 죽음과 부활을 서로 대조하고 비교하기 위해서가 아니라, 십자가-부활의 복음을 세상의 다른 가르침들과 대조하기 위해서다. 그래서 바울은 십자가만큼이나 부활을 믿음의 핵심 내용으로 제시할 수 있었다(롬 10:9-10; 고전 15장). 그리스도의 죽음과 부활이 언제나 하나라는 사실을 망각하는 것은 바울 복음이라는 폭탄의 뇌관을 잃는 것과 같다.

왜 믿음/그리스도인가?

바울은 그리스도가 혹은 그를 향한 믿음이 칭의의 해답이라고 말한다. 왜 그럴까? 이 물음을 염두에 두고 바울의

143

말을 따라가면, 그의 답변은 매우 선명하다. 바로 성령이다. 그리스도의 오심 혹은 그의 십자가 죽음은 우리에게 성령을 주시기 위해서였다. 그래서 갈라디아의 신자들은 십자가에 달리신 그리스도를 믿음으로 성령의 선물을 받았다. 율법의 행위가 해답이 아닌 이유도 마찬가지다. 이런 것들로는 성령을 받을 수 없기 때문이다. 결국 바울의 말은 성령이야말로 칭의의 결정적 열쇠라는 것이다.

어쩌면 우리는 5:5 역시 같은 관점에서 읽을 수 있을지 모른다. "우리는 성령으로 (믿음을 좇아) 의의 소망을 기다립니다." 대부분의 번역에서처럼 '믿음을 좇아'from faith는 '성령으로'와 마찬가지로 동사 '기다린다'를 수식하는 부사구로 해석할 수 있다. 하지만 이를 바로 앞 '성령'을 수식하는 형용사구로 보아 '믿음에서 나는'으로 번역할 수도 있다. "우리는 믿음에서 나는 성령으로through the Spirit (which comes) from faith 의의 소망을 기다립니다." 그리스도와 믿음이 성령의 원천임을 강조하는 흐름에 비추어 보면, 두 번째 해석이 바울의 의도에 더 맞는 것으로 보인다. 칭의에 관한 한 믿음이 해답이다. 왜 그럴까? 바로 성령이 믿음에서 주어지기 때문이다. 그렇다면 결국 성령이 열쇠다. 왜 그런가? 의의 소망이란 다름 아닌 성령으로 기다리는 것이기 때문이다. 그렇다면 갈라디아 신자들의 어리석음도 분명하다. 곧 칭의의 열쇠인 성령을 따르는 대신 율법의 행위들과 같은 무익한 조건들, 곧 성령을 줄 수 없는 '육체'적인 조건들에 의존하기 시작한 것이다. "여러분이 그렇게 어리석습니까? 성령으로 시작했는데 이제 와서 육체로 끝내겠다고요?"(3:3)

물론 믿음에 대한 강조가 성령에 대한 강조로 연결된다는 사실을 확인했다고 모든 것이 선명해지는 것은 아니다. 바울의 논리 속에서 성령을 받는 일이 어떤 의미를 갖는지를 알아야 하기 때문이다. 다음 장에서는 이 물음에 대해 생각해 보기로 하자.

3:3 여러분이 그렇게 어리석습니까? 성령으로 시작했는데, 이제 와서 육체로 끝내겠다고요?

5:5 왜냐하면 우리는 믿음에서 나는 성령으로 의의 소망을 기다리기 때문입니다.

6:8 자기의 육체(라는 밭) 안으로 씨를 뿌린 사람은 그 육체로부터 부패를 수확할 것입니다. 반면 성령(이라는 밭) 안으로 씨를 뿌린 사람은 성령으로부터 영생을 수확할 것입니다.

08 ─ 미래의 구원을 보증하시는 성령

성령, 현재적 칭의의 증거?

앞에서 설명한 것처럼, '율법의 행위들'이 아닌 믿음이 의의 소망에 이르는 해답인 것은 다름 아닌 성령 때문이었다. 의의 소망이란 "성령으로" 기다리는 것이다(5:5). 그런데 성령은 율법의 행위들을 비롯한 그 어떤 인간적·육체적 수단으로도 얻을 수 없다. 이 성령은 십자가에 달리신 예수 그리스도의 대속에 근거하여, 그리고 이를 믿는 믿음을 통해 우리에게 주어진다(3:2-5). 곧 바울이 '육체'라는 말로 집약한 인간적 수단이 아니라, 순전히 하나님의 초월적 은혜로 주어진다는 이야기다.

질문을 이어가 보자. 그렇다면 바울이 성령을 그렇게 강조하는 이유가 무엇일까? 바울의 복음 속에서 성령을 받는다는 것은 어떤 의미를 갖는 사건인가? 물론 바울은 성령을 칭의와 연결한다. "우리는 성령으로 의의 소망을 기다린다"(5:5). 그렇다면 이 말의 의미는 무엇일까? 왜 성령이 의의 소망이라는 목표에 이르는 열쇠가 되는 것일까? 물론 이 물음에 대한 답은 갈라디아서의 중심 주제인 칭의를 어떻게 규정하느냐에 따라 달라진다. 가령 많은 이들이 생각하는 것처럼 칭의가 믿으면서 주어진 현재적 선물이라면, 그래서 이미 우리가 의롭다 하심을 얻은 상황이라면, 성령은 자연 그 칭의를 확증하는 일종의 '증거'로 기능할 것이다.¹ 만약 갈라디아의 상황이 이렇다면, 시종일관 성령의 중요성을 강조하는 바울의 속내는 이러할 것이다. "여러분에게 주신 성령이 여러분의 칭의를 이처럼 분명히 증명해 주는데, 어떻게 율법의 행위로 의롭게 되려는 생각을 할 수 있습니까?"

많은 학자들은 바울이 갈라디아서에서 성령을 그토록 강조하는 이유가 바로 이것 때문이라고 생각한다. 곧 성령이 신자들의 현재적 칭의를 '증명하기' 때문이라는 것이다. 하지만 이미 지적한 것처럼, 학자들의 이런 주장은 대개 구체적인 주석적 증거보다는 그들 나름의 신학적 추론에 기대고 있다. 사람마다 다르겠지만, 대체로 다음과 같은 모양이다. 사도행전 같은 데서 두드러지게 나타나는 것처럼(행 10:44-48; 11:15-18), 성령의 선물은 하나님이 믿는 자들을 받아들여 주셨음을 확인하는 가시적 증거로 작용한다. 물론 하나님이 받아 주셨다는 것은 그들이 믿음으로 의롭다 하심을 얻었다는 말과 같다. 그런데 바울은 갈라디아의 신자들이 믿음으로 성령을 '받았다'고 역설한다(3:1-5; 4:6). 그렇다면 이는 사실상 그들이 '이미 의롭다 하심을 받았다'는 말과 같다.

얼핏 그럴듯한 해명 같지만, 이런 설명은 한 가지 간단하지만 심

148

각한 문제에 직면한다. 곧 정작 바울 자신은 갈라디아서 어디에서도 그런 주장을 내놓은 적이 없다는 사실이다. 성령이 갈라디아서 논증의 핵심인 것은 분명하지만, 바울이 이 성령을 이미 이루어진 칭의에 대한 증거로 제시한 사례는 발견되지 않는다. 성령이 현재적 칭의를 보증한다는 생각은 칭의의 현재성을 전제한 학자들의 이차적 추론일 뿐, 바울 자신의 명시적 주장은 아니다. 물론 그런 추론이 불가능한 것은 아니다. 하지만 바울이 가장 중요한 논점은 슬쩍 감춘 채, 이를 '현명한'(3:1, 3) 독자들의 추론에만 맡겨 두었을 것이라는 발상은 비현실적이다. 여기에서도 우리의 출발점은 성령에 관한 바울의 실제 진술을 찬찬히 숙고하면서, 바울이 무엇을 말하려고 하는지 찾아내는 것이다. 성령과 관련된 구절들은 논의 과정에서 거듭 등장하지만, 성령의 실질적 기능을 염두에 두고 다시금 바울의 진술을 더듬어 보기로 하자.

성령과 의의 소망(5:5)

앞에서 우리는 바울이 갈라디아서에서 보여주는 미래적 전망에 대해 설명한 적이 있다. 갈라디아서 전체에 걸쳐 바울의 논증은, 이미 이루어진 칭의를 강조하는 것이 아니라 앞으로 이루어져야 할 의의 소망을 분명히 하는 것이며 무엇이 그 소망에 이르는 참된 길인지를 분명히 하는 것이다. 이런 미래 지향적 전망 속에서 성령에 관한 논의 역시 미래적 관점을 드러내는 것은 지극히 자연스럽다.

사실 이미 여러 번 언급한 바 있는 5:5의 결정적 진술은 바울이 왜 성령을 강조하는지 분명히 밝혀 준다.

우리는 믿음에서 나는 성령으로 의의 소망을 애타게 기다립니다.

"성령으로"는 문법적으로 기다림의 수단을 나타낸다. 의의 소망을 기다리는 수단이 성령이라는 것이다. 이 진술을 액면 그대로 읽으면, 성령은 이미 이루어진 의를 증명하기 위한 것이 아니라 우리가 미래의 "의의 소망"을 기다리는 방식이다. 갈라디아의 선동자들은 그 의에 이르는 수단이 율법이라고 가르쳤다(5:4). 하지만 실제 율법은 의의 소망에 이르는 길이 아니라, 미래의 소망을 막는 막다른 골목이다. 애초부터 의의 소망이란 성령으로 기다리는 것이다. 그리고 그 성령은 오로지 믿음을 통해서만 주어진다. 그래서 바울은 '율법이 아니라 믿음'이라고 말한다(2:16). 물론 율법이 "생명을 주는" 율법이었다면, 곧 율법이 생명의 성령을 주는 통로였다면, 바로 그 율법이 의의 소망에 이르는 길이었을 것이다(3:21). 그랬다면 굳이 그리스도가 오실 필요도, 십자가에 죽으실 필요도 없었을 것이다(2:21). 하지만 애석하게도 율법에는 그런 기능이 없다. 앞으로 보다 자세히 살펴보겠지만, 애초부터 율법이란 그런 목적으로 주어진 것이 아니다. 이처럼 5:5에서 성령은 분명 앞에 놓인 의의 소망을 기다리는 수단 혹은 방식이다. 그러니까 이 구절에서 '현재적 칭의에 대한 증거'로서의 성령을 말할 수는 없다. 그리고 이는 갈라디아서 전체를 두고서도 마찬가지다.

자녀, 그리고 상속자

물론 의의 소망을 향한 '기다림'은 멍하니 서서 버스를 기다리는 것과는 다르다. 오히려 이 간절한 기다림은 우리가 그 소망에 이르기 위해 취해야 할 역동적 삶의 자태를 가리킨다. 그런 의미에서 우리는 다름 아닌 "성령으로" 의로움의 소망을 기다린다. 이것이 그 소망에 이르는 진짜 길이기 때문이다. 우리가 성령과 발을 맞출 때(5:25), 의의 소망을 향한 우리의 기다림은 헛되지 않고 보람되다(롬 5:5). 지금 우리의 기다림을 알차고 역동적인 것으로 만든다는 점에서 성령은 현재 우리의 삶을 지탱하는 가장 중요한 토대이기도 하다. 그런 의미에서 성령은 분명 '현재적' 의미를 갖는다. 하지만 성령의 이 현재적 기능은 '이미' 이루어진 것에 대한 확인의 차원에서가 아니라 '아직'이라는 기다림의 문맥 속에서 수행된다. 바로 미래적 구원을 바라보게 만드는 것이 성령의 현재적 역할이라는 것이다.

그래서 바울은 성령을 신자들의 '아들 됨' 혹은 자녀 됨과 긴밀히 연결한다. 그리스도께서 우리를 율법으로부터 속량하신 것은 우리를 자녀로 입양하기 위해서였다(4:5). 하나님은 이를 분명히 하고 구체적으로 구현하기 위해 '그 아들의 영'을 우리 마음 가운데 보내셨다. 그리고 우리 마음속에서 이 성령은 "아버지!" 하며 부르짖는다(4:6). 성령을 통해 우리가 부르짖는다고 말하는 로마서와는 달리(8:15), 갈라디아서에서는 성령이 "아바 아버지"(아버지!)를 외치는 주체로 등장한다. 그러니까 여기서 성령의 역할은 지금 우리가 하나님의 자녀라는 사실을 확증하는 것이다. 우리는 '이미' 하나님의 자녀가 되었다. 그리고 성령은 이 현실을 생생하게 증거한다. 그렇다면 이는 성령이 현재 우리의 칭의를 증명한다는 주장으로 연결될 수도 있지 않을까?

하지만 실제 바울의 논증은 사뭇 다른 방향으로 흘러간다. 성령이 우리의 자녀 됨을 확증하는 것은 사실이다. 증명할 뿐만 아니라, 그 자녀 된 삶을 지탱하는 주체이기도 하다. 하지만 바울의 논증이 의도하는 최종 목적지는 우리의 자녀 됨이 아니다. 7절의 결론에서 보듯, 바울의 최종 관심사는 하나님의 자녀라는 현재적 신분 자체가 아니라 그 신분 속에 담긴 미래적 함의, 곧 상속자라는 미래적 소망의 가능성에 놓인다. 바울이 도출하는 최종 결론은 이렇다. "여러분은 더 이상 종이 아니라 자녀(원문에는 '아들')이며, 자녀라면 하나님을 통해 (세워진) 상속자인 것입니다"(4:7). 물론 자녀 됨은 놀라운 특권이다. 바울도 이 사실을 자주 강조한다. 하지만 바울의 생각 속에서 우리가 하나님의 '자녀'라는 사실이 갖는 가장 실질적 의미 중 하나는 '자녀=상속자'라는 사실이다. 현재 우리의 '자녀 됨'이 자주 '종'이라는 신분과 대조되는 이유가 바로 그것이다. 주인이라도 어릴 때는 종과 별반 다를 바 없지만, 어른이 되고 나면 그 신분의 차이는 선명해진다. 아들은 상속자이지만, 종은 그저 종일 뿐이기 때문이다. 그래서 바울은 신자의 '아들·자녀'라는 신분을 강조한다. 종이 아닌 아들에게만 상속자라는 미래가 존재하기 때문이다. 이는 4:21-31의 논증에서도 분명히 드러난다(다음 단락의 논의를 보라). 물론 '아들=상속자'라는 논지는 '아브라함의 씨=상속자'라는 논지를 개진했던 3장의 결론부에서도 이미 제시된 논점이기도 하다. 율법에 의존하는 자가 아니라 믿음에 의지하는 자가 '아브라함의 씨(후손)'이다. 왜냐하면 아브라함의 씨라면 약속대로 상속자이기 때문이다(3:29).

범위를 좀 더 넓혀 보면, 이런 논리는 로마서 8장에서도 마찬가지다. 하나님의 영 혹은 그리스도의 영이라고 불리는 성령이 우리를 인도하시면 우리는 더 이상 종이 아니라 하나님의 자녀다(8:14). 종의 영이 아니라 자녀의 영을 받았기 때문이다(8:15). 그래서 우리는 성령과 더불어 "아바 아버지"를 외친다. 이렇게 성령은 우리가 하나님의 자녀임을 증언한다(8:16). 하지만 여기서도 이 점을 강조하는 이유는 분명하다. "자녀이면 상속자, 곧 그리스도와 공동 상속자입니다"(8:17). 물론 우리가 그리스도의 공동 상속자가 되는 데는 당연한 조건이 붙는다. "그와 함께 영광을 얻기 위해 우리가 그와 함께 고난을 받는다면"*if indeed we suffer with him* 그렇다는 것이다.[2] 곧 우리가 실제로 성령의 인도를 따른다면, 그리하여 그와 함께 고난을 감내하는 삶을 살아간다면, 그렇다면 우리는 하나님의 자녀요 그리스도와 공동 상속자다(8:17).

당연한 말이지만, 상속이란 지금 소유한 무언가가 아니라 앞으로 얻게 될 구원을 가리키는 이미지 중 하나다. 물론 구원의 (부분적) 성취를 강조하는 이들 중에는 이 상속 개념조차도 (부분적으로) 성취된 것으로 해석하려는 경향이 있지만, 이는 애초에 '상속'이라는 개념을 필요로 했던 바울의 의도 자체를 무색하게 만드는 움직임이다. 로마서 8장에서는 이 상속 혹은 유산을 "장차 우리에게 나타날 영광"이라 부른다(8:18; 5:2, 9-10). 갈라디아서에서는 '의의 소망'이나 '하나님 나라' 혹은 '영생'이라는 말로 표현된다(5:5, 21; 6:8). 결국 바울이 말하는 바는 간단하다. 곧 성령을 받은 자들이 미래 구원의 상속자라는 사실이다. 성령이 미래 구원을 보증한다는 말 역시 동일한 사실을 표현한다(고후 5:5; 엡 1:14).[3]

성령으로 태어난 상속자(4:21-31)

'사라와 하갈의 알레고리'라 불리는 4:21-31 역시 바울의 이런 관점을 선명히 보여준다. 아브라함에게 두 아들이 있었다. 하나는 여종에게서, 또 하나는 자유를 가진 여자에게서 태어났다(4:22). 신분의 차이는 출생 방식의 차이와도 관련이 있다. 여종의 아들은 "육체를 따라" 태어났다(4:23 상). 여기서 '육체'는 창조주와는 구별되는 한계적 존재로서의 인간을 가리키는 표현이다. 그러니까 그냥 '인간적인 방식으로' 태어났다는 의미다. 이와는 대조적으로 자유를 가진 여자의 아들은 "약속을 통해" 태어났다(4:23 하). 인간적으로는 수태가 가능하지 않은 상황이었지만, 하나님의 약속에 의해 그리고 그 약속을 지키시는 하나님의 초월적 간섭에 의해 태어난 아들이다(롬 4:17-22 참고). 생명을 창조하시는 하나님의 능력을 통해 태어났다는 점에서 이는 '성령을 따라' 태어났다고 말할 수 있다. 창세기는 '육체를 따라' 태어난 아들이 아니라 '성령을 따라' 태어난 아들이 상속자임을 분명히 선언한다. "여종의 아들은 자유를 가진 여자의 아들과 더불어 상속을 받을 수 없다"(4:30).[4]

이처럼 바울의 창세기 해석에서 궁극적 관심은 자녀의 신분이 아니다. 자녀의 신분이 문제라면, 이는 이스마엘이나 이삭이나 마찬가지다(4:22, '두 아들'). 중요한 것은 상속자가 되는 일이다. 그러기 위해서는 종속의 원리인 '육체'가 아니라 자유의 원리인 '성령'을 통해 태어나야 한다. 그래서 창세기에서는 '육체를 따라' 태어난 아들(이스마엘)은 추방을 당하고, 하나님의 '약속을 따라' 곧 '성령으로' 태어난 아들(이삭)만 유일한 상속자로 남는다. 여기서도 "누가 상속자냐?" 하는 결정적 물음에 대한 답변을 제공하는 것은 성령이다. 같은 아들이라도, 오로지 성령으로 태어난 자만이 상속자다.

바울은 성령으로 태어난 창세기의 이삭을 '성령으로' 태어난 갈라디아의 신자들과 연결한다. "형제 여러분, 여러분은 이삭과 같이 약속의 자녀들입니다"(4:28). 그렇다. 갈라디아의 신자들은 하나님의 약속에 의해, 그리고 그 약속을 지키려고 성령으로 역사하셨던 하나님의 간섭에 의해 태어났던 이삭과 같다. 그들 역시 바울이 선포하는 복음을 듣고 믿어 성령을 받았으며(3:2-5), 이 성령의 선물로 하나님의 자녀가 되었다(4:6). 이렇게 그들은 믿음으로 성령의 선물을 받고, "성령으로 의의 소망을 기다리는" 달음질을 시작할 수 있었다. 물론 이는 할례나 이와 유사한 '육체적' 조건들을 내세워 상속자의 자리를 차지할 수 있다고 주장했던 선동자들의 입장과 충돌한다(6:12-13). 이런 육체적 조건들 혹은 인간적 가치들은 사람들 사이에서야 멋진 자랑거리가 될지 몰라도, 의의 소망을 기다리는 수단으로는 무용지물이다.

성령에서 육체로?

하지만 안타깝게도 지금 갈라디아의 성도들은 '육체'적 조건을 중요시하는 선동자들의 터무니없는 가르침에 현혹되고 있다. 갈라디아 성도들의 어리석음은 바로 이것이다. 구원에 이르는 참된 길인 성령으로 잘 시작해 놓고서, 이제 와서 구원에 아무런 도움이 안 되는 '육체'로 그 달리기를 마치려 한다(3:3). "참으로 어리석군요, 갈라디아인들이여!"(3:1) "여러분이 그렇게 어리석습니까?"(3:3) 앞에서 설명했던 것처럼, '시작한다'는 것은 그리스도인으로서의 여정을 시작한다는 의미이고, '끝낸다'는 것은 그 여정의 종착점, 곧 그리스도의 재림 및 구원과 심판의 날까지 이른다는 의미다. 그러니까 할례에 기대를 거는 갈라디아인들의 태도는 '육체로 의의 소망을 기다리겠다'는 말과 같다. 하지만 휘발유를 넣어야 할 자동차에 경유를 넣고 달릴 수는 없는 노릇이다. 마찬가지로 '성령으로' 기다려야 할 의의 소망을 '육체로' 기다린다고 될 일이 아니다. '육체로' 의의 소망에 이르겠다는 시도는 곧 의의 소망을 포기하겠다는 말과 같다. 바울은 이들의 이런 어리석음이 답답해 미칠 지경이다(1:6; 3:1, 3, 4).

5장 시작 부분에서도 이런 경고는 계속된다. 할례를 받는 자에게는 그리스도가 아무 유익이 없을 것이다(5:2). 율법을 통해 의로움을 성취하려고 하는 사람은 "그리스도에게서 끊어지고, 은혜에서 떨어져 나간 사람"이다(5:4). 실제로 그렇게 되었다는 것이 아니라 그만큼 중대한 실수를 저지르고 있다는 지적이다. 물론 이 말은 할례에 대한 교리적 설명은 아니다. 로마서에서 말하는 것처럼, 애초에 할례는 믿음으로 주어지는 의에 대한 사후적 확인증이었다. 그 나름의 유익이 있었던 셈이다(롬 3:1; 4:11). 그런데 갈라디아서에서 바울은 할례를 **절대적으로** 부정한다. 이렇게 입장이 달라진 듯 보이는 이유는 할례에서 무슨 새로운 교리적 독소를 발견해서가 아니라, 현재 갈라디아 교회에서 벌어지는 위기 상황 때문이다. 현재 갈라디아의 상황 속에서 '할례를 받겠다'는 것은 믿음을 잘 지키고 성령의 인도를 잘 따르면서 할례를 덤으로 받아 보자는 이야기가 아니다. 그랬다면 바울이 이렇게 걱정할 필요가 없었을 것이다. 성령의 인도 아래 살아가는 한, 할례라는 의식을 행하거나 말거나 그게 무슨 대수겠는가?(5:6; 6:15; 고전 7:19) 사도행전에 의하면, 바울 자신도 디모데에게 할례를 행하지 않았던가?(행 16:3) 그런데 바울이 여기서 그토록 단호한 태도를 취하는 것은 지금 갈라디아의 교회 내에서 할례 문제가 야기하는 신앙적 폐해가 매우 심각했기 때문이다. 바울의 걱정은 할례 자체가 아니다. 정작 바울의 염려는 아무것도 아닌 할례에 대한 건강하지 못한 관심 때문에, 혹은 할례 문제로 인한 혼란 때문에 신자들이 복음의 진리 자체를 팽개치고 있다는 사실이다. 곧 할례와 같은 무의미한 계급장 때문에 믿음과 성령이라는 칭의의 진짜 열쇠를 포기하는 모습을 보이고 있다는 것이다. 바울에 관한 한, 바로 이것이 문제의 핵심이다. 선동자들이나 갈라디아의 신자들과는 달리, 바울은 할례 자체에 대해 관심이 없다. 할례를 받든 말든, 그것은 바울이 상관할 바가 아니다(5:6; 6:15). 하지만 그 무의미한 할례 때문에 구원의 참 열쇠인 믿음과 성령을 포기한다면 이야기가 다르다. 그런 상황에서는 혼란의 원인인 할례 자체에 대해서도 독설을 퍼붓지 않을 수 없다. 모든 문제의 출발점이 할례였기 때문이다. 그러니까 갈라디아서에서 바울이 할례를 금지하는 것은 할례 자체에 무슨 **교리적** 독이 있어서가 아니라, 할례 문제로 인해 믿음과 성령의 복음이

훼손되는 **상황적** 이유 때문이다.

이 점은 중요하다. 사실 할례를 받겠다는 태도 혹은 율법을 수용하려는 태도 자체가 그리스도를 믿는 믿음의 충분함을 부정하는 것이라는 교리적 설명이 자주 제시된다. 애초부터 불가능한 행위구원론적 발상일 수도 있고(전통적 관점), 율법의 본 정신과 어긋나는 배타주의일 수도 있다는 것이다(새 관점). 하지만 바울 자신이 반복하여 천명하는 것처럼, 회심 이후 그에게 할례는 그 어떤 실질적 의미를 갖지 않는다. 할례든 무할례든, 더 이상 그런 무가치한 사안에 관심을 가질 이유가 없다. 현재 갈라디아에서 할례에 신학적 의미를 부여하는 것은 선동자들이지 바울이 아니다. 회심 이후 바울을 사로잡는 유일한 관심사는 믿음과 성령이다. 할례가 바울의 시야에 포착되는 것은 바로 할례가 복음의 진리를 방해할 때뿐이다. 이럴 때 바울은 할례에 대해 시비를 건다. 하지만 이는 복음의 진리를 지키기 위한 상황적 처방이지, 할례 자체에 대한 교리적 판결은 아니다.

바울의 논점은 분명하다. 할례에 현혹되어 믿음과 성령의 길을 벗어난다는 것은 사실상 '육체'의 길을 따르겠다는 말과 같다(3:3). 물론 그 길은 구원과 의의 소망에 이르는 '비좁은 길'이 아니라 썩어짐과 멸망으로 인도하는 '널찍한 길'이다(마 7:13-14).

성령과 육체, 그리고 미래

우리의 논의는 다시 6:7-9의 결론적 가르침으로 돌아간다. 이미 여러 차례 언급한 적이 있지만, 다시 한 번 그 의미를 곱씹어 보자. 이 구절은 "스스로를 속이지 말라"는 경고, 곧 착각하지 말라는 경고로 시작된다. 은혜를 오해한 나머지 하나님이 정하신 원칙조차 무시함으로써 하나님을 업신여기는 오만을 조심하라는 것이다(7절 상). 하나님이 정하신 원칙은 '심은 대로 거둔다'는 당연한 원리다(7절 하). 자기중심적 신자들의 편리한 착각과는 달리, 복음의 핵심은 이 '인과응보'의 원리를 접어 주는 데 있지 않다. 십자가의 대속은 행위 심판의 논리가 그리스도에게만 적용되고, 우리는 그 원리로부터 면제된다는 궤변이 아니다. 사람의 외모를 살피지 않으시고, 오로지 행한 대로 갚으시는 것은 하나님의 본성적 진리에 속한다. 복음이 이 본성을 바꾸는 것은 아니다. 신약 전체에 걸쳐 행위 심판 사상이 지속적으로 나타난다는 사실에서도 확인할 수 있는 것처럼, 복음은 철두철미 '행한 대로 갚으신다'는 원칙의 토대 위에서 움직인다. 현재 우리의 삶은 씨를 뿌리는 것과 같다. 그리고 지금 우리가 뿌리는 씨는 그에 상응하는 종말론적 결과로 이어진다. 여기서 씨 뿌림과 수확이라는 농업적 그림언어가 강조하는 것은 뿌림과 거둠 사이의 **필연성**이다. 콩을 심으면 콩이 나고, 팥을 심으면 팥이 난다. 내가 다소 우스운 말투로 자주 강조하는 것처럼, 지금 내 마음대로 뿌려도 (은혜의 마법으로?) 좋은 결과가 나올 것이라는 식의 편리한 생각은 '구약도 아니고 신약도 아닌, 마약'에 지나지 않는다. 바울의 경고는 하나님의 본성과 원칙을 무시하는 오만을 믿음으로 착각하지 말라는 것이다. 우리가 아버지라 부르는 분은 그 어떤 인간적인 조건에도 구애받지 않으시며, 우리가 살며 행했던 일들에 따라 공정하게 보응하는 분이시다(롬 2:6-11; 벧전 1:17). 이 공정함을 모면하는 것이 '복음'이라 생각했다면, 그건 바울이 선포한 것과는 "다른 복음"인 셈이다(1:6). 우리가 앞에서 살펴본 것처럼, 사실 갈라디아의 선동자들이 주장한 "다른 복음" 역시 이런 식의 '값싼 은총론'과 맞닿아 있다. 값싼 인간적 조건들로 복음의 영적 역동성을 대체하려는 얄팍함이다.

우리의 삶이 파종이라면, 우리가 씨를 뿌릴 밭은 두 가지다(8절). 우리는 "자기의 육체 안으로" 씨를 뿌릴 수도 있고 "성령 안으로" 씨를 뿌릴 수도 있다. 개역개정에는 '위하여'라고 번역했지만, 이 단어는 원래 '안으로'into를 의미하는 전치사다. 종종 '위하여' 정도로 의미가 확장되어 목적 혹은 결과를 나타낼 수도 있지만, 육체와 성령이 일종의 밭으로 묘사되는 현 문맥에서는 '안으로'라는 공간적 의미가 더 어울린다. 우리가 육체라는 밭에다 씨를 뿌리면, 그 "육체(라는 밭)로부터 부패를 수확할 것이다"(8절 상). 부패 곧 썩어짐은 미래가 없는 허망함을 가리킨다(롬 8:21; 벧후 1:4; 2:12, 2:19). 육체의 밭에 씨를 뿌리는 삶은 미래가 없는 삶이다. 바울 서신에는 지옥 개념 자체가 없지만, 복음서 식으로 말하자면, '영원한 형벌'의 선고 혹은 "바깥 어두운 데서 슬피 울며 이를 갊이 있으리라"라는 말과 같다. 반대로 '썩지 않음'은 구원의 소망과 통한다(고전 15:50-54). 성령이라는 밭에다 씨를 뿌리면 "영생"을 수확할 것이다(8절 하). 영생은 뜻밖의 요행처럼 오는 것도 아니고, '아멘'을 주문처럼 외면 나타나는 요술도 아니다. 성경이 약속하는 '영원한 삶'은 현재의 신실한 삶과 맞닿아 있다. 현재가 이미 영생의 일부라는 뜻이 아니라, 현재 제대로 씨를 뿌려야 바라던 영생을 수확할 수 있다는 의미다(롬 6:19-23). "눈물로 씨를 뿌리는 자는 기쁨으로 수확할 것이다. 울며 씨를 뿌리러 가는 자는 기쁨으로 단을 가지고 올 것이다"(시 126:5-6).

씨를 뿌리는 일은 쉬운 일이 아니다. 땅은 거짓말을 하지 않는다. 땅을 업으로 삼는 농부에게 '대박'이란 존재하지 않는다. 그에게 주어지는 가장 큰 축복은 "네 손이 수고한 대로 먹을 수 있는" 것이다 (시 128:2). 내가 수고하여 거둔 수확을 원수에게 빼앗기지 않고 내가 오롯이 가질 수 있다는 것, 이것이 성경이 약속하는 복의 핵심이었다. 오늘의 삶이 구원의 수확을 위한 씨 뿌림에 비유된다는 것은, 예수님이 먼저 경고한 것과 같이, 구원을 향한 길이 마냥 간단치 않기 때문이다(마 7:13-14). 바울이 믿음과 은혜의 논리로 예수의 제자도를 뒤집는 것이 아니다. 바울이 말하는 은혜란 구원의 길이 '수월하다'는 착각 혹은 내 삶은 엉터리여도 신앙고백만 잘하면 구원 받는다는 식의 '공짜 심리'와는 거리가 멀다. 성령에다 삶의 씨를 뿌리며 인내하는 것 외에는 영생을 향한 '왕도'는 존재하지 않는다(6:9).

그렇다. 유일한 길은 성령으로 의의 소망을 기다리는 것이다. 물론 이 진술만으로는 충분치 않다. 그렇다면 우리 삶의 현장 속에서 "성령으로 의의 소망을 기다린다"는 말은 구체적으로 무슨 뜻일까? 다음 장에서는 이 물음을 좀 더 구체적으로 살펴보도록 하자.

5:16-18 내가 말합니다. 여러분은 성령을 따라 살아가십시오. 그러면 육체의 욕구를 따라 행동하는 일이 없을 것입니다. • 왜냐하면 육체의 욕구는 성령과 대립하고 성령의 욕구는 육체와 대립하는 것이기 때문입니다. 이 둘이 서로 대항하여 결과적으로 여러분이 원하는 것을 하지 못하게 되는 것입니다. • 그러나 만일 여러분이 성령의 인도함을 받으면 더 이상 율법 아래 있지 않습니다.

6:8 자기의 육체(라는 밭) 안으로 씨를 뿌린 사람은 그 육체로부터 부패를 수확할 것입니다. 반면 성령(이라는 밭) 안으로 씨를 뿌린 사람은 성령으로부터 영생을 수확할 것입니다.

09 ― 왜 성령이 해답인가?

성령, 미래의 열쇠

　　　　　　　지금까지 우리는 갈라디아 교회의 위기와 바울의 처방에 관한 몇 가지 중요한 사실들을 살펴보았다. 우선 갈라디아의 현 상황은 이미 이루어진 칭의나 구원에 관한 교리적 논쟁이 아니라, '의의 소망'이라는 미래의 목적지로 가는 올바른 길이 무엇인지에 관한 현실적 논쟁이었다. 바울의 절박함에서도 잘 드러나는 것처럼, 바울은 지금 성도들이 이미 확보한 칭의가 율법 아닌 믿음에 의한 것이었다는 사실을 되새기는 것이 아니다. 그렇다고 할례를 받고 율법으로 기울어지면 '이미 얻은 칭의를 상실한다'고 협박하는 것도 아니다. 바울의 논점은 분명하다. 우리에게는 '의의 소망'(하나님 나라, 영생)이라는 분명한 목표가 있다. 물론 율법 혹은 율법의 행위들은 그 목표에 이르는 길이 아니다(5:2-4). "왜냐하면 우리는 믿음에서 나는 성령으로 의의 소망을 기다리기 때문입니다"(5:5). 의의 소망에 이르는 유일한 열쇠는 성령이다. 믿음이 중요한 것은 믿음을 통해 성령을 받기 때문이고(3:2-5, 14), 율법(의 행위들)이 해답이 아닌 것은 이 율법이 애초부터 생명의 능력, 곧 성령의 통로가 아니기 때문이다(3:2, 5, 21). 그리고 바울이 성령을 이토록 강조한 것은 성령이 의의 소망에 이르는 유일한 열쇠이기 때문이다. 육신적 가치에 의존하는 자들이 아니라 성령으로 태어난 자녀들만이 미래 구원을 상속할 상속자들이다. 바로 이것이 우리가 지금까지 살펴본 사항이다.

그렇다면 이제 바울의 이 주장을 조금 더 자세히 따져 보자. 성령이 미래 구원의 열쇠라는 말은 무슨 뜻일까? 성령이 우리를 의의 소망, 하나님 나라 혹은 영생으로 인도할 수 있다는 주장의 **실질적 근거**가 무엇일까? 성령을 받은 자는 구원을 이미 받은 것이라는 의미일까? 이것이 바울의 주장이 아니라는 사실은 이미 분명해졌다. 구원 자체를 미래로 제시하는 마당에, 성령이 얻지도 않은 구원의 '증거'가 될 수는 없기 때문이다. 그렇다면 성령이 구원의 열쇠라는 말은 무슨 뜻일까? '구원 열차에 올라탔다'는 말처럼, 일단 성령을 받은 사람은 구원에 이르도록 정해진 자들이라는 말일까? 물론 이것도 답이 아니라는 것은 지금까지의 논의를 통해서도 이미 분명해졌을 것이다. 하지만 워낙 중요한 사안이라 이에 대한 좀 더 상세한 해명이 필요하다. 사실 결론은 분명하다. 성령이 미래의 해답인 것은 성령 속에 내재한 어떤 교리적 함의 때문이 아니라 성령이 신자들의 삶에서 수행하는 실질적 역할 때문이다. 다시 말해, 우리는 성령을 따라 살아가는 삶을 통해 의의 소망에 이른다. 지금까지의 여러 차례 언급되고 논의된 구절들이기는 하지만, 생각을 정리하는 차원에서 다시금 이 물음의 답을 찾아보도록 하자.

성령은 사랑의 열매를 산출한다(5:5-6, 13-15)

왜 성령이 의의 소망에 대한 해답이라는 주장 (5:5)에 대한 첫 설명은 바로 그 다음 구절에서 주어진다.

> 그리스도 예수 안에서는 할례나 무할례가 무슨 효력이 있는 것이 아니기 때문입니다. (우리를 의의 소망으로 인도할) 효력이 있는 것은 오로지 사랑을 통해 작동하는 믿음뿐입니다(5:6).

우리말 번역에서는 생략되었지만,[1] 6절은 독립된 진술이 아니라 5절의 주장에 대한 근거를 제시한다. 우리가 성령으로 의의 소망을 기다리는 이유는 "그리스도 안에서 의롭게 되려는"(2:17) 삶에 있어서 할례나 무할례 같은 것은 아무런 소용이 없기 때문이다. 여기서 '효력이 없다'는 말은 '능력이 없다' 혹은 '무용지물이다' 정도로 옮길 수 있다. 물론 5절과의 관계에서 금방 알 수 있는 것처럼, 여기서 무기력하다는 것은 의의 소망을 기다리는 일과 관련해서 그렇다는 뜻이다. 의의 소망을 기다리는 우리의 삶에서 할례를 받거나 혹은 받지 않는 것 자체가 무슨 의미가 있는 것이 아니다. 할례 여부는 우리의 칭의와 아무런 상관이 없다. 우리를 의의 소망으로 인도할 능력을 가진 유일한 안내자는 '사랑으로 역사하는 믿음'이다. 믿음은 우리를 의의 소망으로 인도한다. 그런데 이 믿음이란 '사랑으로 역사하는' 믿음,[2] 곧 사랑을 통해 활성화되고 사랑을 통해 자신을 구현하는 그

165

런 믿음이다. 5절과 6절을 함께 읽으면 우리는 5절의 "성령"이 6절에서 "사랑을 통해 작동하는 믿음"으로 새롭게 표현되고 있음을 알 수 있다. 그러니까 믿음이 사랑을 통해 활성화된다는 이야기는 결국 '믿음을 통해 성령을 받는다'는 말과 같은 셈이다(3:2, 5, 14).

성령이 의의 소망에 이르는 유일한 길이다. 바울은 이 성령을 사랑이라는 말로 풀이한다(5:22). 실천적인 관점에서 보자면, 이는 곧 사랑이 의의 소망에 이르는 결정적 관건이라는 말에 해당한다. 그러니까 성령이 미래의 해답이라는 말은, 교리적 의미에서 성령이 구원의 보증수표라는 이야기가 아니라, 성령을 통해 사랑을 실천하는 삶이 의의 소망에 이르는 유일한 길이라는 이야기가 된다. 바로 이런 의미에서만 성령은 우리 구원의 보증이다. 일단 이 점을 인식하고 나면, 우리는 왜 바울이 사랑에 그렇게 큰 무게를 두는지 이해할 수 있다. 하나님께서 그리스도를 통해 우리에게 (율법으로부터, 죄의 다스림으로부터) 자유를 주셨다. 하지만 우리는 그 자유를 육체의 욕망, 곧 죄악된 욕망을 만족시키는 구실로 삼아서는 안 된다(5:1). 오히려 우리는 사랑으로 서로 종노릇하는 삶을 살아야 한다(5:13). 하나님이 주신 율법의 요구가 많지만, 사실상 그 모든 계명들이 "네 이웃을 네 몸과 같이 사랑하라"는 한마디 계명 속에 다 집약되어 있다(5:14). 하나님이 우리에게 요구하시는 삶의 핵심이 사랑이라는 이야기다. 물론 이 사랑의 삶을 가능케 하는 이는 성령이시다(롬 5:5; 8:1 참고).[3] 그리고 우리는 십자가 복음을 듣고 믿음으로 이 성령을 받았다(3:2, 5, 14; 5:5).

문제는 지금 갈라디아의 신자들이 이 성령의 인도에서 벗어나고 있다는 사실이다. 그들은 성령으로 잘 시작했으면서도 지금은 (할례와 같은) 육체적 자랑거리로 마치겠다고 요란을 떨고 있다(3:3; 6:13). 물론 성령을 벗어났다는 이야기는 교리적 의미에서 성령론을 바꾸었거나 버렸다는 말이 아니라 성령의 인도로 이루어지는 사랑의 삶을 팽개치기 시작했다는 의미다. 지금 현재 갈라디아의 신자들은 사랑은 고사하고 "서로 물어뜯고 삼키는" 상황으로 치닫고 있다(5:15). 여기서 바울은 야생동물들의 싸움을 가리키기에 적합한 그런 동사들로 교회 내의 상황을 묘사한다. 그만큼 상황이 심각하다는 의미다. "우쭐해 하면서 서로를 자극하고 서로 시기하지 말라"는 경고도 마찬가지 정황을 염두에 둔 경고다(5:26). 십중팔구 할례에 관한 무익한 논쟁이 오히려 이런 안타까운 상황을 야기했을 것이다. 이유야 어찌되었든, 그런 대립과 싸움의 결과는 분명하다. 곧 함께 멸망하는 것이다(5:15). 이 두 묘사는 바울이 지금 무엇을 위기의 핵심으로 간주하고 있는지를 잘 보여준다. 곧 공동체의 삶에서 '사랑으로 구체화되는 믿음'이 망가지는 상황인 것이다.

성령과 육체의 욕구, 그리고 하나님 나라(5:16-26)

바울이 성령의 실천적 역할에 관심을 기울이고 있다는 사실은 5장 후반부의 논증에서도 선명하게 드러난다. 바울은 성도들에게 "성령을 따라 걸으라(살아가라)"고 말한다. "그러면 육체의 욕구를 따라 행동하는 일이 없을 것이다"(5:16). 개역개정에서 '이룬다'로, 새번역에서 '채운다'로 번역된 단어는 통상 '끝낸다' 혹은 '완수한다'는 의미로 사용된다. 물론 여기서 말하는 '육체' 역시 우리의 물리적 신체가 아니라 죄의 지배 아래 있는 자연적 존재를 의미한다. 그러니까 '육체의 욕구를 완수한다'는 것은 우리의 자연적 존재 속에 똬리를 틀고 있는 악한 욕구를 구체적인 행동으로 이끌어 낸다는 의미다. 우리는 성령의 인도를 받을 때 육체의 욕구에 좌우되는 상황을 피할 수 있다(롬 8:13).

육체와 성령을 서로 대립하는 일종의 우주적 세력으로서 묘사하는 17절은 난해 구절 중 하나다. 특히 "여러분이 원하는 것을 하지 못하게 된다"는 말은 어렵다. 성도들이 원하는 선한 삶을 육체가 막는다는 의미일 수도 있고, 반대로 그들이 계획하는 악한 삶을 성령이 막는다는 의미일 수도 있다. 어느 쪽이든 분명한 것은 성도들은 자기 마음대로 살 수 있는 자율적 존재가 아니라는 사실이다. 우리는 모두 우리의 힘을 넘어서는 우주적 힘의 지배 아래 있다. 그리고 성령과 육체는 상호 공존이 불가능한 대립의 관계다. 성령의 인도를 거부하면, 불가불 육체의 지배로 들어간다는 말이 된다. 하지만 우리가 성령의 인도 아래 있게 되면, 우리는 "율법 아래 있지 않다"(5:18). 16절과 비교해 보면, 18절에서 예상되는 결론은 "육체 아래 있지 않다"는 것이다. 그런데 놀랍게도 이 자리에 '율법'이 대신 등장한다. 성령의 인도를 받으며 산다면, 성도들은 "율법 아래" 있지 않다. 물론 현재 갈라디아의 상황에서는 이런 움직임이 지극히 자연스럽다. 성령을 줄 수 없는 '율법 아래' 들어가겠다는 것, 그리하여 할례니 무할례니 하는 무익한 물음들에 집착하겠다는 것은 무가치한 것들을 두고 서로 경쟁하겠다는 말과 같다. 서로 경쟁하며 차별하는 것이 아니면 그런 것들로 싸울 이유가 없기 때문이다. 그런 점에서 '율법 아래'의 삶은 사실상 '육체 아래'의 삶과 겹친다.

　여기서도 바울의 관심은 성령과 육체의 교리적 의미가 아니라, 성령과 육체의 '욕구·욕망' 곧 이들에 의해 산출되거나 억제되는 구체적 행동들이다. 육체의 욕구가 실행되면 '육체의 행위들'이 생겨난다. 물론 그 행위들의 모양은 누구나 다 아는 행위들이다. 바울은 도합 열다섯 가지를 열거했다. 음행, 더러움, 방탕, 우상숭배, 마술, 적의, 다툼, 시기, 분노, 분쟁, 분열, 파당, 질투, 술 취함, 난잡함 등이다. 마지막 '이와 같은 것들'이라는 표현이 말해 주듯, 이 목록은 육체의 행위들을 전부 망라한 것이 아니라 몇몇 익숙한 사례들을 예로 들어 대략적인 그림을 그려 보이는 것이다. 물론 성도들도 바울이 무엇을 말하는지 잘 안다. 특히 흥미로운 것은 음행이나 방탕함처럼 으레 등장하는 항목들도 있지만, 공동체의 갈등 및 분열과 관련된 악행들이 유독 많이 포함되었다는 사실이다. 어느 정도 '늘 하는 훈계'의 측면도 있겠지만, 현재 "서로 물어뜯고 삼키는"(5:15) 갈라디아의 상황 역시 이 목록의 작성에 상당한 영향을 미친 것으로 보인다. 바로 이어지는 26절에서 바울이 성도들이 "우쭐해 하면서 서로를 자극하고 서로 시기하지" 말라고 경고하고 있다는 사실도 이런 추측에 힘을 싣는다.

　바울이 이런 나쁜 행위들에 관심을 기울이는 것은 이것이 소위 '이미 구원 받은 자에게 어울리지 않는' 삶이어서가 아니다. 갈라디아 공동체의 설립 초기부터("전에 여러분에게 경고했던 것처럼", 21절 상) 바울의 경고는 일관된다.[4] 곧 "이런 일들을 행하는 사람들은 하나님 나라를 상속하지 못할 것입니다"(5:21 하). 매우 단순하지만 또 가장 절박한 이유다. 육체의 행위들로 채워지는 삶을 살면 장차 도래할 하나님 나라를 상속할 수 없다. 서로 물어뜯고 잡아먹으면 함께 멸망한다는 말이 바로 그런 뜻이다(5:15). 여기서 종종 하나님 나라의 현재성을 거론하거나, 혹은 다른 방식으로 경고의 적나라함을 완화시키려는 시도가 이루어진다. 하지만 그런 움직임은 본문의 명백한 의도를 보아도 그렇고, 바울 신학 전체의 그림을 생각해도 전혀 정당화될 수 없다. 물론 바울 신학에서도 하나님 나라가 '현재이며 동시에 미래'라는 주장은 보다 세밀하게 검토되어야 할 역설적 발상이다. 하지만 바울의 경고가 논리적 모순을 피하려면, 현재 성도들이 이미 들어간 하나님 나라는 그들이 장차 상속해야 할 나라와는 다른 무언가일 수밖에 없다. 이미 가진 것을 두고 "상속하지 못할 것"이라고 경고하는 것은 말이 안 되기 때문이다.

우리는 바울의 명시적 진술을 왜곡하지 말아야 한다. 지금 바울은 "육체의 행위들"(5:19)에 속하는 행동 패턴을 그려 보이며, '이런 식의 삶은 믿음의 삶이 아니라'고 알려 주거나, 또 그런 삶을 사는 사람들을 생각하며 '이런 사람들은 참된 믿음을 갖지 못한 사람들이라'고 판정하는 것도 아니다. 또 이미 구원을 받은 것이 사실이지만, 그저 경고를 더 강하게 하려는 의도로 잠시 교리적 과장을 선보이고 있는 것도 아니다. 바울의 논조는 단도직입적이다. 그는 믿음의 길을 잘 달리다 포기하려는 성도들을 향해, 성령으로 시작했다가 육체로 마치려는 이들을 향해 육체의 행위들에 탐닉하는 삶을 살게 되면 장차 "하나님 나라를 상속하지 못할 것"(5:21)이라는 경고를 발하고 있다. 현재 삶의 행보를 잘못 선택하면 소망하는 미래에 이르지 못할 것이라는 경고다.

하나님 나라에 이르지 못하게 하는 "육체의 행위들"이 있다면, 반대로 그 하나님 나라를 상속받게 하는 삶의 패턴도 있다. 바울은 이를 "성령의 열매"라고 부른다(5:22). 물론 여기서도 바울이 열거하는 '아홉 가지'는 일부 대표적인 사례들만 언급한 것이다. 또한 이들 덕목들은 서로 선명하게 구분하기도 어려운 추상적 개념들이다. 그러니까 여기서 바울은 악행 목록에서와 유사하게, 신실한 삶을 묘사하는 몇몇 친숙한 단어들을 열거하고서 "이와 같은 것들"이라는 말을 덧붙여 대략적인 윤곽만 그려 보이는 것이다(5:23). 사랑이 목록의 첫 자리를 차지한다는 사실은 앞에서 성령의 삶을 특별히 사랑으로 풀었던 것을 상기시킨다(5:5-6). 물론 이 역시 현재 공동체의 갈등 상황과 무관치 않을 것이다. 또 '믿음'이 성령의 열매로 등장하는 것이 흥미롭다. 우리말 성경에는 '충성'(개역개정) 혹은 '신실'(새번역)로 옮겨졌지만, 이는 처음부터 줄곧 '믿음'으로 번역되던 바로 그 단어다(2:16; 3:2, 5; 5:5-6 등). 아마 여기서는 윤리적 맥락이 분명하여 믿음 아닌 '충성'으로 옮겼을 것이다. 하지만 애초에 믿음을 '사랑을 통해 활성화되는'(5:6) 것으로 정의했던 바울이 루터처럼 그리스도께 의지하는 '수동적 믿음'과 실행하는 '능동적 믿음'을 선명히 구분한 것 같지는 않다.[5] 어떤 이들은 '열매'라는 단어를 근거로, 그런 삶이 우리의 힘이 아니라 성령에 의해 자연스럽게(저절로?) 산출된다고 말한다. 하지만 그런 '그럴듯한' 설명은 '열매'가 도덕적 권고의 문맥에서 많이 사용된다는 사실과도 맞지 않는다. 더욱이 그런 편리한 설명은 열매가 저절로 맺히지 않은 우리 삶의 현실과도 맞지 않

는다. 듣기는 좋지만, 무책임한 설명인 셈이다.[6]

뿌린 대로 거두는 삶(6:7-9)

현재의 위기 상황에서 바울의 당면 과제는 갈라디아인들의 잘못을 지적하고 경고하는 것이다. 그래서 긍정적인 측면의 이야기는 별로 강조되지 않는다. 하지만 5:21에 비추어 보면 성령을 따르는 삶의 긍정적 결과 또한 분명하다. 육체의 행위들을 산출하는 삶의 결말이 하나님 나라로부터의 배제라면, 반대로 성령의 인도를 따라 성령의 열매를 맺는 삶의 결말은 하나님 나라의 상속이다. 이는 단순한 추론이 아니다. 이미 여러 번 인용했듯이, 논증의 결말 부분에서 바울은 바로 그 사실을 직설적으로 진술한다. 바울은 '그까이꺼 대충' 살아도 '은혜로' 구원에 이르리라는 편리한 착각을 거듭거듭 경고한다. 하나님의 불변하는 원칙은 "사람이 무엇으로 심든지 그대로 거둔다"는 것이다(6:7). 현재 우리의 삶은 농사와 같다. 곧 지금 우리가 살아가는 삶에 어울리는 필연적 결과를 거두게 되어 있다. 성령과 육체가 서로 싸우는 우주적 갈등 상황에서 우리가 지금 씨를 뿌릴 밭은 성령과 육체 둘 중 하나다. 육체에 씨를 뿌리는 사람, 곧 육체의 욕구를 구현하며 "육체의 행위들"을 실천하는 사람은 그 육체라는 밭으로부터 '썩음'을 수확할 것이며, 성령에 씨를 뿌리는 사람, 곧 성령의 인도 아래 그 열매를 맺는 사람은 '영생'을 수확할 것이다(6:8). 앞에서 언급했던 것처럼, 씨 뿌림과 거둠은 힘겨운 땀 흘림과 그에 상응하는 필연적 결과를 강조하기 위한 성경적 비유다 (시 126편).

갈라디아인들은 복음을 듣고 믿어 성령을 받음으로써 그리스도 인의 삶을 시작했다. 그들은 "성령으로 시작했다"(3:3). 보다 구체적 으로 말하면, 복음을 믿고 성령의 인도를 받게 된 그들은 "정욕과 욕 망을 그들의 육체와 함께 십자가에 못 박았다"(5:24). 그런데 지금 그들은 다시 육체로 돌아가 "육체로 끝내려고" 한다(3:3). 안 될 말 이다. 이는 바로 미래를 포기하겠다는 말과 같기 때문이다. 따라서 성령으로 새 생명을 얻은 사람이라면(현재적 해석), 혹은 성령으로 영 생에 이르는 것이라면(미래적 해석), 성령의 행보에 발을 맞추어 걸어 가는 것이 마땅하다(5:25).[7] 그러지 않으면 그들은 육체의 논리와 욕 구에 이끌려 '육체의 행위들'을 하게 될 것이고, 결국 '썩어짐'이라는 파국적 결과에 직면할 것이다. 그래서 바울은 절박하다. "성령을 따 라 살아가십시오. 그러면 육체의 욕구를 따라 행동하는 일이 없을 것 입니다"(5:16). 성령을 따라 걸어야 그 열매를 맺을 것이고, 그래야만 성령으로부터 영생이라는 수확을 기대할 수 있다. 바로 그런 역동적 의미에서 우리는 "성령으로 의의 소망을 기다린다"(5:5). 바울이 성 령을 미래 구원의 열쇠로 제시했을 때 의미했던 바가 바로 이것이었 다(롬 6:19-23; 8:13).

지금까지 우리는 여러 장에 걸쳐서 갈라디아서에 나타난 바울의 신학적 논증을 정리해 보았다. 믿음이 중요하다. 믿음으로 약속하신 성령을 받기 때문이다. 물론 이 성령은 우리가 기다리는 의의 소망 에 이르는 열쇠다. 성령의 인도를 따라 그 열매를 맺음으로써 하나님 나라와 영생이라는 최종 목표에 이르기 때문이다.[8] 그리고 또한 이 런 주장이 필요하게 된 구체적 정황도 살펴보았다. 곧 율법을 잘 지켜 의롭게 되려는 것이 아니라, 오히려 율법을 지키는 일에는 관심이 없으면서 할례 같은 항목들에만 집착하는 상황, 곧 참된 순종에는 무관심한 채 외적 모양새에만 신경을 쓰는 영적 위선의 상황이었다. 바울은 이를 '율법의 행위들'이라 불렀다. 하지만 상황은 그리 간단치 않다. 왜냐하면 바울의 논증은 많은 부분 '율법의 행위들'이라는 좁은 범주를 넘어 **율법 자체에 대한 비판**적 논증의 형태를 띠고 있기 때문이다. 물론 이는 율법 전체에 대한 비판으로, 곧 율법에 대한 순종의 태도를 비판하는 것으로 오해될 소지가 있다. 그래서 바울의 논증을 정확히 이해하려면, 율법에 대한 바울의 논증을 보다 세밀하게 살필 필요가 있다. 바울이 율법의 어떤 측면을 비판하고 있는지를 파악해야만, 바울이 제시하는 복음의 논리가 보다 더욱 선명해질 것이기 때문이다. 이어지는 몇 개의 장에서 이 율법의 주제를 다루어 보기로 하자.

3:21 만일 생명을 줄 능력을 가진 율법을 주신 것이라면, 의로움이 분명 율법에서 왔을 것입니다.

4:9 그런데 이제, 하나님을 알게 되었고, 더욱이 하나님께서 아시는 존재가 되었는데, 어떻게 다시 약하고 빈약한 초보적 원리들로 돌아가 다시 그들에게 새로 종살이하려고 합니까?

10 ─ 성령을 주지 못하는 율법의 연약함[1]

지금까지 우리가 살폈던 것처럼, 바울은 갈라디아 교회 내의 위기 상황을 '율법의 행위들'이라는 말로 요약한다. 물론 이런 행위들에 대한 요구는 궁극적으로 율법 혹은 율법에 대한 나름의 해석에 기초한 것들이며, 따라서 '율법의 행위들'이라 불린다. 만약 바울의 논증이 이런 표현들에 국한되었다면, 이해가 훨씬 쉬웠을 것이다. 하지만 안타깝게도 그렇지 못하다. 갈라디아서를 대충 읽어 보아도 금방 알 수 있는 것처럼, 복음의 진리를 수호하려는 바울의 논증은 많은 부분 좁은 의미의 '율법의 행위들'을 넘어 율법 자체를 염두에 두고 이루어진다. 그러기에 더욱 세심함이 요구된다. 자칫 바울이 말하는 '율법'의 의미를 잘못 해석할 공산이 크기 때문이다.

바울 공동체와 도덕적 관심

      율법에 관한 논쟁이 혼란스럽게 느껴지는 것은 177

율법 자체가 도덕적 실체이기 때문이다. 그래서 오늘 우리에게도 '율법' 하면 도덕적 규정으로서의 율법이 가장 먼저 머릿속에 떠오른다. 이 점에서는 율법의 '행위'라는 표현도 마찬가지다. 우선 율법을 행하는 것이라는 의미로 다가오기 때문이다. 그리고 대부분의 한국교회는 바로 이런 해석의 전통 속에서 살아왔다. 갈라디아서가 다루는 위기는 "율법을 행해야 의롭다 하심을 얻을 수 있다"는 이단적 가르침 때문에 생겨난 것이다. 그리고 이에 대해 바울은 "율법을 행함으로가 아니라 예수 그리스도를 믿음으로 의롭다 하심을 얻는다"는 복음의 진리를 재천명하는 것으로 대응한다는 것이다.

우리는 이미 이런 해석이 드러내는 비현실성에 대해 지적했다. 흔히 생각하는 것처럼, 유대주의적 선동자들이 (도덕적 의미에서) "율법을 지켜야 의롭다 하심을 받는다"고 주장했다면, 그리고 이방인 회심자들이 그런 주장에 현혹되는 상황이었다면, 이는 당시 이방인 회심자들에게 율법에 버금가는 도덕적 기준이나 요구가 없었다는 말이 된다. 앞에서 이미 소개한 것처럼, 실제 많은 학자들은 그렇게 생각한다. 바울이 구체적인 도덕적 규정들을 포함한 '율법 윤리' 대신 "성령을 따라 살아가라"는 일반 원칙만 내세우는 '성령 윤리'를 채택했고, 결과적으로 이방 신자들의 일상적 삶에 일종의 '도덕적 공백'이 생겼을 가능성이 높다는 것이다. 성령의 인도라는 일반 원칙만으로는 일상적 상황의 구체적 물음들을 해결하기는 어려웠을 것이다. 그래서 그처럼 도덕적 아노미 현상에 직면한 이방 신자들로서는 '도덕의 화신'이라 여겨지는 율법의 등장이 더없이 반가웠을 것이라는 추측이다.[2]

앞에서 이미 지적했던 바와 같이, 바울의 성령 윤리가 일상적 삶을 위한 구체적 지침을 결여하고 있다는 판단은 피상적이다. 바울은 애초부터 도덕적 거룩함이 하나님 나라를 상속받는 절대적 조건이라는 사실을 분명히 했다. 갈라디아서를 비롯한 여러 곳에서 반복되는 경고처럼, 불의한 삶을 살아가는 사람들은 하나님 나라를 상속받지 못할 것이다(갈 5:21; 고전 4:19-20; 6:9-10; 엡 5:5 등). 이런 경고는 바울 서신에서만 발견되는 독특한 경고로서, 바울의 도덕적 요구가 얼마나 엄중한 것이었는지를 잘 보여준다. 이 경고와 함께 나타나는 "내가 전에 말한 것처럼"이나 "알지 못합니까?" 하는 표현들은 이 경고가 그리스도인의 상식이었음을 말해 준다. 바울에게 있어 하나님의 부르심은 성도들을 하나님 앞에서 "거룩하고 흠이 없는" 자녀로 삼기 위한 것이었고(엡 1:4-5), 그래서 그는 "여러분들을 불러주신 그 부르심에 합당하게 살아가라"고 가르치기를 쉬지 않았다(엡 4:1-4). 성도들이 얼마나 순종했는가는 또 다른 문제이지만, 바울이 도덕적 요구에 해이했다는 주장은 우리가 아는 사도 바울에게는 해당되지 않는다.[3]

그렇다고 바울의 윤리가 원칙 제시의 수준에서 그친 것도 아니다. 바울 서신을 대충이라도 훑어 본 사람이라면 바울이 성도들의 삶에 얼마나 깊이 개입하고 있는지, 그리고 그에 대해 얼마나 구체적인 지침들을 제공하고 있는지 알 것이다. 고린도전서가 예증하듯, 바울은 다양한 상황에서 다양한 방식으로, 때로는 지나치다 싶을 정도로 구체적인 지침들을 내린다. 바울의 방침은 그저 "성령을 따라 행하십시오" 하는 말 한마디만 던지고 나머지는 성도들의 도덕적 감수성과 상상력에 맡겨 버리는 것이 아니다. 로마서에서 볼 수 있는 것처럼, "여러분의 몸을 거룩한 산 제사로 바치십시오" 하는 신학적 원칙(롬 12:1)은 "이 세대를 본받지 말고 생각의 전환을 통해 변화되십시오"라는 실제적 원칙으로 이어지고(롬 12:2), 이 원칙은 다시 공동체 내에서 어떻게 행동해야 하는지에 관한 긴 구체적 가르침으로 이어진다(롬 12-15장). 고린도전서의 경우는 그 전체가 다양한 상황에 대한 바울의 도덕적 가르침들로 이루어져 있다. 이런 바울의 도덕적 관심이 유대 율법의 도덕적 세심함에 못 미친다고 말하기는 어려울 것이다. 오히려 바울의 도덕적 권고들은 율법의 '일반적' 규정들이 다루지 못하는 구체적인 삶의 정황들도 고려하는 경우가 많다.

바울의 복음과 실제 선교의 성격을 숙고해 볼 때, 이런 식의 도덕적 논쟁이 일어났을 가능성은 제로에 가깝다. 자주 지적한 것처럼, 바울의 복음은 애초부터 강력한 도덕적 요구를 동반한 것이었다. 바울은 이스라엘 하나님의 계명을 가르쳤고 성도들에게 거룩한 삶을 살도록 요구했다. 율법의 모든 규정들이 사랑의 계명으로 집약될 수 있다고, 그리고 이는 성령으로 살아가는 삶의 본질과 다르지 않다고 말한 사람은 바울 자신이었다.

율법의 도덕적 실용성?

반면, 율법의 도덕적 매력은 어떠했을까? 바울 공동체의 도덕적 분위기와는 무관하게 '하나님의 율법'으로서의 율법은 그 나름의 도덕적 매력을 가진 것이 아니었을까? 하지만 이 역시 실제 상황을 고려하지 않은 추상적 발상에 불과하다. 앞에서 이미 다룬 것이지만, 다시 반복해 보자. 당시 도덕적 관심이 깊은 많은 이방인들이 모세 율법의 윤리적 가르침에 매료된 것은 사실이다. 하지만 이런 매력의 핵심은 율법의 실천적 유용함보다는 도덕적 규정들을 떠받치는 '하나님의 요구'라는 신적 권위였다. 그러니까 일상적 삶이 종교적 차원과 결합된 데서 생겨나는 도덕적 무게가 남달랐던 것이지, 율법 자체가 일상적 구체성 측면에서 탁월했기 때문이 아니다. 1세기 당시 헬레니즘 문화 속에서 유대 율법에 대한 논의는 대부분 이방인들 역시 공감할 수 있는 보편적이고 도덕적인 요소들로 국한되는 경우가 많았다. 그리고 율법의 많은 독특한 규정들은 팔레스타인의 농경 문화를 배경으로 한 것들이어서 로마 제국의 도시 문화를 살아가는 이들에게는 적용될 수 없었다. 그러니까 매우 구체적이고 독특한 규정들은 상황의 차이로 인해 적용이 어려운 경우가 많았고, 적용 가능한 것들은 애초에 헬레니즘의 도덕적 전통 속에서도 바람직한 것으로 받아들여져 왔던 보편적인 가르침들이 대부분이었다.

잠시 역사적 상상력을 발휘하여, 바울이 세운 이방 신자들의 공동체에 유대 율법이 소개되었다고 생각해 보자. 이 율법이란 우선 지금 우리가 가진 모세오경을 의미한다. 좀 더 넓혀서 생각하자면, 구약 성경 전체로 볼 수도 있다. 로마 제국의 갈라디아 지역에 살던 이방인 신자들은 과연 그 율법의 어떤 규정들 속에서 지금까지 알지 못했던 새로운 지침을 얻을 수 있었을까? 거룩한 삶이 하나님의 뜻이라는 사실은 이미 잘 알고 있는 터다. 거룩한 삶을 팽개치고 하나님 나라에 들어갈 수 없다는 것도 잘 알고 있다. 성령의 인도를 따라 살아야 한다는 것과, 그런 삶이 어떤 모양일지도 비교적 잘 알고 있다(5:22-23). 사도의 모범이나 설교, 바울의 조력자들의 방문이나 편지 등 구체적인 상황에서의 어려움들을 해결할 수 있는 수단들도 적지 않았다. 이런 그들이 구약의 율법을 펼치지 않으면 도저히 해결할 수 없었던 어떤 문제가 있었을까? 율법의 규정에 따라 '유대인이 되어야 한다'는 독특한 요구 말고, 그들이 유대의 율법에 매달려야 할 도덕적인 이유가 있었을까?

지금까지 이야기를 두 가지 논점으로 정리해 보자. 첫째, 실천적 차원에 관한 한 율법의 도덕적 매력은 허구적 발상이다. 모세 율법이 이방 신자들로 이루어진 바울 공동체의 도덕적 난국을 타개할 수 있다는 생각은 정약용의 『목민심서』가 오늘날 행정 개혁을 위한 실천적인 지침이 될 수 있다는 말과 같다. 둘째, 율법이 규정하는 도덕적 규범들은 대부분 바울 자신이 교회를 개척할 때부터 이방 신자들에게 요구했던 거룩함의 내용이었다. 바울은 이방 신자들에게 이스라엘 하나님의 계명을 가르치며 거룩한 삶을 요구했다. 그러니까 율법을 들고 와서 새로운 도덕을 운운할 여지는 없었다는 말이다. 적어도 바울이 지향한 목회의 방향은 그랬다.[4]

갈라디아의 위기와 율법

바울 공동체가 애초부터 거룩함을 모토로 삼은 도덕 공동체였다면, 그리고 바울의 진단처럼 선동자들의 활동 이전까지 그들이 복음의 진리 속에 '잘 달려왔던' 것이라면, 율법으로 촉발된 갈라디아의 위기는 도덕적 의미의 '율법 준수' 이야기와는 무관하다. 앞에서 이미 살펴본 것처럼, 갈라디아의 이방인 공동체에서 율법과 관련하여 위기 상황이 발생했다면, 사실상 그 가능성은 하나다. 곧 율법과 관련된 정체성 물음, 그러니까 하나님의 백성에 대한 정체성 물음이다. 물론 이는 갈라디아뿐 아니라, 1세기 당시 모든 유대인들 혹은 기독교인들이 직면해야 했던 신학적 지형이기도 했다.

이 대목에서는 바울 복음의 사회적·신학적 정황에 관심을 기울였던 새 관점 학자들의 공이 크다. 갈라디아의 논쟁을 '행위가 아니라 믿음으로'라는 도덕적·철학적 갈등으로 규정했던 전통적 관점과는 달리, 이방인과 유대인의 관계가 얽힌 정체성의 차원을 선명하게 포착했기 때문이다. 앞에서 우리는 갈라디아의 상황에서 율법에 대한 요구가 도덕적 의미의 율법 준수를 지향한 것이 아니라, 현재 갈라디아 신자들을 현혹하는 가짜 해답들, 곧 할례나 절기 준수 혹은 유대인과 이방인을 구별하는 전통적 식탁 규정 등의 '행위들'로 집약된다는 사실을 살핀 적이 있다. 그러니까 현재의 갈라디아 상황은 "율법을 잘 지켜야만 구원을 얻을 수 있다"는 식의 가르침 때문에 야기된 것이 아니라, "할례나 절기 준수 등의 규정을 따라야 구원을 얻을 수 있다"는 주장 때문에 야기된 것이다. 칭의론에 대한 핵심적 진술(2:16)의 직접적 배경이 된 안디옥 사건에서 보는 것처럼(2:11-21), 사태의 핵심은 도덕적 의미의 율법 준수 여부라기보다는 '유대인과 이방 죄인들을 구분하는' 근거로서의 율법, 따라서 할례나 절기 준수 등의 규정들을 준수하게 함으로써 '이방인을 유대인으로 만들기' 위한 장치로서의 율법 준수 여부였다. 물론 율법을 지킨다는 면에서 도덕적 함의가 없지는 않지만, 현재 갈라디아에서 문제가 된 '율법의 행위들'은 도덕적 차원이 아니라 유대인과 이방인을 구분

짓는 정체성 차원에서의 문제라고 보는 것이 자연스럽다.[5] 물론 이
정체성은 "누가 구원 받을 하나님의 백성인가?" 하는 물음을 바닥에
깐 것이다. 바로 그런 점에서 정체성 싸움은 동시에 구원론의 싸움
이기도 했다. 당연히 바울이 이 상황에서 개진하는 복음 역시 이 문
제를 건드린다. 마치 에베소서에서 그리스도를 통한 이방 신자들의
(재)창조는 동시에 유대인과 이방인을 나누고 있던 '막힌 담' 곧 율법
을 폐기하고, 이 둘을 하나의 새로운 인간으로 재창조하는 사건이기
도 한 것과 같다(엡 2:1-10, 11-22).

　　율법에 대한 바울의 논의는 바로 이런 정황을 염두에 두어야 한
다. 그러니까 바울이 칭의의 수단에서 율법을 배제할 때, 그는 도덕
적 삶의 지침으로서의 율법을 부정하는 것이 아니다. 이는 에베소서
에서 "중간에 막힌 담"으로서의 율법 폐기가 결코 도덕 규정으로서
의 율법 폐기가 아니었던 것과 마찬가지다. 구별과 차별의 근거로 기
능하던 '계명의 율법'은 폐기되어도(엡 2:14-15), 일상적 도덕 규정
으로서의 율법은 여전히 유효하다(엡 6:1-3). 거룩한 삶에 대한 신적
의지의 표현으로서 율법 및 그 계명들은 결코 폐기될 수 있는 것이
아니다. 바울은 결코 거룩한 삶의 요구를 도외시한 채 구원의 영광에
참여할 수 있다고 말하지 않는다. 그러니까 바울이 율법을 부정적으
로 묘사할 때 그 비판은 율법의 도덕적 요구에 대한 비판이나 부정
이 아니다. 사실은 오히려 그 반대다. 다분히 역설적이지만, 바울이
율법의 구원론적 기능을 부정하는 것은 오히려 도덕적 순종과 관련
된 율법의 연약함 때문이다. 하나님 앞에서 참된 삶을 살아가게 하는
수단이 아니라는 것이다. 바울의 논점을 정확하게 이해하기 위해 우

리가 좀 더 관심을 기울여야 할 대목이 바로 여기다.

바울과 율법에 대한 죽음

안디옥 사건 당시 바울은 무할례자들로부터 자신을 분리함으로써 허물었던 율법의 담을 다시 세워 올리는 베드로의 이중적 행태를 비난했다. 이런 베드로의 (일시적?) 일탈에 맞서, 바울 자신은 "나는 율법을 통해 율법에 대해서는 죽었다"고 선언한다(2:19). 당시 안디옥 사건 자체가 잘 말해 주는 것처럼, 베드로가 허물었던 율법을 다시 세운다는 것은 그간 무시했던 율법의 도덕규범을 다시 지키려 한 것이 아니라 함께 어울리던 이방인 신자들과의 분리를 시도한 것이었다(2:12-13). 에베소서에서 말하는 율법, 곧 그리스도께서 허무셨던 "중간에 막힌 담"을 다시 세운다는 의미다. 이런 문맥에서 '율법에 대해 죽었다'는 바울의 선언 역시, 유대인과 이방인을 가르는 '중간에 막힌 담'으로서의 율법에 대해 죽었다는 말이 된다. 물론 여기서 죽음이란 관계의 단절을 가리킨다. 할례와 같은 외적 표지를 근거로 유대인과 이방인을 구별하는 그런 율법에 대해 관계를 끊었다는 것이다.[6] 그러니까 바울이 율법에 대한 죽음을 천명한 것은 새삼 유대인과 이방인을 구별하기 시작한 베드로처럼 차별적인 행동을 하지 않겠다는 것이지, 거룩한 삶의 지침으로서의 율법을 무시하고 내 마음대로 살기로 했다는 것이 아니다.

바울의 속내는 오히려 그 반대다. 그는 율법에 대한 자신의 그 죽음이 "하나님을 향하여 살기 위한" 것이었다고 말한다(2:19). 하나님을 향해 살기 위해 율법에 대해서는 죽었다는 이야기다. 한때 율법에 열성적이었던 '전직 바리새인'의 입에서 이런 진술이 나왔다는 사실은 충격 그 자체다. 유대인들은 율법이야말로 언약의 근거, 곧 하나님을 향해 살아가는 삶의 표현이요 그 삶의 효과적 수단이라고 믿었다. 시편 1편, 19편, 혹은 119편 등과 같은 율법 시편들은 하나님 앞에서 살아가는 삶의 원천으로서의 율법에 대한 유대인들의 기쁜 자부심을 감동적으로 노래한다. 그러니까 "하나님을 향하여 살기 위해 율법에 대해 죽었다"는 바울의 고백은 율법의 이런 도덕적 기능, 곧 하나님 앞에서 살아가는 삶의 수단으로서의 기능을 전면적으로 부정하는 것이다. 적나라하게 말하면, 율법에 대해 죽어야만 하나님을 향한 삶이 가능하다. 그렇다면 율법은 하나님 앞에서의 삶을 가능하게 하는 효과적 수단이 아니라 오히려 그 삶을 방해하는 장애물이다. 율법 때문에 제대로 사는 것이 아니라 율법에 대해 죽어야 하나님을 향해 제대로 살 수 있다는 것이다.[7]

다시 말하지만, 이것은 율법이 가리키는 도덕적 삶의 가치 자체를 부정하는 것이 아니다(5:14). 로마서에서 분명히 말하는 것처럼, 하나님의 율법은 언제나 거룩하고 의롭고 선하다(롬 7:12). 중요한 것은 이 거룩한 율법의 계명을 지키는 일이다(롬 2:14; 고전 7:19).[8] 그런데 바로 여기에 율법의 역설이 있다. 율법은 올바른 삶이 무엇인지 분명히 말해 준다. 그리고 그 삶을 요구한다. 더 나아가 그 요구에 부응하지 못하는 자에게 하나님의 저주를 선고한다. 하지만 거기서 멈춘다. 율법에는 막상 그 요구대로 살 수 있게 하는 능력은 없다. 바울이 지적하고자 하는 핵심이 바로 이것이다. "율법을 지키지 않아도 하나님 앞에서 의롭다 하심을 얻는다"는 것이 아니라, "율법은 하나님 앞에서 살아가게 할 수 있는 능력이 없다"는 것이다. 그래서 율법이 요구하는 그런 삶은 오히려 율법에 대해 죽어야 가능하다. 물론이 죽음은 그리스도와 더불어 십자가에 못 박히는 것으로 이루어진다. 바로 이 그리스도께 대한 믿음이 하나님을 향한 새로운 삶의 실질적 원천이요 수단인 것이다(2:20).

성령을 주지 못하는 율법

성령에 관한 3:1-5의 논증은 바로 이 점을 선명하게 부각시킨다. 바울의 물음은 갈라디아인들이 어떻게 성령을 받았는가 하는 것이다. 하나님께서 그들에게 성령을 주시고 능력으로 역사하셨던 그 놀라운 체험의 수단이 할례나 절기 준수와 같은 "율법의 행위들"이었나, 아니면 예수 그리스도에 대한 복음을 "듣고 믿었던" 것이었나?(3:2, 5) 물론 대답은 뻔하다. 갈라디아인들이 잘 기억하는 것처럼, 그들이 성령을 받고 그리스도인으로 회심하게 된 것은 바울이 선포하는 십자가와 부활의 복음을 듣고 믿어서였다. 율법의 행위들이 아니라 믿음이 성령의 원천 혹은 통로였다. 다시 말해, 율법의 행위들은 성령의 통로가 아니었다.

5:16-26에서 잘 드러나는 것처럼, 여기서 바울이 말하는 성령은 그리스도인들을 인도하여 거룩한 삶의 열매를 맺게 하는 성령, 곧 하나님을 향한 삶을 가능케 하는 새 삶의 능력으로서의 성령이다. 이런 삶의 능력은 할례를 받고 절기를 준수한다고 해서, 곧 외적 의미에서 유대인 행세를 한다고 해서 얻을 수 있는 것이 아니다. 오히려 성령이 이끄시는 새로운 삶, 하나님을 향한 삶을 위해서는 율법과의 관계

를 끊어야 한다. 유대인과 이방인을 갈라놓는 '율법의 행위들'이 의로움의 수단이라고 착각하고 그런 외면적인 조건들에 집착하는 한, 새로운 삶의 참된 수단에 마음을 쏟을 수 없기 때문이다.

율법의 한계에 대한 가장 적나라한 진술이라 할 수 있는 3:21은 바로 이 점을 정확하게 포착한다. "만일 생명을 줄 능력을 가진 율법을 주신 것이라면, 의로움이 분명 율법에서 왔을 것입니다." 이 구절의 가정법은 '사실과 반대되는 가정'이다. 사실 율법에는 우리에게 생명을 줄 수 있는 능력, 곧 우리를 살릴 수 있는 능력이 없다. 그래서 율법은 의로움의 수단이 아니다. 율법은 우리를 의롭게 하지 못한다. 그 율법을 잘 지켜도 소용이 없기 때문이 아니라, 율법에는 우리로 하여금 하나님께 순종하며 살도록 할 수 있는 능력이 없기 때문이다. 물론 "생명을 줄 수 있는 능력"은 성령을 길게 풀어 쓴 표현이다. 그러니까 21절의 진술은 한마디로 "율법은 성령을 주지 못한다"는 것이다. 조금 전 3:2-5에서 지적하고자 했던 바로 그 사실이다. 율법 속에 감추어진 불편한 진실이다.

육체에 속한 율법

율법은 성령의 통로가 아니다. 율법은 우리에게 하나님을 향한 삶을 살게 해줄 수 있는 능력이 없다. 오히려 율법은 성령의 반대, 곧 '육체'의 영역에 속해 있다. 로마서 7장에서 길게 설명하고 있는 것처럼, 율법은 거룩하고 의롭고 선하다. 하지만 우리를 거룩하게 살도록 만들 수 없다는 점에서 율법은 '연약하다'(롬 8:2). 바울의 이런 진술을 제대로 이해하려면 우리 인간이 죄의 다스

188

림 아래 살아가는 존재라는 사실을 먼저 인식해야 한다. 그런 점에서 바울의 인간관은 당대의 누구 못지않게 비관적이다.[9] 아담의 후예로서 우리는 에덴에서의 자유를 구가하는 존재들이 아니라 죄라는 우주적 세력의 다스림 아래 살아가는 존재들이다(롬 5:12-14; 갈 5:17). 바울은 그 죄가 다스리는 우리의 실존을 '육체'(혹은 육신)라 부른다. 바울이 보기에 율법 역시 죄가 우리를 다스리는 영역, 곧 육체의 영역에 속한다. 생명의 능력을 갖지 못한 율법은 육신적 욕망을 효과적으로 제어하여 우리를 거룩한 삶으로 인도하는 데 실패한다. 오히려 율법은 육신적 욕망의 전횡 속에서 우리를 정죄와 죽음에 이르게 하는 욕망의 공범 혹은 하수인으로 전락한다. 이것이 죄 아래 살아가는 실존의 비극적 역설이다. 곧 우리를 생명으로 인도해야 할 율법이 오히려 우리를 죽음에 이르게 하는 수단이 되고 마는 역설이다(롬 7:10). 율법이 악해서가 아니라 죄를 이길 힘이 없다는 사실 때문에 벌어지는 상황이다.

육체와 율법의 슬픈 유대 관계는 갈라디아서에서도 선명히 드러난다. 5:16-18에서 바울은 성령에 의해 이끌리는 삶을 '육체의 욕망을 성취하는' 삶 및 '율법 아래 살아가는' 삶과 대조한다. 16절과 18절을 대조하면 금방 드러나는 것처럼, 여기서 육체의 욕망을 성취하는 삶과 율법 아래 살아가는 삶은 모두 성령의 인도를 받지 못하는 삶의 색다른 표현이다. '율법 아래' 살아가는 삶은 그 율법의 요구를 성취하는 삶이 아니라 오히려 '육체의 욕망을 성취하는' 삶이다.[10] 물론 율법을 따라 유대인이 될 수는 있다. 할례를 행하고, 절기를 지키고, 음식과 식사 예절을 가리면서 유대인처럼 살 수는 있다. 하지만

189

로마서에서 선언하는 것처럼, 그런 외면적 정체성의 변화가 내적이고 도덕적인 정체성을 가져다주는 것은 아니다(롬 2:28-29). 그런 외면적 '율법의 행위들'은 죄 아래 살아가는 우리의 실존을 건드리지 못한다. 우리를 육체와 그 욕망의 전횡으로부터 벗어나게 하는 것은 십자가 사건뿐이요 이를 통해 역사하는 성령의 자유케 하심뿐이다(갈 5:16, 18). 물론 이 성령은 '율법의 행위들'이 아니라 예수 그리스도의 복음을 듣고 믿는 것을 통해 주어진다(3:2-5, 14). 그래서 율법의 행위들이 아니라 믿음이 해답이다.

율법이 연약하다는 것은 애초부터 율법이 새로운 삶, 곧 구원의 수단이 아니었음을 의미한다. 율법은 우리를 다스리는 죄의 문제를 해결하지 못한다. 물론 율법은 하나님이 주신 것이며, 따라서 그 나름의 역할이 있다. 그렇다면 율법의 본래적인 기능은 무엇일까? 구원의 수단이 아니라면, 하나님은 무슨 의도로 율법을 주신 것일까? 다음 장에서는 이 물음을 좀 더 자세히 탐구해 보기로 하자.

3부

성경과 율법

3:19 그렇다면 도대체 율법은 왜 주셨단 말입니까?

3:24-25 이렇게 율법은 그리스도께서 오시기까지 우리들의 보호자 노릇을 했습니다. 그렇게 해서 우리가 믿음으로 의롭다 함을 얻게 하려는 것이었습니다. • 하지만 믿음이 온 이후 우리는 더 이상 보호자 아래 있지 않습니다.

11 ― 그렇다면 율법은 무엇인가?

구원의 수단이 아닌 율법

앞의 논의에서 확인된 것처럼, 바울의 생각 속에서 율법은 구원을 위한 수단이 아니다. 할례나 절기 준수 같은 '율법의 행위들'로는 성령을 받을 수 없다(3:1-5). 율법은 우리를 순종으로 인도하지 못한다. 죄 아래 놓인 인간들에게 율법은 오히려 저주의 계기가 될 뿐이다(3:10-14). 나중에 보다 자세히 살피겠지만, 시내산 율법은 아브라함과의 약속 언약이 이미 체결되어 발효 중인 상태에 뒤늦게 주어진 선물이다. 당연히 이 사후적 선물은 약속의 언약과 경쟁하거나 이를 무효화하려는 구원의 대체 수단이 아니다 (3:15-18). 물론 이런 일련의 부정적 논의들은 한 가지 매우 근본적인 물음을 불러일으킨다. "그렇다면 도대체 왜 율법을 주셨단 말인가?"(3:19)

이 물음의 절박감을 이해하려면, 유대인들에게 있어 율법이 얼마나 중요한 것이었는지를 알아야 한다. 출애굽기 19장에서 볼 수 있는 것처럼, 율법은 하나님과 이스라엘의 관계를 지탱하는 언약의 기초였다. 이스라엘에게 있어 출애굽과 시내산 언약은 하나님의 구속적 역사의 가장 결정적인 전환점 중 하나다. 그러기에 이후 이스라엘과 교회의 역사에서 출애굽은 바벨론 포로 귀환이나 예수를 통한 구원과 같이 하나님의 '새로운 출애굽'을 내다보고 해명하는 구속사적 원형으로 활용되곤 했다. 출애굽이라는 위대한 구원 사건 이후, 약속의 땅을 향해 가는 여정에서 하나님은 "나는 너희 하나님이 되고, 너희는 내 백성이 되리라" 하며 이스라엘과 언약을 맺었다(레 26:12). 물론 이스라엘에게 이 시내산 언약은 아브라함을 택하여 그를 큰 민족의 조상이 되게 하겠다고 하셨던 옛적 언약의 재확인이요 그 구체적 표현이었다. 바로 이 위대한 언약의 핵심에 율법이 있었다. 언약이라는 말이 종종 율법을 가리키기도 하는 현상이 바로 이런 이유에서다. 시내산에서 주어져 시내산 율법이라 부르기도 하고, 모세를 통해 주어졌기에 모세 율법이라고도 부른다. 당연히 율법은, 하나님의 임재를 매개하는 성막·성전과 더불어, 하나님의 선민 이스라엘을 규정하는 정체성의 기초요 가장 중요한 상징이 되었다. 이스라엘은 이방 민족들을 "율법 없는 자들"이라 부르며 자신의 선민적 지위를 분명히 했다(행 2:23). 바울 역시 율법의 수여가 이스라엘이 누린 언약적 특권 중의 하나였다고 고백한다(롬 9:4).[1]

사도행전에 보면, 부활의 선포에 집중하던 예루살렘 공동체는 사두개파의 지배 계급으로부터는 박해를 받았지만 일반 백성들로부터는 좋은 평판을 얻고 있었다(행 2:47; 4:21; 5:12-14). 하지만 헬라파 유대인이었던 스데반이 율법과 성전을 논쟁거리로 삼자 상황이 돌변한다(행 7장). 유대인들 전체가 적대적인 태도를 보였고, 결국 스데반은 초대교회 최초의 순교자로 기록된다(행 7:54-60). 율법과 성전이 하나님의 백성으로서 유대인의 정체성을 나타내는 가장 중요한 상징들이었음을 생각하면 충분히 예견할 수 있는 사태의 변화다. 그러니까 디아스포라 출신 유대인이었던 스데반이 유대인들의 민족적 정서에서 가장 민감한 부분을 건드린 것이다. 우리로 치자면, 대한민국 한가운데서 태극기를 폄하하거나 독도를 일본 땅이라고 주장하는 것과 비슷하다.

그런데 바울 역시 바로 그 율법에 문제를 제기한다. 우선 그는 율법이 생명의 수단이라는 전통적 신념을 부정한다(3:21). 또한 아브라함에서 그의 후손 그리스도로 연결되는 약속(언약)의 흐름에서 율법을 아예 배제한다. 이는 로마서 5장에서 첫 아담과 마지막 아담 그리스도를 직접 연결하면서 그 사이에 주어진 시내산 율법의 구원론적 역할을 배제하는 움직임과 유사하다(5:12-21). 바울 서신을 읽으며 복음을 배우는 우리로서는 바울의 이런 움직임이 자연스러워 보일지 모르지만, 당시 유대인들이 보기에는 하나님의 선민 이스라엘의 정체성 자체를 의문시하는 행동으로 비쳤을 것이다. 갈라디아인들 배후의 유대주의자들에게도 마찬가지였을 것이다. 구원사의 절정인 시내산 언약과 그 언약의 근간인 율법을 배제하고서 어떻게 하나님의 구원을 말할 수 있단 말인가? 오히려 메시아 예수의 죽음과 부활은 시내산과 율법 이야기와의 연속성 상에서 읽어야 할 이야기가 아닌가? 따라서 현 상황에서 율법은 그 무엇보다도 민감한 사안이 아닐 수 없다. 더욱이 율법에 대한 바울의 어조가 부정적이라면 더 말할 나위가 없다. 상황이 그런 만큼, 율법의 정확한 위상과 기능에 대한 정확한 해명이 없이는 바울의 '삐딱한' 주장이 설득력을 갖기 어렵다. 하나님의 가장 결정적 구원 행동이라 여겨졌던 율법의 수여가 구원과 무관하다는 혁명적인 주장을 하는 마당이기 때문이다.

범죄함 때문에 주어진 율법(3:19)

하나님께서 율법을 수여하신 실제 목적에 대한 바울의 첫 설명은 "범죄 때문에"라는 것이었다(3:19). 이 표현은 모호하다. 우선은 범죄가 자꾸 발생하니까 그것을 '막기 위해' 율법을 주셨다고 생각할 수 있다. 법이 범죄를 억제한다는 생각은 자연스럽다. 고래로부터 법이란 늘 범죄를 억제하고 사회 질서를 유지하려는 목적을 담은 것이 아니었던가. 이스라엘 사회에서도 모세 율법은 하나님의 백성으로서 이스라엘이 유지해야 할 종교적·사회적 관계를 규정하는 것이었다. 악인의 길을 걷는 대신 "오히려 여호와의 율법을 즐거워하여 그 율법을 주야로 묵상하는" 사람이 복된 사람이다(시 1:1-2). 그래서 이스라엘은 "청년이 무엇으로 그 행실을 깨끗게 할 수 있습니까?" 하고 물으며, "주의 말씀을 지킴으로써입니다" 하고 답하며 살고자 했다(시 119:9). 율법은 범죄를 피하고 하나님께 순종하려는 유대인들에게 있어 "내 발의 등이요, 내 길의 빛"이었다(시 119:105).

율법에 대한 유대인들의 이런 신뢰는 실질적으로 그 율법을 지킬 수 있는 인간의 능력에 대한 신뢰와 맞물린다. 바로 이 부분에서 바울의 생각은 전통으로부터 벗어난다. 회심 이후 바울은 율법에 대한, 혹은 율법을 소유한 인간에 대한 이런 전통적 낙관론을 받아들이지 않는다. 앞에서 언급한 것처럼, 죄 아래 놓인 인간에 대한 비관적인 생각을 갖고 있었기 때문이다.[2] 바울은 유대인들의 역사를 일종의 불순종의 역사로 규정한다. 대부분의 유대인들이 메시아 예수를 거부하고 있는 현실이 이런 판단을 뒷받침한다. 물론 그들에게는 율법이 있었다. 하지만 바울은 율법을 소유하는 것과 그 율법을 준수하는 것은 별개의 문제라고 지적한다. 그들이 율법을 받았고, 그 율법을 통해 하나님의 뜻을 깨달은 것은 사실이지만, 그 깨달음이 그대로 순종하는 삶으로 이어졌던 것은 아니다(롬 2장). 오히려 바울은 율법을 듣기만 하고 실천하지는 않는 유대인들의 행태를 비난하며, 이방인들과 마찬가지로 유대인들 역시 죄 아래 있다고 선언한다(롬 3:1-19). 스데반이 보기에 그랬던 것처럼(행 7:53), 바울이 보기에도 이스라엘은 율법을 지키는 데 실패했다. 이스라엘의 실제 경험이 그랬다면, 율법이 정말로 범죄를 억제하고 선한 삶을 유도한다고 말하기 어렵다. 오히려 율법을 지키지 않는 상황에서 율법의 실질적 기능이란, 하나님의 율법이라는 권위로 범법자를 정죄하고 그들에게 언약의 저주를 선고하는 것뿐이다. "우리가 알다시피 율법의 모든 말씀은 율법 아래 있는 사람에게 말씀하는 것입니다. 그것은 모든 입을 막고 온 세상이 하나님의 심판 아래 있도록 하시려는 것이었습니다"(롬 3:19). 갈라디아서에서도 바울은 "율법 행위에 속한 자들" 혹은 '율법 아래' 있는 자들은 사실상 '율법의 저주 아래' 있는 자들이라고 말한다. 율법은 생명의 수단이 아니라 저주의 근거가 될 뿐이다. 이런

197

율법의 저주에서 우리를 건져 내는 것은 오히려 그리스도다(3:10-14). 이렇게 이해하면, "범법함 때문에"라는 말은 '율법을 어긴 범죄를 정죄하기 위해서'라는 의미가 될 것이다.

그런데 로마서를 보면 율법과 관련된 바울의 급진성은 여기서 멈추지 않는다. 로마서 5장에 의하면, 한 사람 아담의 불순종의 결과로 죄가 세상에 들어왔고 그 죄를 통해 죽음이 세상을 지배하게 되었다. 그런데 이런 죄와 죽음의 지배를 종식시키는 해결사는 율법이 아니라 그리스도다. 그는 죽음을 휘두르는 죄의 통치를 의가 이루어지는 은혜의 통치로 바꾸고, 이로써 죽음을 향한 여정을 영생을 향한 여정으로 돌려놓으신다(5:12-21). 시내산 율법은 이 두 아담 이야기의 막간에 '슬쩍 끼어든' 것이다. 물론 이는 구원을 위한 것이 아니다. 구원은 그리스도의 배타적 역할이다. 그리스도 이전에 율법이 먼저 주어진 것은 인류의 죄를 해결하거나 억제하기 위해서가 아니라 오히려 "범죄를 증가시키기 위해서"였다(롬 5:20). 매우 도발적인 발상이지만, 결코 순간의 말실수가 아니다. 잠시 후 로마서 7장에서 바울은 율법의 계명이 어떻게 죄의 욕망을 부추겨 오히려 율법을 어기게 만드는지 설명한다. '나'라는 일인칭 묘사지만, 한 개인을 넘어 이스라엘 전체의 절망적 체험을 일인칭 화법에 담아낸 것으로 볼 수 있다. 이상적으로 생명으로 인도해야 할 율법이 막상 그 율법의 담지자를 죽음으로 인도하는 현실은 역설적이다. 하나님의 뜻을 따라 살라고 주신 율법이 도리어 하나님의 뜻을 어기게 하는 수단이 되다니! 바울이 갈라디아서에서 '범죄 때문에'라고 말했을 때에도 이런 생각을 의도한 것일 수 있다.

죄의 지배와 율법의 연약함

이런 현실의 핵심에는 죄가 우리 실존을 지배한다는 비극적 현실이 놓여 있다. 그렇다. 바울이 로마서에서 역설하는 것처럼, 문제의 핵심은 율법 자체가 아니라 율법을 받은 사람들이 죄의 지배 아래 있다는 사실이다(롬 7:12-14). 이스라엘을 포함한 우리 아담적 존재들은 본질적으로 자유로운 도덕적 주체가 아니다. 칸트 같은 철학자들의 희망사항과는 달리, 우리 속에 있는 '근본악'은 우리 자신의 양심적 결단에 호소한다고 해결될 수 있는 것이 아니다.[3] 이는 포로로 잡힌 사람에게 빨리 도망쳐야 한다고 말하는 것처럼 무의미하다. 우리 실존의 주인은 자유로운 내가 아니라 내 속에 있는 죄다. 죄가 우리 실존을 지배하는 상황에서 율법은 도리어 죄의 하수인 역할로 전락한다. 죄가 계명을 이용하여 (혹은 도용하여) 우리 속에 숨은 욕망을 일깨우고, 그 욕망을 실천하는 우리를 율법의 이름으로 정죄하게 만든다. 죄의 지배 아래서는, "탐내지 말라"는 계명이 순종을 이끌어 내기는커녕 도리어 우리의 탐심을 자극하고 활성화시키는 사태가 발생한다는 것이다. 이런 '한계 상황'적 체험 속에서(롬 7:24), 바울은 율법의 참된 본질을 통찰한다. 율법은 하나님의 법이요, 따라서 '거룩하고, 의롭고, 선한' 것이지만, 그 율법에는 우리의 실존을 지배하는 죄를 통제하거나 해결할 수 있는 능력이 없다. 로마서 8장의 표현처럼, 율법이 육신 때문에 연약하다는 사실에서 연유하는 율법의 불가능성이다(8:3).

앞에서 이미 살핀 것처럼, 갈라디아서에서도 바울은 율법의 이 무기력함을 지적한다. "만일 생명을 줄 능력을 가진 율법을 주신 것이라면, 의로움이 율법에서 왔을 것이다"(3:21). 물론 율법에는 생명을 줄 수 있는 능력이 없다. 율법(의 행위들)으로는 성령을 받을 수 없다는 말과 같다(3:2-5). 그러기에 율법은 구원, 곧 의의 소망으로 인도할 수 있는 수단이 될 수 없는 것이다(5:2-5). 그래서 바울은 율법을 "약하고 빈약한 초등 학문"이라 규정한다(4:9). '초등 학문'(스토이케이아)의 의미는 분명치 않지만, '세상을 움직이는 세력들' 내지는 '세상의 기초적인 원리들'로 번역할 수 있다. 아마 하나님 없는 자연적 삶을 규정하는 조건이나 원리를 가리키는 것으로 보인다. 놀랍게도 바울은 율법을 이런 스토이케이아의 하나로 규정한다. 비록 하나님의 거룩한 법이기는 하지만, 우리를 지배하는 죄를 해결하지 못한다는 점에서 무기력한 '세상의 원리들'과 같은 자리에 속한다는 것이다. 율법을 '육신'의 영역에 속한 것으로 규정하는 것과 동일한 움직임이다(5:16, 18).

임시직 간수로서의 율법

죄의 지배 아래 있는 존재들에게 율법은 범죄한 사람들을 하나님의 '법의 이름으로' 심판하는 역할, 곧 '율법의 저주'를 선언하는 기능을 수행한다(3:10-14). 로마서 식으로 말하자면, "죄로 철저히 죄가 되게" 하는 역할, 곧 "죄가 죄로 드러나게" 하는 역할이다(롬 7:13). 바울은 이를 감금 혹은 종속(종노릇) 개념으로 설명한다. "성경(율법)은 모든 것을 죄 아래 가두었습니다. 이는 예수 그리스도께 대한 믿음에서 생겨나는 약속이 믿는 자들에게 주어지도록 하기 위해서입니다"(3:22). 엄밀히 말해 우리는 '죄 아래' 곧 죄의 지배 아래 있지만, 여기서 율법은 죄의 지배를 매개하는 역할을 수행한다. 그런 의미에서 우리는 '율법 아래' 수감생활 혹은 노예생활을 한다고 말할 수도 있다. "믿음이 오기 전에는 우리가 율법 아래 종속되어 있었고 계시될 믿음의 때까지 갇혀 있었습니다"(3:23). 그런 점에서 율법은 고대 그리스-로마 사회의 가정교사 혹은 경호원(파이다고고스, 개역에서는 '몽학선생')을 닮은 데가 있다. 당시 가정교사는 주인의 어린 자녀들을 보호할 책임을 지고 있었다. 아이들이 학교에 오갈 때 동반하여 보호하는 것도 그들의 책임이었다. 물론 부모가 보기에는 보호였겠지만, 자녀들 입장에서는 짜증나는 자유의 제약이다. 이처럼 회심 이후 바울의 율법관은 급진적이다. 율법에 대한 당시 많은 유대인들의 소박한 기대와는 달리, 율법은 구원의 처방이 아니다. 오히려 율법은 구금의 수단이라는 부정적 기능을 위해 주어졌다. 길게 볼 때 하나님께서 이런 율법을 수여하신 것은 우리가 때가 되면 오실 예수를 통해, 곧 그를 믿는 믿음으로 의롭다 하심을 얻도록 하기 위해서였다(3:24).

하지만 바울의 율법 논의는 그 역할이 부정적이라는 지적에서 멈추지 않는다. 한 걸음 더 나아가 바울은 율법의 그 부정적 기능조차 한시적이라고 주장한다. 이처럼 바울은 율법의 합법적 역할 자체에 시한부 선고를 내림으로써, 칭의를 율법과 연결하려는 선동자들의 시도에 확인 사살을 감행한다. 잘 알다시피, 가정교사 아래서의 삶은 정해진 기간, 곧 자녀들의 미성년 시절로 제한된다. 마찬가지로 "율법은 그리스도께서 오시기까지 우리들의 보호자 노릇을 했습니다"(3:24). 율법의 부정적 역할마저도 영원한 것이 아니었다. 이는 '그리스도께서 오실 때까지'로 제한된다. 그러다가 약속된 기한이 되어 '믿음'이 왔다. 곧 믿음의 원리를 재확립하시는 그리스도께서 오셨다. 따라서 이제 "우리는 더 이상 가정교사 아래 있지 않습니다"(3:25).

4장에서는 동일한 주장을 다소 다른 관점에서 피력한다. 비록 자녀가 상속자요 주인이 될 사람이지만, "어릴 때에는 종과 전혀 다를 바가 없어서…… 아버지가 정한 때까지 후견인과 청지기 아래" 놓인다(4:1-2). 마찬가지로, 그리스도 이전의 사람들 역시 "이 세상의 초등 학문 아래서 노예생활"을 했다(4:3). 앞에서 언급한 대로, '초등 학문'은 율법보다 더 보편적인 개념이지만, 바울은 생명의 기능이 없는 율법 역시 세상의 초보적 원리나 세력들의 한 양상에 속한다고 보았다. 하지만 정해진 때가 다 되어 하나님은 그 아들을 보내셨고, 그를 "여자에게서" 곧 "율법 아래" 나게 하심으로써 "율법 아래 있는 자들을 속량하시고 우리가 아들의 명분을 얻도록 하셨다(4:4-5).

애초부터 율법은 생명과 구원에 이르는 수단이 아니었다. 율법은 사람들을 죄 아래 가두기 위해 주어진 것이며, 이런 부정적 기능을 통해 역설적으로 '그리스도를 믿음으로 주어지는 의'라는 구원의 길을 예비했다. 물론 그리스도께서 도래하시고 믿음의 원리가 확립되면서 율법의 그 부차적 기능 또한 종언을 고했다. 그리스도는 우리를 '율법의 저주로부터' 혹은 보다 일반적으로 '율법으로부터 속량하는' 역할을 하셨고, 이로써 우리를 율법 아래서의 노예 상태로부터 자유롭게 하셨다(3:13-14; 4:4-5). 로마서의 표현을 빌리자면, "그리스도는 율법의 마지막이 되셨고, 이로써 모든 믿는 자들에게 의가 이루어지게 되었습니다"(롬 10:4).

무기력한 수단에 의지하는 실수

그렇다면 "율법 아래 있으려 하는" 갈라디아인 들(4:21), 곧 "율법을 통해 의롭게 되려는" 이방 성도들의 어리석음 은 분명하다(5:2-4). 애초에 우리를 의롭게 할 생명의 능력이 없는 것을 의존하는 것도 잘못이며, 그나마 그리스도와 더불어 그 시효를 다한 것을 여전히 유효한 것으로 생각하는 것 또한 어리석다. 이미 우리를 감금하는 율법의 역할이 끝났는데, 이제 그리스도께서 우리 에게 새로운 삶의 자유를 주셨는데, 다시 율법 아래 있으려 하는 시 도는 얼마나 어리석은가!(5:1) 물론 '율법 아래 있겠다'는 것은 지금 까지 방종하며 살다가 율법을 잘 지키는 삶을 살겠다는 말이 아니다. 이미 여러 번 지적했던 것처럼, 이방 신자들이 유대 '율법에 의지한 다'는 것은 할례나 절기 준수 혹은 유대인과 이방인의 차별을 요구 하는 식탁 규정 등 유대인의 정체성과 관련된 율법의 규정들을 의무 적인 것으로 수용한다는 것을 의미한다. 그래서 할례 여부가 중요했 고, 안식일 등의 절기를 잘 지키는 것이 중요했으며, 안디옥에서 베 드로 일행이 보여준 태도처럼 무할례자와는 식탁을 같이 하지 않는 단호함이 중요했다.

하지만 바울은 구원의 드라마에서 이런 외면적 가치들이 더 이 상 아무런 가치가 없음을 분명히 한다. 칭의는 생명의 능력을 전제 하며, 따라서 생명의 역사를 매개하지 않는 모든 가치들은 궁극적으 로 무의미하다. 바울이 두 번씩이나 반복하여 말하는 것처럼, 그리 스도 예수 안에서는 할례자인가 무할례자인가의 여부는 무가치하고 무의미하다(5:6; 6:15). 우리를 의롭게 하는 열쇠가 그런 외면적 조건들에 있는 것이 아니기 때문이다. 그래서 바울은 율법을 '육체'나 '세상의 초보적 세력·원리들'(초등 학문)과 같은 것으로 취급한다(4:8-9; 5:16-18). 참된 칭의의 열쇠는 "사랑을 통해 진면목을 발휘하는 믿음"이나 "새로 지으심을 받는 것"이다(5:6; 6:15). 물론 이는 생명의 성령을 통해 우리에게 다가오는 창조주 하나님의 선물이다. 그러니까 율법으로 기울어지는 것은, 예레미야가 질타한 것처럼 생명수의 근원인 하나님을 버리고 물이 새는 웅덩이를 파놓고, 마치 그것이 생명의 샘인 것처럼 착각하는 어리석음에 불과하다(렘 2:13). 한마디로, 성령을 팽개치고 육체로 승부를 내겠다는 치명적 오판인 셈이다(3:3).

율법에 의지하겠다는 것은, 다시 말해 율법에 따라 유대인적 삶을 살아감으로써 하나님 앞에 의롭게 될 수 있다는 발상은, 생명을 줄 수 없는 것을 통해 생명을 누릴 수 있다는 헛된 망상에 불과하다. 물론 율법은 사랑의 계명을 핵심으로 하는 하나님의 거룩한 뜻을 담고 있다. 하지만 이 율법의 근원적 요구는 외면적 의미에서 유대인이 조건을 갖춘다고 이룰 수 있는 것이 아니다. 오히려 외면적 조건에 집착하며 "율법 아래" 살아가는 삶은 실상 우리 속에 있는 '육체의 욕구'를 실행하는 삶이 될 뿐이다(5:16, 18). 제대로 된 율법의 성취는 죄악된 욕망의 정복을 요구하며(5:24), 이는 믿음으로 주어지는 성령의 인도하심에 따를 때 이루어질 수 있다(5:16-18). 곧 율법 아래 있지 않고 성령의 인도하심을 받을 때에라야 사랑으로 집약되는 율법의 거룩한 요구를 이룰 수 있다(5:13-15; 롬 8:4). 어찌 보면 역설적이다. 하지만 이유 있는 역설이다. 구원은 헛된 인간적 가치와

204

그런 가치에 근거한 차별이 아니라, 죄의 지배로부터 우리를 새롭게 하는 생명의 역사를 요구한다. 그리고 그 생명은 우리에게서가 아니라 하나님께서 주시는 생명일 수밖에 없다. 인간에게는 어리석음으로 비치겠지만, 깨달은 사람에게는 하나님의 능력을 가져다주는 그런 역설인 것이다(고전 1:18, 24).

5:1 그리스도께서 우리를 자유롭게 하려고 자유를 주셨습니다. 그러므로 굳게 서서 다시는 종의 멍에를 메지 마십시오.

5:13 여러분들은 자유를 위해 부르심을 입었습니다. 형제 여러분, 다만 그 자유를 육체의 빌미로 삼지 말고 사랑으로 서로 종노릇하십시오.

12 ― 율법을 벗어나 율법을 성취하는 복음

신중하게 해석해야 할 바울의 율법관

앞의 두 장에서 우리는 바울이 율법에 관해 들려준 이야기들을 살펴보았다. 그가 율법에 대해 하는 이야기들은 사뭇 부정적인 것들이었다. 율법에 대한 그의 '과격한' 주장들은 그가 한때 율법에 대한 열정으로 불타올랐던 사람, 그래서 율법의 근본을 부정하고 유대적 정체성을 훼손한다는 이유로 교회를 말살하려고 뛰어다녔던 사람이었음을 의심하게 만들 정도다(갈 1:11-14). 물론 율법에 대한 바울의 비관적 인식은 그리스도와의 만남의 결과다. 율법에 열정적일 때는 깨닫지 못했던 '진실'을 부활하신 예수와의 만남을 통해 비로소 깊이 통찰하게 된 것이다. 따라서 그가 율법 및 이를 포함한 (구약)성경 전체를 두고 하는 이야기들의 바탕에는 언제나 이런 '기독론적' 통찰이 배어 있다. 그리스도를 경험하기 전까지는 할 수 없었던 새로운 생각을 하게 되었다는 것이다.

실제 그가 율법에 관해 내놓는 발언들은 과격하기 짝이 없다. 그는 율법이 생명을 가져다줄 수 있는 참된 언약임을 부인하며, 따라서 율법이 구원의 유업을 얻는 수단이 아니라고 주장한다(3:21). 율법 아래 놓이는 것은 참된 삶을 사는 길이 아니라 오히려 세속적 욕망의 전횡에 휘둘리는 결과가 된다(5:16-18). 하나님을 향해 살기 위해 그는 율법에 대해 죽어야만 했다(2:19). 율법은 우리를 의의 소망으로 인도하기 위해서가 아니라, 사람들을 죄 아래 가두는 역할을 하기 위해서 주어졌다(3:19-24). 그나마 그 역할 역시 그리스도의 도래와 더불어 끝났다(3:25-29). 율법 언약의 시대는 지나갔다는 것이다. 그러기에 다시 율법 언약 아래 놓이려는 것은 그리스도 이전의 삶으로 회귀하는 것과 다르지 않다(5:2-4). 율법이 생명의 수단이 아니기에, 율법 아래 있겠다는 것은 사실상 세상의 무기력하고 천박한 초보적 원리들에 휘둘리겠다는 말과 다르지 않다. 율법 아래 있는 상태는 회심 이전의 상태와 같다는 것이다(4:8-11).

다시 말하지만, 율법에 관한 바울의 발언들의 진의를 파악하려면 세심한 주의가 요구된다. 사실 율법 혹은 율법의 행위들에 대한 비판적 발언들은 율법의 모든 측면에 대한 부정이 아니다. 위에서 간략히 요약한 것처럼, 바울이 율법에 대해 제기하는 비판은 근본적으로 도덕적인 것이었다. 율법에는 죄에 휘둘리는 삶, 육체의 욕망에 좌우되는 삶으로부터 우리를 건져 낼 능력이 없다. 이를 신학적으로 표현하면 율법에는 "생명을 주는 능력" 곧 성령의 역사를 매개하는 기능이 없다는 말이 된다(3:21). 물론 이런 비판은 하나님 앞에서 올바른 삶이 중요하다는 사실을 전제한 것이다. 하나님께 순종할 필요가 없다면 율법에 대한 이런 비판들도 무의미했을 것이다. 율법에 대한 바울의 진술들 역시 이 점을 염두에 두고 해석되어야 한다.

시내산 언약의 실패와 율법

잘 아는 것처럼, 율법은 언약이라는 관계의 맥락 속에서 주어진 것이었다. 유대인들이 토라, 곧 '율법'이라 불렀던 모세오경 다섯 권의 책은 딱딱한 법령집이라기보다는 하나님과 이스라엘 간의 관계를 흥미로운 이야기들로 그려 내는 드라마다. 이런 흥미로운 언약적 관계의 맥락에서 주어진 것이 율법이다. 출애굽기 19장은 그런 계약 체결의 정황을 잘 보여준다. 이스라엘을 이집트의 압제로부터 건져 내신 하나님은 시내산 아래서 이스라엘 백성들과 공식적인 계약을 맺는다. 이 계약의 핵심은 "나는 너희 하나님이 되고, 너희는 내 백성이 되리라"는 것이었다(레 26:11-12). 그런데 이 계약에는 조건이 있다. 곧 "너희가 내 말을 잘 듣고 지키면" 그렇게 되리라는 것이다(출 19:5-6). 그러면서 하나님은 율법을 주셨다. 그 율법 속에는 하나님의 백성 이스라엘이 잘 듣고 지켜야 할 하나님의 말씀, 곧 하나님의 거룩한 뜻이 기록되어 있었다. 이처럼 율법은 언약 관계를 지탱하고 조율하는 핵심적 수단이었다. 그래서 아예 언약 자체가 '율법 언약'이라고 불리기도 한다.

하지만 첫 언약의 역사는 행복한 신혼보다는 소원한 권태기 내지는 적나라한 파국의 양상을 보일 때가 많았다. 하나님은 이스라엘이 제대로 살 수 있도록 구체적인 가르침을 주셨지만, 이스라엘은 그 가르침에 순종하지 않았다. 하나님의 백성이라는 멋진 이름에는 집착했지만, 이 멋진 이름의 삶을 살아가는 일에는 상대적으로 무관심했다. 언약 백성이라는 사실에는 집착했지만, 그 언약 관계의 조건으로 제시된 율법을 실천하는 데에는 관심이 적었던 것이다. 우리는 기실 이 율법 언약은 이 언약이 막 체결되는 신혼 시절부터 적나라한 우상숭배적 해이로 인해 위기에 봉착했던 것을 잘 안다. 이스라엘은 하나님과 언약을 맺으려고 준비하는 그 상황에서 황금송아지를 만들어 섬겼다. 장차 언약의 관계가 그리 순탄치 않을 것임을 예견하게 하는 불길한 이야기다. 아니나 다를까, 율법에 기초한 시내산 언약에 대한 선지자들의 평가는 한마디로 '실패'였다. 바벨론에 의한 예루살렘 함락과 솔로몬 성전의 파괴는 그 언약의 비극적 결말을 가슴 아프게 상기시켜 준다.

율법에 기초한 첫 언약의 실패는 이스라엘의 불순종 때문이다. 그들은 하나님의 법을 받았지만 그 법에 순종하지 않았다. 따라서 그 실패의 책임은 전적으로 이스라엘 백성에게 있다. 그래서 선지자들은 쉴 새 없이 백성들의 범죄와 허물을 질타하며 회개를 촉구한다. 하지만 언약의 긴 드라마 속에서 인간의 불순종이 간헐적 삽화의 수준을 넘어 일정한 패턴을 형성할 만큼 지속되고 반복된다면, 이는 언약 자체에 구조적인 문제가 있다는 말과 같다. 인간에게 책임이 없다는 것은 아니다. 하지만 애초에 인간이 죄 아래 있는 존재라면, 그리하여 하나님께 순종할 생래적 열정과 능력이 없는 존재라면, 하나님과의 언약 관계 역시 그 점을 감안한 것이라야 한다. 하지만 율법을 기초로 한 시내산 언약에는 그런 장치가 없다. 그 속에 죄인인 인간을 다독거려 순종을 이끌어 낼 장치, 그리하여 하나님과 백성들 간의 언약 관계를 지탱할 수 있는 장치가 없다는 말이다. 순종할 여건을 갖추지 못한 사람들에게 그저 율법을 제시하는 것만으로는 관계를 유지할 수 없기 때문이다. 이는 예레미야가 첫 언약을 두고 지적했던 바로 그 한계였다. 불순종을 해결할 수 없는 근원적 한계 말이다(렘 31:32).

실패한 율법 언약, 실패한 율법?

　　　　　　바울의 율법 비판은 바로 이런 역사를 반영한다. 그러니까 '율법'을 비판할 때 그가 의미했던 것은 그 율법을 토대로 하여 체결된 언약, 곧 시내산 언약을 가리킨다. 자신이 "율법을 통해 율법에 대해 죽었다"는 말은 시내산 언약의 역사적 실패를 개인적 삶의 문맥 속에서 고백한 것이다(2:19).[1] 율법 언약 아래서 살았고 그 율법에 대한 열정으로 타올랐던 사람이지만, 그는 그 율법이 '생명을 주는 능력'을 가졌다고 말할 수 없었다. 불가불 그가 율법 아래서 가질 수 있었던 열정이란 그가 '육체'라 부르는 차원에 국한되었다. 그는 "율법으로는 흠이 없다"고 말할 수 있었지만, 이때 그가 흠없다 자랑했던 '율법'적 정체성이란 "태어난 지 팔일 만에 할례를 받았고, 이스라엘 족속, 베냐민 지파, 히브리인 중에 히브리인, 율법으로는 바리새파"라는 육체적 자랑거리들밖에 없었다(빌 3:4-6).[2] 그리고 율법에 대한 자신의 열정을 표현하는 실천이란 민족적 정체성을 훼손한다고 여겨지는 교회를 힘껏 박해하는 것이었다. 이것이 전부였다. 좀 더 깊은 의미의 열정, 곧 하나님의 백성으로서 보다 공의롭고, 보다 자애로우며, 보다 평화로운 삶을 살려는 열정에 대해서는 딱히 회고할 거리가 없었던 셈이다.

이스라엘로서의 정체성에 집착하는 바울의 삶에서 부활하신 그리스도와의 극적인 만남은 율법 아래 살아가던 그의 삶의 근원적 한계를 통찰하게 해 주었다. 부활하신 그리스도와의 만남을 통해 그는 죽은 자를 살리시는 하나님을 새롭게 만나게 되었다(고후 4:6). 물론 이전에도 하나님을 향한 열정이 있었지만, 그것이 창조주요 생명의 주이신 하나님에 관한 올바른 지식에 기초한 것은 아니었다. 지금까지 그의 삶을 주도하던 그 열정이란 실상 하나님께서 허락하시는 생명의 역사와 무관한, 차별과 배제의 상대적 논리에 기댄 인간적 차원의 열정이었음을 발견한 것이다(롬 10:2). 그러니까 그가 가졌던 율법에 대한 열정은 자신을 의의 소망으로 이끌 수 있는 내적 열정이 아니라, 그 자신 또한 차별적 정체성이라는 무의미한 패러다임 속에 가두는 집착, 그리하여 그 자신조차 막다른 골목으로 몰고 가는 맹목적 열정이었다. 바울이 말하는 것처럼, 부활하신 그리스도는 "생명을 주는 영"으로 바울을 만났다(고전 15:45). 이 묵시적 '사건'을 통해 그는 그리스도를 통해 주어지는 신적 생명을 경험했고, 이를 통해 율법 언약 아래서 자신의 삶이 그 생명의 역사와는 무관한 삶, 따라서 죄의 전횡으로부터 전혀 자유롭지 못한 삶이었음을 통찰한다. 이 만남 속에서 그는 죽은 자를 살리시는 하나님을 향한 믿음을 발견하고, 그 어떤 조건도 없이 사람들에게 다가오시는 하나님의 은혜를 통찰한다.

조금 앞에서 언급한 빌립보서 3장의 회고는 회심을 기점으로 한 바울의 의식의 변화를 극명하게 보여준다. 고린도후서에서 토로한 것처럼, 그가 이전에는 심지어 그리스도조차 "육체를 따라" 판단했지만, 이제는 더 이상 그렇게 하지 않는다(고후 5:16). 부활하신 그리스도를 만난 후, 곧 그를 죽은 자 가운데서 살리신 하나님을 새로이 만난 후(갈 1:1; 롬 4:17; 8:11; 10:9-10; 고후 4:14) 새로운 관점에서 자기 삶을 돌아보았을 때, 지금까지 그가 자랑하던 그 '완벽한' 의로움이란 사실상 하나님 앞에서는 아무 의미 없는 표면적 '스펙'의 완벽함이었다. 그리고 하나님이 원하시는 언약적 순종을 두고 판단해 볼 때, 그의 삶은 하나님의 백성다운 모습을 전혀 보여주지 못했다. 혈통적·종교적으로는 의로움을 말할 수 있었지만, 실은 자기 역시 하나님의 심판 아래 있는 존재임을 알게 된 것이다. 율법에 의지하여 "나는 너와 다르다"는 '자신의 의'는 주장할 수 있었지만, 이는 생명의 하나님 앞에서 그 어떤 가치도 없는 사람들끼리의 '의로움'에 지나지 않았다. 그가 의지했던 율법 언약은 "하나님께로부터 나오는 의로움"의 수단이 아니었다(빌 3:9). 그의 열정은 진지했지만, 애초부터 방향을 잘못 잡은 것이었다. 어떤 점에서 이 다소 출신의 '바리새인' 역시 예수께서 비판하신 팔레스타인의 '위선자' 바리새인들과 본질적으로 다를 바 없는 존재로 살아왔던 것이다.

하지만 율법 언약의 실패가 율법 자체의 실패라고 말하기는 어렵다. 물론 율법은 시내산 언약의 율법이다. 그래서 율법은 (시내산) 언약과 사실상 동의어로 사용되기도 한다. 당연히 그의 비판 역시 아무런 제한도 없는 '율법' 자체를 겨냥한 것처럼 보인다. 그러나 엄밀히 볼 때, 바울의 비판적 어조는 율법 자체를 겨냥한 것이 아니라 율법에 대한 과도한 기대를 겨냥한 것이라고 보는 것이 옳다. 구약적 사고를 넘어서는, 그리스도를 통해 얻게 된 사후적 통찰의 결과이지만, 애초부터 율법은 진정한 언약의 토대는 아니다.[3] 그래서 그의 비판은 대부분 이 부분에 집중된다. 순종과 구원을 이끌어 낼 수 없는 무능력, 우리를 죄 아래 가두는 부정적 역할, 그나마 그리스도의 오심과 더불어 끝날 수밖에 없는 한시성, 이는 모두 율법이 진정한 언약의 토대요 구원의 수단이라는 기대에 대한 비판이다. 그러나 일단 이런 비판을 벗어나면 율법에 대한 바울의 생각은 결코 부정적이지 않다. 언약의 기초로서는 불충분한 수단이지만, 율법 자체는 하나님이 맡기신 고유의 역할을 갖는다. 또한 그 속에 표현된 하나님의 거룩한 뜻은 정말로 거룩한 하나님의 뜻이다. 뒤에서 더 논의하겠지만, 바울의 글들에서도 삶의 길로서의 율법은 결코 그 역할을 상실하지 않는다(고전 7:19; 갈 5:14; 롬 13:8-9). 간혹 바울 자신은 결코 하나님의 법 밖에 있지 않다는 사실은 그가 그리스도의 법 안에 있다는 말로 표현되기도 한다(갈 6:2; 고전 9:21). 율법에 관한 바울의 진술이 혼란스럽게 여겨지는 이유가 바로 여기 있다. 시내산 언약의 토대로서의 '율법'과 하나님의 거룩한 뜻을 담은 '율법'이 명시적으로 구분되지 않기 때문이다. 하지만 율법에 대한 그의 진술을 신중하게 따라가 보면, 그가 결코 하나님의 거룩한 뜻을 무시하거나 폐기하려는 것이 아님을 분명히 확인할 수 있다.[4]

'율법'을 벗어나 '율법'을 성취하는 이야기

갈라디아서에 나타난 복음 이야기는 '율법으로부터 벗어나는' 이야기다. "율법 아래 있으려 하는"(4:21) 갈라디아인들을 향해 율법 언약 아래서의 종살이를 선택하는 것은 의의 소망에 이르는 지름길이기는커녕 미래를 포기하는 최고의 악수惡手에 불과하다는 사실을 길게 논증한다. 율법 언약 아래서의 삶은 '율법의 저주'를 피할 수 없는 삶이다. 하지만 그리스도는 대속적 죽음을 통해 율법의 저주에서 우리를 해방시키시며, 새로운 생명의 역사와 더불어 의의 소망을 향한 힘찬 달음질을 시작하게 하셨다. 그런데 다시금 율법 아래서의 종살이로 돌아가겠다니? 그래서 바울은 호소한다.

> 그리스도께서 우리를 자유롭게 하려고 자유를 주셨습니다. 그러므로 굳게 서서 **다시는 종의 멍에를 메지 마십시오**(5:1).

하지만 율법 언약의 종속으로 돌아가지 말라는 권고는 율법의 가르침을 무시하고 마음대로 살라는 의미는 아니다. 그래서 바울은 이렇게도 말한다.

> 여러분들은 자유를 위해 부르심을 입었습니다. 형제 여러분, 다만 **그 자유를 육체의 빌미로 삼지 말고 사랑으로 서로 종노릇하십시오**(5:13).

두 구절을 나란히 놓아 보면, 율법이라는 "종의 멍에를 메지 말라"는 권고는 "그 자유를 육체의 기회로 만들지 말라"는 권고와 상응한다. 율법 아래 들어가지 말라는 것이 율법의 가르침을 무시하고 살라는 이야기는 아니다. 오히려 율법(언약)으로부터 자유로운 삶은 "사랑으로 서로 종노릇하는" 삶을 목표로 삼는다.

그런데 재미있는 것은 율법으로부터의 자유가 목표하는 사랑의 섬김이 다름 아닌 율법 자체가 요구하는 사항이라는 것이다. 사랑에 대한 권고 후 바울은 다시 율법에 관한 이야기를 꺼낸다. 그런데 이번에는 부정적 관점에서가 아니다. 바울은 온 율법이 '하나의 계명', 곧 "네 이웃 사랑하기를 네 자신 같이 하라"(레 19:8)는 계명 속에 이루어져 있다고 말한다(5:14). 그러니까 이웃 사랑에 관한 레위기의 계명을 실천하는 사람은 사실상 '온 율법'을 지키는 것과 같다는 이야기다. 결국 "사랑으로 서로 종노릇하라"는 권고는 이웃 사랑에 관한 계명을 지키는 것인데, 이를 지키는 것은 율법 전체를 지키는 행위가 된다. 로마서의 말을 빌리자면, 다른 모든 도덕적 계명들이 "네 이웃을 제 자신과 같이 사랑하라" 하신 바로 그 계명 속에 들어 있으며, 따라서 "남을 사랑하는 자는 율법을 다 성취한" 것이 된다(롬 13:8-9). 곧 "사랑은 율법의 완성이다"(롬 13:10). 하지만 조심하자. 지금 바울은 온 율법을 집약하는 계명이 사랑의 계명이니, 율법의 도덕적 요구를 무시하고 오직 (기독교적) 사랑에만 집중하라고 주문하는 것이 아니다. 모든 계명의 요약 혹은 성취가 되는 사랑, 곧 바울이 실천하라고 요구하는 계명은 율법(레위기) 속에 담긴 계명 중 하나다. 지금 바울은 율법의 한 계명을 제시하며 이 계명을 실천하도록 요구하고 있다.[5]

옛 언약을 벗어나 새 언약으로

어찌 보면, 매우 역설적인 말로 들린다. 율법의 멍에로부터 자유롭게 된 삶의 목표 혹은 결과가 율법의 성취라고 말하면서, 이 율법의 성취를 권장하고 있기 때문이다. 하지만 바울이 가진 율법에 대한 불만이 무엇이었는지를 기억하면, 바울의 이런 논법은 지극히 당연한 것이라 할 수 있다. 애초의 의도와는 달리, 율법 언약 아래 있는 삶은 '하나님을 향한 삶'이 불가능한 삶이었다(2:19). 예레미야가 뼈아프게 깨달아야 했던 것처럼, 율법 언약 아래 있다고 해서 하나님께 순종할 수 있는 것은 아니라는 이야기다. 그래서 그는 율법에 대해 죽어야 했고, 그 율법의 지배로부터 벗어나야 했다. 물론 이 해방은 그리스도를 통해 이루어진다. 그리고 그리스도께서 이루는 이 '해방'은 정태적 법적 선고를 넘어, '하나님을 향한 삶'이라는 역동적 생명의 역사를 동반한다. 그리스도의 대속적 죽음, 그리고 그를 향한 믿음은 믿는 자들의 삶 속에 성령의 역사를 가지고 온다(3:2, 5, 14; 4:6). 이 성령은 신자들을 이전 '육체 아래서'의 실존으로부터 벗어나게 하며(5:16-18), 이런 변화를 통해 육체의 욕망이 아닌 하나님의 뜻을 실천하게 한다. 그래서 이런 삶은 '성령의 열매'라 불린다(5:22). 찬찬히 생각해 보면 금방 알 수 있는 일이지만, 이 성령의 열매는 실제 율법의 도덕적 조항들이 요구하는 삶의 방식과 하나도 다른 것이 없다. 바울이 온 율법을 사랑이라는 율법 자체의 계명으로 요약하고 있다는 사실 역시 이를 잘 말해 준다.

이렇게 보면 바울의 말은 율법 언약 아래서는 율법 속에 나타난 하나님의 뜻을 성취할 수 없다는 말과 같다. 오히려 그 율법을 실천하기 위해서는 율법 언약을 벗어나 그리스도를 믿는 믿음의 삶으로 옮겨와야 한다. 바로 그 삶 속에 하나님의 생명의 영이 활동하기 때문이며, 그 생명의 영이 우리를 순종의 길로 인도하기 때문이다. 다시 로마서의 표현을 쓰자면, 우리를 죄와 사망의 법(지배)으로부터 자유롭게 하는 것은 율법 언약이 아니다. 죄의 지배를 받는 육신이라는 실존을 고려할 때 "율법은 육신으로 말미암아 연약하다"는 '불가능성'으로 규정된다(8:2). 하나님은 그리스도의 대속적 죽음을 통해 이 율법의 불가능성을 넘어선다(8:3). 바로 이 죽음을 통해 "생명의 성령의 법(지배)이 죄와 죽음의 법(지배)으로부터 우리를 해방한다"(8:1). 그리하여 우리는 이제 더 이상 육신을 따르지 않고 성령을 따르는 자들이 되며, 이런 삶을 통해 "율법의 정당한 요구가 성취된다"(8:4).

율법 언약 아래서의 삶은 그 언약의 조건인 율법의 성취를 가져오지 못한다. 반면, 사랑의 삶으로 율법을 성취하는 것은 그리스도 안에서, 성령의 인도 아래서의 삶이다. 바울은 이것을 '새 언약'이라 부른다. 물론 새 언약은 신약 시대 사도들의 고안물이 아니다. 우리는 유대교에 대해 기독교가 우월하다는 의미에서 새 언약을 말하고 싶을지 모르지만, 사실 새 언약 자체가 구약의 고안물이다. 오래 전 인간의 죄에 절망하며 율법 언약의 무기력함에 절망했던 선지자들이 하나님의 새로운 간섭을 고대하며 바라보았던 바로 그 '새 언약'이다. 그때 그들은 율법이 무의미한 돌판이 아닌 사람들의 '마음속에' 새겨질 날, 하나님이 딱딱하게 굳어 버린 불순종의 '돌 심장(마음)'을 떼어 내고 살같이 부드러운 순종의 심장(마음)을 주실 날을 고대했다. 그때 백성들은 비로소 하나님의 계명을 지키게 될 것이며, 그때에야 "나는 너희 하나님이 되고, 너희는 내 백성이 되리라"는 언약의 선포가 현실이 될 것이다(렘 31:31-34; 겔 26:26-28).[6] 다메섹 도상에서 부활하신 예수를 만났던 바울은 바로 이 예수 그리스도의 복음 속에서, 그리고 이를 통해 주어지는 성령의 역사 속에서 오래 전 새 언약의 약속과 희망이 현실이 되는 것을 보았다. 그리고 그는 자신이 바로 이 새 언약의 선포자로 부름 받았다는 사실을 자랑스러

위했다(고후 3:1-18). 율법에 대한 바울의 논의는 바로 이 사실을 밝히려는 땀 흘림이다. 그러니까 율법에 대한 바울의 비판 아닌 비판은 "율법을 지키려 하지 말고 예수를 믿어라"는 터무니없는 권고가 아니다. 오히려 믿음을 위한 그의 권고는 할례나 절기 준수와 같은 무의미한 영성의 표지들에 매료된 성도들, 그런 과정에서 오히려 참된 삶의 역동을 상실해 가는 성도들을 향한 안타까운 외침이다. 외면적으로는 그럴듯해 보이지만 내면적으로는 무기력한 율법 언약의 유혹을 물리치고, 그리스도께서 이루신 새 언약의 비전을 다시금 회복하라는 권고다. 율법을 토대로 한 옛 언약에서 벗어나 성령의 역사를 토대로 한 새 언약의 삶으로 들어오라는 권고요, 새 언약의 삶을 누리는 이들에게 무기력한 옛 언약의 삶으로 회귀하지 말라는 경고다.

바울은 이 새 언약의 율법을 '그리스도의 (율)법'Law of Christ이라 부른다(6:2).[7] "서로 짐을 지는" 삶, 곧 상대방의 종임을 자처하며 사랑으로 서로 종노릇하는 삶은 바로 이 그리스도의 율법을 성취하는 삶이다. 하나님의 율법은 성취되어야 하지만, 율법이 율법(언약)으로 성취되지는 않는다. 그런 의미에서 우리가 성취하는 것은 성령의 역사에 의해 뒷받침되는 '그리스도의 법'이다. 하지만 **내용상** 이 '그리스도의 법'은 시내산 언약의 '율법'과 겹친다. 그래서 바울도 자주 율법을 그대로 인용하며 그 계명을 지키라고 권고한다(고전 7:19; 엡 6:2). 갈라디아서에서 바울이 제시하는 삶의 길은 '율법 아래서' 율법을 성취하려는 무익한 시도도, 율법을 벗어나 '율법을 무시하려는' 태도도 아니다. 바울이 제시하는 복음 이야기는 율법을 벗어남으로써 오히려 율법을 성취하는 뜻밖의 성공 이야기였던 것이다.

3:6   아브라함이 하나님을 믿었고 그것이 그에게 의로 간주되었던 것과 마찬가지
       입니다.

3:8   하나님께서 이방인들도 믿음으로 의롭게 하시리라는 것을 성경은 진즉부터
       알고 있었습니다. 그래서, 아브라함에게 미리 복음을 전해 두었습니다. 곧 "모
       든 이방인들이 너를 통해 복을 받을 것이다"라고 말씀하신 것이 바로 그것
       입니다.

13 — 바울의 성경 읽기 1: 아브라함

바울과 (구약)성경

지금까지 우리는 갈라디아 교회의 위기에 대처하는 바울의 논증을 여러 각도에서 살펴보았다. 우리의 일차적 관심은 바울의 논점 자체를 정확하게 파악하는 것이었다. 따라서 방법론적으로 그의 논증이 상당 부분 '(구약)성경 읽기'에 기초하고 있다는 사실에는 별 관심을 기울이지 않았다. 하지만 바울의 입장을 정확히 이해하려면, 그가 성경을 해석하는 방식에 대한 세밀한 검토가 필요하다. 바울의 논증 자체가 성경의 증거에 기초한 성경 주해의 방식을 취하고 있기 때문이다. 하지만 보다 현실적인 이유 또한 존재한다. 일차적으로 바울의 편지는 빗나가는 갈라디아의 성도들을 향한 것이지만, 상당 부분 그의 논증은 성도들 배후에서 나쁜 영향력을 행사하는 유대화주의자들을 염두에 둔 것이기도 하다. 물론 그들은 구약의 가르침을 기초로 자기들의 주장을 피력했을 것이다. 그래서 바울에게도 성경적 논증은 중요한 것이었다. 오늘날 우리가 성경에 기초하지 않은 논증을 인정하지 않듯, 당시의 유대인들과 교회 역시 성경에 기초하지 않은 논증을 수용하지 않았다.[1] 정확히 언제부터 구약 성경이 하나님의 말씀으로 고백되었는지는 말하기 어렵지만, 적어도 예수와 바울 당시에는 우리가 가진 구약 대부분이 '성경' 곧 '하나님의 말씀'으로 고백되고 있었음은 쉽게 확인할 수 있다. 오늘날의 신학 싸움이 그렇듯, 당시의 신학적 싸움 역시 성경 해석을 둘러싼 싸움일 수밖에 없었다.

한 가지 주의할 점이 있다. 오늘날 많은 기독교인들은 메시아 이전의 계시인 구약과 메시아의 오심에서 출발하는 신약의 관점이 다르다고 생각하는 경향이 있다. 하지만 이는 초대교회가 (구약)성경을 바라보던 관점과 전혀 다르다. 그들에게는 구약이 '성경' 곧 하나님의 계시였다. 바울을 비롯한 초대교회 성도들에게 (구약)성경은 그 자체가 바로 복음에 관한 계시였다. 그래서 바울을 비롯한 초대교회의 신자들은 늘 바로 이 (구약)성경을 들어 메시아 예수의 복음을 선포했다. 다소 암시적이고 예시적인 방식이긴 하지만, 그리고 그 말씀이 그리스도 사건의 빛 아래서 새롭게 해석되어야 했지만 그 속에 복음이 담겨 있다는 신념은 분명했다.[2] 이는 바울 또한 마찬가지다. 로마서에서뿐 아니라 여기 갈라디아서에서도 바울은 "믿음으로 의롭다 하심을 얻는다"는 복음의 핵심을 구약 이야기, 특히 아브라함의 이야기로부터 이끌어 낸다. (구약)성경 자체를 복음 이야기로 간주하고 읽었다는 것이다. 여기서는 이 점을 좀 더 자세히 살펴보도록 하자.

아브라함과 칭의(3:6-9)

바울의 첫 논증은 갈라디아 신자들의 성령 체험에서 출발한다. 곧 그들이 할례나 절기 준수와 같은 외면적 '율법의 행위들'이 아니라, 죽었다가 부활하신 예수 그리스도를 믿는 믿음으로 성령을 받았던 체험이 중요하다. 2장에서 개진된 핵심 논점, 곧 "율법의 행위들이 아니라 믿음으로"라는 바울의 선포는 무엇보다 갈라디아인들의 성령 체험 자체에서 분명히 확인된다. 물론 이들 체험이 성경의 계시와 무관하거나 이 계시와 모순된 것일 수는 없다. 그래서 바울은 곧바로 이방 신자들의 실제 체험을 성경의 가르침과 연결한다. 우리가 잘 아는 아브라함 이야기다.

> 아브라함이 하나님을 믿었고, 그것이(=그의 믿음이) 그에게 의로 간주되었던 것과 마찬가지입니다. 그러므로 여러분은 믿음을 따르는 사람들, 바로 그들이 아브라함의 자녀들이라는 사실을 알아야 합니다(3:6-7).

로마서에서와 마찬가지로(4:3), 여기서도 바울은 "그가 하나님을 믿었고, 이것이 그에게 의로 여겨졌다"는 창세기 15:6을 거의 그대로 인용한다.[3] 하나님 백성의 원조라 할 수 있는 아브라함의 체험이, 그리고 그에 관한 성경 기록이 '믿음에 의한 칭의'라는 복음의 원리를 분명히 확증한다. 아브라함이 하나님을 믿었고, 그는 바로 이 믿음을 통해 하나님 앞에 의롭다 하심을 얻었다. 이것이 성경이 보여주는 칭의의 원리다.

우리가 여러 차례 살펴본 것처럼, 당시 논쟁의 문맥에서 "율법의 행위들이 아니라 믿음으로"라는 말은 '외면적 신분의 표지에 의해서가 아니라 예수 그리스도를 믿음으로'라는 의미를 함축한다. 그러니까 당시 바울이 '믿음'을 기준으로 내세우면서 노렸던 효과 중 하나는 의롭다 하심을 얻는 복이 율법의 행위들을 소유한 유대인들뿐 아니라 할례자가 아닌 신자들에게도 공히 주어진다는 것이다. 당시 교회의 갈등 상황에서 이는 믿음의 복음이 가진 가장 중요한 실질적 함의 중 하나였다. 그래서 바울은 아브라함의 '이신칭의' 체험에서 바로 이 사실을 부각시킨다.

> 하나님께서 이방인들도 믿음으로 의롭게 하시리라는 것을 성경은 진즉부터 알고 있었습니다. 그래서 아브라함에게 미리 복음을 전해 두었습니다. 곧 "모든 이방인들이 너를 통해 복을 받을 것이다"라고 말씀하신 것이 바로 그것입니다(3:8).

"모든 이방인들이 너를 통해 복을 받을 것이다"라는 말씀은 창세기 12:3에 나온다. 창세기의 문맥에서 이 구절은 아브라함 자신의 중요성과 안전을 약속하는 말씀에 가깝지만, 여기서 바울은 이 구절을 이방인들의 구원을 미리 내다본 약속의 말씀으로 이해한다. 그러니까 이방인의 구원에 관한 복음을 아브라함에게 미리 말해 두었다는 것이다. 장차 이방인들이 구원의 복을 받게 될 것이다. 그런데 그것이 "너를 통해" 곧 아브라함을 통해서 이루어질 것이다. 물론 이 아브라함은 6절에서 방금 말한 것처럼 "믿음으로 의롭다 하심을 받았던" 바로 그 아브라함이다. 그러니까 "너를 통해"는 구체적으로 '믿음으로 의롭다 하심을 얻었던 아브라함을 통해'가 된다. 이를 다시 풀면, 아브라함이 믿음으로 의롭다 하심을 얻었던 것처럼, 모든 이방인들 역시 '아브라함을 통해' 혹은 '아브라함과 같은 방식으로' 의롭다 하심을 얻을 것이라는 말이 된다. 아브라함과 마찬가지로 이방인들 역시 동일한 믿음으로 의롭게 된다는 것이다. 9절의 결론은 바로 이 사실을 나타낸다.

> 그러므로 믿음을 따르는 사람들이 아브라함과 더불어 복을 받는 것입니다.

문맥에서 분명히 드러나는 것처럼, 여기서 복은 의롭다 하심을 얻는 구원의 복을 가리킨다. 유대인이든 이방인이든, 믿음의 길을 따르는 사람들은 "아브라함과 더불어" 곧 '아브라함과 동일한 방식으로' 의롭다 하심의 복을 받는다. 한마디로 이방인들도 믿음으로 의롭다 하심을 얻는다. 따라서 그들이 할례를 통해 유대인이 될 필요는 없다. 믿음이 유일한 칭의의 통로이기 때문이다. 바울은 창세기의 아브라함 이야기 속에서 바로 이 복음을 찾아낸다.

물론 이방인들도 믿음으로 의롭게 된다는 진리는 예수 그리스도를 통해 실현된다. 따라서 "메시아·그리스도께서 오셨다"는 진리의 한 실질적 함의는 믿음으로 의롭게 되는 복이 이제 이방인들에게도 주어지게 되었다는 사실이다. 그래서 예수의 십자가 죽음과 그 죽음을 통한 속량은 유대인과 이방인의 경계를 허무는 사건이다.

> 이는(=그리스도께서 십자가 죽음을 통해 우리를 율법의 저주로부터 속
> 량하신 것은) 그리스도 예수 안에서 아브라함의 복이 이방인에게도
> 주어질 수 있도록……(3:14 상).

그리스도의 대속적 죽음과 더불어 율법의 지배는 종식되었다. 이
와 더불어 유대인과 이방인의 구별 또한 철폐된다. 따라서 그리스도
의 십자가는 믿어 의롭게 되는 복을 이방인에게까지 확장하는 효과를
낸다. 바울은 이것이 그리스도 죽음의 목적 혹은 결과라고 말한다.[4]

물론 의롭다 하심을 얻는 복 자체가 복음이지 이 복된 소식이 이
방인에게까지 미치게 되었다는 것은 그 복음의 부수적 결과에 불과
하지 않느냐고 말할 수 있다. 불가능한 주장은 아니지만, 분명 바울
은 생각이 달랐다. 그가 보기에는 이방인에게 이신칭의의 복이 허락
되었다는 사실 자체가 십자가 사건의 중요한 목적 혹은 결과 중 하
나였다. 로마서에서도 "모든 민족이 믿어 순종하게" 되는 일은 바울
이 맡아 선포해야 할 "비밀의 계시"의 일부로 제시된다(롬 16:26). 에
베소서에서도 "이방인들이 복음으로 말미암아 그리스도 예수 안에
서 함께 지체가 되고 함께 약속에 참여하는 자가 되는" 것이 "하나님
의 은혜의 계획"이자 "그리스도의 비밀"에 속하는 것으로 묘사된다.
바울은 바로 이 복음을 선포하기 위해 사도로 부르심을 입었다(엡
3:1-9). 사실 이방인의 입장에서 말하자면, 바로 이 복음의 '확장'이
그야말로 복음 아닌가!

갈라디아서는 아니지만, 로마서 4장의 논증 역시 동일한 주장을
반복한다. 갈라디아서와는 달리 로마서에서는 칭의가 미래일 뿐 아

니라 현재적 개념으로도 확장되어 사용된다. 바울은 죄 용서를 핵심으로 하는 이 칭의가 하나님의 은혜로운 선물이라 말한다. 일을 하지 않은 자에게 임금을 주고 경건치 않은 자를 의롭게 하시는 일이기 때문이다(4:5). 이는 누구나 다 알고 고백하던 내용이다. 그렇다면 이런 진리의 실질적 함의는 무엇인가? 보다 구체적으로, 이 칭의의 은혜가 누구를 위한 것인가 하는 것이다(4:9). 당시 보수적 유대 신자들은 이 복이 전통적 의미의 하나님의 백성, 곧 할례를 받은 아브라함의 후손에게 국한된다고 생각했다. 메시아 예수를 믿는 일은 누구에게나 열려 있지만, 할례를 안 받은 사람은 성경적 절차를 따라 할례를 받아야 하나님의 백성이 될 수 있다고 생각했다(행 15:1). 바울은 은혜의 논리가 이런 배타적 주장을 허문다고 생각했다.

흥미롭게도 로마서에서 바울은 유대인의 조상 아브라함이 믿음으로 의롭게 되었던 **시점**을 묻는다. 아브라함은 분명 믿음으로 의롭다 하심을 얻었다. 그렇다면 이것이 할례를 받기 이전인가 아니면 할례를 받고 나서인가? 만약 할례를 받고 난 이후 믿음으로 의롭다 하심을 얻었다면 이 칭의의 복은 할례자들만을 위한 것일 수 있다. 그런데 아브라함의 경우 할례는 믿음으로 의롭게 된 이후의 일이다(롬 4:9-10). 그러니까 아브라함은 무할례자일 때 믿음으로 의롭다 하심을 얻었다. 아브라함이 그랬다면 더 물을 것도 없다. 믿음으로 의롭게 되는 복을 할례자에게만 국한할 수 없다. 그러기에 하나님은 유대인의 하나님을 넘어 "정말로 이방인의 하나님도 되시는" 그런 분이다(롬 3:29).[5] 왜냐하면 할례자나 무할례자나 모두 믿음으로 의롭다 하시기 때문이다(3:30). 물론 이후 아브라함은 할례를 받았다(창

227

17장). 하지만 이 할례는 믿음의 원리와 반하는 것이 아니라 오히려 그가 믿음으로 의롭다 하심을 받은 존재임을 확인하는 의식이었다 (4:11). 바울이 갈라디아서에서는 왜 이런 결정적 논증을 내놓지 않았는지는 수수께끼다. 다급한 상황에 미처 그런 논증을 생각해 내지 못했던 것일까?

약속이냐, 율법이냐?(3:15-18)

3:15-18에는 아브라함 이야기를 활용한 또 하나의 논증이 등장한다. 그런데 여기서는 아브라함에게 일어났던 일의 의미를 설명하기 위해 사람의 '유언'과 관련된 관습을 먼저 소개한다. '사람을 따라 말한다'는 표현은 아마 당시의 일상적 관례를 통해 설명해 보겠다는 의미일 것이다. 그리고는 당시 유언 및 상속과 관련된 보편적인 사실을 소개한다.

> 사람의 유언이라도 일단 확정되면 아무도 내용을 추가하거나 무효화하거나 할 수 없습니다(15절).

여기서 '유언'으로 번역된 단어 '디아테케'는 개역개정에서처럼 '언약'으로 번역되기도 한다. 그러니까 성경에서는 '언약'이고 일상적으로는 '유언'을 가리킨다. 그래서 바울은 아브라함 언약의 속성을 설명하기 위해 인간적 언약·유언의 사례를 활용한다. 이는 무게감이 덜한 일상적 유언·언약의 원리를 들어 그보다 더 무거운 신학적 언약·유언의 원리를 설명하는 논증법의 하나다. "사람의 유언도 이런

식인데 하물며 하나님의 언약은 얼마나 더 그러하겠는가!" 하는 식의 논법이다(눅 18:6-8 참고).[6]

　일상적 유언에서 바울이 도출하는 논점은 변경불가능성이다. 유언이란 일단 확증되면 수정할 수도 폐기할 수도 없다. 그것만이 합법적 유언으로 통용된다. 이 변경불가능성의 원리는 하나님과의 언약·유언에도 공히 적용된다. 하나님의 언약도 한 번 확증되면 절대 변경할 수 없다. 그렇다면, 성경의 언약 이야기에 이 원리를 적용하면 어떻게 될까? 여기서 바울은 단순해 보이지만 중대한 성경적 혹은 역사적 사실 하나를 관찰해 낸다.

　　그런데 아브라함과 그의 후손에게 말해진 것은 (율법이 아니라) 약속들이었습니다(16절).

　갈라디아의 갈등 상황에서 바울이 밝히려는 논점 중 하나는 율법이 진정한 언약, 곧 우리를 구원에 이르게 하는 언약이 아니라는 사실이다. 물론 구원사적으로 율법 또한 하나의 '언약'이라 불릴 수 있다(3:24). 하지만 이 율법에 기반을 둔 시내산 언약은 구원의 수단으로서의 언약은 아니다. 3:16은 바로 이 사실을 보여주는 역사적 근거를 제시한다. 창세기에서 확인할 수 있는 것처럼, 애초에 하나님께서 아브라함과 그의 후손에게 말씀하신 것은 "약속들"이었다. 물론 이는 '율법이 아니라 약속들'이라는 의미다. 하나님이 아브라함과 체결하신 언약·유언의 형태는 율법이 아니라 약속이었다. 물론 15절에서 이미 확인한 것처럼, 언약·유언이란 한 번 체결되면 무언가를 더할 수도, 이를 폐기할 수도 없다. 그런데 모세 율법은 하나님이 아브라함과 '약속' 언약을 체결한 후 무려 430년 뒤에야 주어졌다. 이 엄연한 사실로부터 한 가지 결정적 결론이 도출된다.

> 내가 말하고자 하는 바는 이것입니다. 하나님에 의해 이미 확증된 언약을 사백삼십 년 후에 생겨난 율법이 폐기하여 그 약속을 무효로 만들 수 없습니다(17절).

하나님이 아브라함과 먼저 '약속'을 통해 언약을 체결하셨다. 그리고 430년 후에 율법을 주셨다. 물론 일단 정해진 언약은 변경되거나 폐기되지 않는다. 그렇다면 하나님께서 나중에 주신 율법은 이미 확정된 약속 언약을 폐기하거나 대체하려는 의도가 아닌 것이 분명하다. 물론 율법을 주셨을 때에는 그 나름의 의도가 있었을 것이다. 하지만 그 의도가 약속 언약을 대치하는 것일 수는 없다. 미래의 상속을 보장하는 언약은 '약속'을 통해 성립된 것이다. 사후에 주어진 율법은 약속이 주연인 언약의 드라마에서 그 나름의 조연이 될 뿐이다. 이처럼 조연으로 주어진 율법을 주연으로 간주하려는 것은 하나님의 의도를 심각하게 오해하는 것이다.

18절은 15-17절에서 분명해진 결론을 다시 한 번 강조한다. 사실과 반대되는 가정을 하고, 그 가정이 터무니없는 결론에 이름을 보임으로써 그 가정의 오류를 증명하는 귀류법歸謬法, reductio ad absurdum이다.

> 만일 유업이 율법으로부터 주어지는 것이라면 더 이상 약속으로부

터 주어지는 것이 아니라는 말이 됩니다. 하지만 하나님은 아브라함에게 (율법이 아닌) 약속을 통해 은혜를 베푸셨습니다.

선동자들의 주장처럼, 율법이 장래 유업을 보장하는 언약이라고 치자. 그렇다면 이는 그 전에 주어진 '약속'이 진짜 언약이 아니었다는 말이 된다. 한 번 성립된 언약은 폐기되지 않는다는 원칙을 전제할 때, 약속이 이미 언약으로 성립된 상황이라면 그보다 한참 늦은 율법이 언약이 될 수는 없을 것이기 때문이다. 하지만 약속이 아니라 율법이 미래 유업을 보장하는 언약이라는 생각은 성경의 명백한 기록과 모순된다. 분명 성경에는 하나님께서 아브라함에게 '약속을 통해' 은혜를 베푸신 사실이 분명히 기록되어 있기 때문이다.[7] 물론 성경과 어긋나는 주장이 진리일 수는 없다. 따라서 '율법이 상속을 보장하는 언약'이라는 주장은 성경 말씀과 모순된다. 따라서 그 주장은 거짓일 수밖에 없다. 성경 말씀과 일치하는 유일한 결론은 '약속이 유업을 보장하는 참 언약'이라는 것이다.[8]

"아브라함과 그 후손에게"(3:16 하)

본문에 민감한 독자라면 아마 지금까지의 설명이 바울의 논증 중 한 부분을 생략했다는 사실을 알아차렸을 것이다. 바로 16절 하반절이다.

마치 많은 이를 두고 말하듯 '그리고 후손(씨)들에게'가 아니라, 한 사람을 두고 말하듯 '그리고 너의 후손(씨)에게'라고 말합니다.

앞에서 우리가 이 부분을 건너뛴 것은 아브라함 후손의 단수성을 강조하는 이 대목이 15-18절에서 확립하고자 하는 주된 논점과 직접 연결되지 않기 때문이었다. 물론 그렇다고 이 부분이 불필요한 사족은 아니다. 이 부가적 진술이 나중에 3장 말미에서는 매우 결정적인 논점으로 활용되기 때문이다. 인용된 창세기 본문이 분명히 말해 주듯, 하나님의 약속은 아브라함 자신뿐 아니라 '그의 씨에게도' 공히 주어진 것이었다. 그런데 바울은 여기서 '그 씨에게도'가 복수가 아니라 단수라는 사실에 주목한다.[9]

일단 바울의 논점을 수용하면, 약속의 수혜자인 '(아브라함의) 씨'는 여럿이 아닌 하나다. 그렇다면 이 한 사람 '아브라함의 씨'는 과연 누구일까? 바울은 이 '씨'가 다름 아닌 그리스도라 말한다. 이렇게 되면 애초에 하나님께서 '아브라함과 그 씨에게' 주신 약속은 아브라함과 그 씨인 그리스도에게 함께 주신 약속이 된다. 아브라함이 약속을 받을 당시 그리스도는 아직 태어나지 않았지만, 하나님께서 분명 '너와 너의 씨에게'라고 명시하셨기 때문이다. 이렇게 그리스도는 아브라함과 더불어 약속의 공동 수혜자다. 그렇다면 아브라함과 약속으로 맺은 언약은 동시에 (아직 오지 않은) 그리스도와 맺은 언약이기도 하다. 물론 율법이 주어져 율법이 다스리던 시기에는 이 약속 언약이 다소 '소강상태'에 빠진 것처럼 보인다. 하지만 이는 한시적 상황일 뿐이다. 아브라함 약속의 공동 수혜자인 그리스도께서 오셨을 때, 본래 약속을 통해 맺어졌던 언약이 다시금 재천명되고 재확립된다. (아직 태어나지는 않았지만) 아브라함과 더불어 약속을 받았던 바로 '그분이 오셨기' 때문이다.

    3장 말미에서 밝히듯, 우리는 이 그리스도를 믿음으로 하나님의
자녀가 되었다. 우리는 그리스도 안으로 세례를 받았고, 이로써 그
리스도 곧 이 '아브라함의 씨'를 옷 입었다(3:27). 잘 알려진 것처럼,
'옷 입는다'는 표현은 정체성과 관련이 있다. 우리가 '아브라함의 씨'
안으로 들어가 아브라함의 씨라는 그의 신분을 공유한다는 뜻이다.
이 과정에서는 그 어떤 인간적 조건들도 무의미하다(3:28). 물론 이
'아브라함의 씨'는 아브라함과 더불어 유업에 대한 약속을 소유한
바로 그 씨다. 그러니까 우리들은 한 분 '아브라함의 씨'와 연합함으
로써 많은 '아브라함의 씨(들)'가 되고, 그 씨에게 주어진 약속을 따
라 우리 씨들 역시 미래 유산의 상속자가 된다(3:29). 이렇게 단수로
제한되었던 '아브라함의 씨'는 여기서 다시 창세기 본래의 복수 개념
으로 돌아온다. 그러니까 이 흥미로운 주석을 통해 바울은 수많은 씨
에 대한 하나님의 약속이 결국 한 분 씨이신 그리스도를 통해 이루어
질 것이라는 사실을 말하고 싶었던 것이다. 그러니까 '복수-단수-복
수'로 이어지는 논리적 흐름은 기독론적 연결고리를 통해 '아브라함
의 후손=갈라디아의 그리스도인들'이라는 등식을 이끌어 내기 위한
주석적 움직임이었던 것이다.

    아브라함 관련 논증은 여기서 끝나지 않는다. 4:21-31에는 아
브라함의 두 아내와 두 아들 이야기가 바울 나름의 알레고리적 해석
을 통해 복음에 대한 기록으로 소개된다. 이 구절에 대해서는 앞에
서 이미 여러 번 언급한 적이 있지만, 바울의 성경 해석의 중요한 사
례 중 하나인 만큼 보다 상세히 살펴보도록 하자. 이것이 다음 장의
주제다.

4:21-24 한번 들어 보십시오, 율법 아래 있으려 하는 이들이여. 율법을 듣지 못했단 말입니까? • 성경에 기록된 것처럼, 아브라함에게 두 아들이 있는데, 하나는 여종에게서, 하나는 자유를 가진 여자에게서 태어났습니다. • 하지만 여종에게서 난 이는 육체를 따라 태어났고, 자유를 가진 여자에게서는 약속을 통해 태어났습니다. • 이것은 알레고리로 해석해야 합니다. 이 여자들은 두 언약입니다. 하나는 시내산으로부터 종을 낳은 여자, 곧 하갈입니다.

14 ─ 바울의 성경 읽기 2: 두 어머니, 두 아들

이제 창세기의 아브라함 전승을 토대로 한 또 하나의 논증인 갈라디아서 4:21-31을 살펴보자. 이 구절은 보통 '사라와 하갈의 알레고리'라 불린다. 이 논증을 '알레고리'라고 부르는 것은 24절에서 바울자신이 직접 '알레고리'가 포함된 동사를 사용하고 있기 때문이다. 개역개정에는 이 단어가 "비유"로 번역되었다. 바울의 문장은, "이것" 곧창세기의 두 여인과 두 아들 이야기는 "알레고리적으로 표현한 것입니다" 내지는 "알레고리로 해석할 수 있습니다" 정도로 옮길 수 있다. 예수님의 비유에 관해서도 그렇지만, 많은 학자들은 알레고리에 대해매우 부정적인 오해를 품고 있고, 따라서 신약성경에서 알레고리의존재를 가능한 한 부정하려 한다. 아마 알레고리가 구약 본문의 문자적 의미를 자의적으로 왜곡할 수 있다는 염려 때문일 것이다. 그래서예수님의 비유는 알레고리와 다르다는 주장이 자주 나오고, 본문에서처럼 알레고리라는 단어가 실제 사용된 경우조차(헬라어로 '알레고루메

나') 알레고리 대신 '비유'와 같은 단어로 번역하곤 한다. 하지만 알레고리에 대한 거부감은 현대의 신학적 편견 중 하나다. 최근 여러 학자들이 인정하는 것처럼, 예수님의 비유 속에는 알레고리가 상당수 포함되어 있다.¹ 그리고 여기서 바울이 두 어머니와 두 아들에 관한 아브라함 전승을 알레고리적 방식으로 해석하고 있음을 부인하기도 어렵다.

섬겨야 할 율법? 들어야 할 율법?(4:21)

우리의 본문은 "한번 들어 보십시오" 하는 도전으로 시작된다(21절). 분위기를 바꾸며 새롭게 독자들의 주의를 환기시키는 표현이다. 3:6부터 4:7까지 길게 이어졌던 성경적·신학적 논증을 잠시 멈추고, 4:8-20에서는 갈라디아 공동체의 아름다웠던 과거를 추억하며 다분히 성도들의 감정에 호소하는 입장을 취했다. 그러다가 21절부터는 다시 "들어 보세요!" 하고 독자들을 자극하며 또 하나의 성경적 논증을 펼친다. 엄밀하게는 아니지만, 전체적으로 보아 경험에 근거한 직접적 호소(3:1-5), 성경에 기초한 신학적 논증(3:6-4:7), 경험에 기초한 직접적·감정적 호소(4:8-20), 성경에 기초한 신학적 논증(4:21-31) 등과 같이 두 가지 방식의 논증이 나름의 변주를 곁들여 서로 교차하는 모양새다.

여기서 바울은 갈라디아인들을 "율법 아래 있으려 하는 이들"이라 부른다(21절). 물론 "율법 아래"라는 표현은 지금 바울이 율법 언약, 곧 시내산 언약을 생각하고 있음을 드러낸다. 24-25절은 이런 추론이 빗나간 것이 아님을 확인해 준다. 물론 갈라디아인들의 입장에서 율법 아래 있겠다는 것은 할례를 받고 유대인이 되어 율법을

근간으로 한 시내산 언약에 종속되겠다는 것을 의미한다(고전 9:20-
21 참고). 하지만, 우리가 여러 차례 살펴본 대로, 율법 아래로 들어가
려는 갈라디아인들의 열성 속에는 율법의 도덕적 요구를 잘 지키겠
다는 기특한 의도는 없었다.[2] 사실 (율법의) 도덕적 계명들은 바울 자
신이 처음부터 강조했던 것이다. 그러니까 선동자들이 실제로 요구
했던 것은 할례나 안식일 같은 외면적 규정들이었다. 유대인이 되는
데는 중요하지만 바울로서는 이미 사문화된, 무의미한 규정들이었
다. 그러니까 지금 갈라디아 신자들이 "율법 아래 있으려는" 열성은
율법을 잘 지키겠다는 것이 아니라, 할례나 절기 준수 등에 기댄 표
면적 정체성을 확보하겠다는 시도였다. 바울이 보기에는 아무 쓸모
도 없는 그런 정체성 말이다.

　율법을 구원을 위한 언약으로 착각하고 그 "율법 아래" 있고자
했던 갈라디아인들에게 바울은 "율법을 듣지 못했단 말입니까?" 하
고 추궁한다(4:21). 바울의 의도는 분명하다. 만약 그들이 '율법을
(제대로) 들었다면' 지금처럼 '율법 아래 있겠다'고 들지 않았을 것이
다. 실은 율법 자체가 이미 율법 아래 종속되려는 시도의 어리석음을
천명하고 있기 때문이다. 물론 여기서 바울은 '율법'이라는 말이 갖
는 다중적 의미를 활용하여 일종의 언어유희를 하는 것처럼 보인다.
갈라디아인들이 종속되고자 하는 율법은 언약 및 그 규정으로서의
율법, 무엇보다도 시내산 언약을 가리킨다. 조금 더 구체적으로는,
유대적 정체성을 규정하는 율법 규정들에 대한 종속이다. 반면 바울
이 말하는 율법은 창세기에서 신명기에 이르는 모세오경이다. 물론
이런 의미에서의 '율법'(토라, 모세오경) 속에는 할례나 절기 준수 등

과 관련된 의무 규정도 있지만, 창세기의 아브라함 이야기처럼 귀담
아 '들어야' 할 중요한 이야기들도 존재한다. 이제 바울은 바로 그 이
야기 중 하나를 들려줌으로써, 율법 아래 종속되고자 하는 시도가 얼
마나 '비성경적인지' 드러내고자 한다.

두 아들, 두 어머니(4:22-24)

바울의 논증은 갈라디아의 성도들도 잘 알고 있
는 상식적 사실들을 기초로 진행된다. 그는 아브라함 이야기 중에서 잘
알려진 몇몇 사실들을 간단히 상기시킨다. "기록된 바"(22절)라는 도
입구는 통상 실제 성경 구절을 인용할 때 사용되곤 하는 도입구이지만,
흥미롭게도 여기서는 특정 구절이 아니라 전체 스토리를 요약적으로
소개하는 도구로 사용되었다. 성경에 기록되어 있어 누구나 알다시피,
"아브라함에게 두 아들이 있었다." 물론 사라가 죽은 후 아브라함이 후
처를 통해 얻은 자식들을 계산하면 둘을 훨씬 넘지만(창 25:1-2), "누
가 상속자냐?" 하는 결정적 물음에서 중요한 것은 이스마엘과 이삭 두
사람뿐이다. 잘 아는 것처럼, 아브라함에게서 난 이 두 아들은 서로 어
머니가 다른 이복형제다. 그리고 이 두 어머니는 서로 신분이 다르다.
한 아들은 하갈, 곧 사라의 "몸종"에게서 태어났고(창 16:15), 다른 아
들은 사라 자신, 그러니까 "자유를 가진 여자"에게서 태어났다(4:22).

이처럼 바울이 두 아들을 소개하고, 그 어머니의 상이한 신분을
부각시킨 것은 두 어머니의 신분 차이가 그 자체로 무슨 의미가 있어
서가 아니다(3:28). 바울이 이 점을 강조하는 것은 그 신분 속에 보다
결정적인 차이가 함축되어 있기 때문이다. 다름 아닌 출생 방식의 차

이다. 여종 하갈에게서 이스마엘이 태어난 것은 "육체를 따라서"였다 (23절). 여기서 "육체를 따라서"는 특이할 것도 없이 그냥 자연스런 인 간적 방식으로 태어났다는 뜻이다. 성경에서 쉽게 확인할 수 있는 것 처럼, 아들이 없는 사라는 자기의 몸종 하갈을 통해 아들을 얻고자 그 녀를 아브라함에게 주었고(창 16:1-3), "아브람이 하갈과 동침하였더 니 하갈이 임신하였다"(창 16:4). 당시 고대 근동의 문화에서 이런 관 습은 자식이 없는 여주인이 자녀를 얻는 방법 중 하나였다. 이 출생에 무슨 신비로움은 없다. 어찌 보면 이것으로 상속 문제는 해결된 셈이 다. 상속할 아들이 태어났기 때문이다. 하지만 하나님의 계획은 사라 의 생각과 달랐다. "아브라함의 집에서 양육된" 종 엘리에셀이 아니 라 "아브라함의 몸에서 난 자"가 상속자여야 했던 것처럼(창 15:3-4), 하나님이 염두에 둔 상속자는 또한 몸종 하갈이 낳은 이스마엘이 아 니라 사라 자신의 몸에서 태어난 자가 되어야 했다(창 17:16, 19). 그 래서 하나님은 아브라함과 사라에게 한 아들을 '약속'하셨다. 애초에 그들은 그 터무니없는 약속에 웃음을 참을 수 없었지만(창 17:17-18; 18:12), 하나님의 약속은 진지한 것이었고, 결국 그 약속에 신실하셨 다. 마침내 사라 자신의 몸에서 아들이 태어난 것이다(창 21:1-7). 바 로 그런 이유에서 이삭은 "약속을 따라서" 태어난 아들이었다(23절).

"약속을 따라서"

　　　　　여기서 바울의 의도를 정확히 포착하려면, "약 속을 따라서"라는 말 속에 담긴 함축적 의미를 깨달아야 한다(23절). 물론 이는 하나님이 아들을 약속하셨고, 그 약속대로 아들을 주셨다는 사실을 가리킨다.

> **여호와께서 말씀하신 대로** 사라를 돌보셨고, **여호와께서 말씀하신 대로** 사라에게 행하셨으므로 사라가 임신하고 **하나님이 말씀하신 시기가 되어** 노년의 아브라함에게 아들을 낳으니(창 21:1-2).

이처럼 모든 일이 하나님의 약속대로 진행되었다. 하지만 우리가 잘 아는 것처럼, 실제 이야기는 그렇게 간단치 않다. 하나님이 아들을 약속하신 대상이 건강하고 젊은 부부가 아니라 백 세와 구십 세를 바라보는 노부부, 곧 후손을 얻을 희망이 아주 끊어진 노부부였기 때문이다. "아브라함과 사라는 나이가 많아 늙었고, 사라에게는 여성의 생리가 끊어졌는지라"(창 18:11). 그래서 하나님의 약속에 대한 이들의 첫 응답은 웃음, 곧 불신의 웃음이었다(창 17:17; 18:12). 그러나 하나님은 이들의 불신에 대해 자신의 약속을 재천명하는 것으로 대응하셨다. 그리고 그는 자신의 약속을 성취하셨다.

이처럼 "약속대로"라는 짧은 표현 속에는 아이를 얻을 수 없는 노부부에게서 아들이 태어나게 하는 하나님의 신비로운 손길이 함축되어 있다. 그러니까 이삭의 탄생 이야기는 그저 하나님이 자신의 약속을 지키셨다는 의미를 넘어선다. 오히려 이 이야기 속에는 하나님께서 창조주의 능력을 발휘하셔서 노부부로 하여금 아들을 낳게 하셨다는 보다 깊은 의미가 담겨 있다. 그러니까 "약속대로"가 전달하는 의미의 핵심은 **생명을 창조하시는 하나님의 손길**이 개입되었다는 것이다. 어느 작가의 말을 빌리자면, 이삭('웃음'이라는 의미)의 탄생

이야기는 아브라함과 사라의 불신의 '웃음'을 기쁨의 '웃음'으로 변화시키시는 하나님의 창조적 능력의 이야기다. 아브라함의 믿음은 바로 이 하나님의 능력에 그 초점을 맞춘다. 그러니까 상속자 선정을 두고 벌어지는 하나님과 아브라함·사라 사이의 '갈등'은 '육신을 따라' 불가능한 것을 이루실 수 있는 하나님을 믿느냐 못 믿느냐 하는 물음으로 귀결된다. **"여호와께 능치 못한 일이 있겠느냐? 기한이 이를 때에 내가 네게로 돌아오리니 사라에게 아들이 있으리라"**(창 18:14).

로마서 4장에서 바울은 바로 이 점을 선명하게 포착해 낸다. 후손이라는 관점에서 보면, 창세기가 말하는 "노년"은 사실상 '죽음'과 같다. 물론 죽음에서 생명을 기대할 수는 없다. 그러니까 아브라함이 보여준 믿음은 "바랄 수 없는 중에 바라는" 믿음, 곧 자신의 몸과 사라의 태가 죽은 것을 알고도 하나님의 약속을 신뢰했던 믿음이었다. 물론 이 믿음 배후에는 "하나님은 그 약속을 이루실 능력 또한 갖고 계신 분"이라는 확신이 놓여 있었다(롬 4:18-22). 바울의 말처럼, "그가 믿은 바 하나님은 죽은 자를 살리시며, 없는 것을 있는 것으로 부르시는" 그런 하나님이셨다(롬 4:17). 자신의 죽은 몸을 살리고, 사라의 죽은 태를 살려 아들을 주시리라는 믿음이었던 것이다. 바로 이 점에서 하나님의 약속은 사람의 약속과는 다르다. 하나님의 약속은 그저 말로만 끝나는 공약空約이 아니라, 그 약속한 바를 이룰 수 있는 능력을 가지신 분의 약속이기 때문이다.[3]

약속과 성령(4:28-29)

일단 "약속을 따라"라는 표현이 '약속하신 하

나님의 능력을 따라'라는 의미를 함축하고 있음을 깨달으면 우리는 왜 바울이 약속의 자녀 이삭을 현재의 갈라디아 신자들과 연결할 수 있었는지, 그리고 어떻게 '육체-약속'의 대조를 '육체-성령'의 대조로 변환할 수 있었는지를 이해할 수 있다.

> 형제 여러분, 여러분은 이삭과 같이 약속의 자녀들입니다. 그러니 그때에 육체를 따라 태어난 자가 성령을 따라 태어난 자를 박해한 것처럼, 지금도 그렇습니다(4:28-29).

하나님은 사람으로서는 할 수 없는 무언가를 약속하셨다. 그 약속이 빈말이 아닌 약속이려면, 그 약속을 이루시는 하나님의 능력을 전제해야 한다. 그런 점에서 "약속을 따라"라는 말은 '약속하신 하나님의 능력을 따라'라는 생각을 함축한다. 물론 이 능력은 죽음에서 생명을 창조하실 수 있는 창조주의 능력을 가리킨다. 바울은 생명을 창조하는 하나님의 이 능력을 성령, 곧 생명의 성령이라 불렀다. 그런 의미에서 "약속을 따라" 태어난 이삭은 또한 '성령을 따라' 태어났다고 말할 수 있다. 또한 이삭의 출생 과정에 역사하셨던 생명의 성령은 갈라디아의 신자들이 예수를 믿을 때 받았던 바로 그 성령과 다르지 않다. 복음을 듣고 믿어 성령을 받았고, 이를 통해 하나님의 자녀가 된 갈라디아의 신자들과 성령의 역사에 의해 아브라함의 자녀로 태어난 이삭 사이에는 동일한 '출생의 비밀'이 자리한다. 둘 다 "성령으로 잉태된" 자녀들인 것이다. 그래서 성령의 역사에 의해 하나님의 자녀로 태어난 갈라디아인들 역시 이삭처럼 "약속을 따라"

태어난 자들이다(4:28).

육체와 율법

약속이 성령과 연결된다면, 반대로 육체는 율법과 연결된다. 앞에서 설명한 것처럼, '육체를 따라' 태어났다는 것은 그저 인간의 계획에 의해, 이상할 것이 없는 인간적 방식으로 태어났음을 의미한다. 이스마엘의 탄생이 그랬다. 사라의 계획에 의해, 그리고 젊은 하갈의 몸을 통해 아들이 태어났다. 그리고 여기에는 하나님의 특별한 간섭이 필요치 않았다. 바울은 이런 출생 이야기를 율법과 연결한다. 바울의 해석 속에서 아들을 낳은 두 여인, 곧 여종과 자유를 가진 여자는 '두 언약'을 가리킨다. 그중 여종 하갈은 아라비아에 있는 시내산과 연결된다. 이 시내산은 이스라엘이 율법으로 언약을 맺었던 바로 그 자리다. 그러니까 하갈은 시내산으로부터 종을 낳은 자, 곧 율법 아래 종속된 사람들을 낳는 어머니다(24절). 하지만 하갈과 시내산의 연결은 단순한 과거의 이야기에서 끝나는 것이 아니다. 바울의 알레고리 속에서 과거 아라비아의 시내산은 또한 '현재의 예루살렘'과 동일시된다. 이 예루살렘은 유대교 신앙의 본산, 곧 여전히 율법 아래서 종속되어 살아가는 사람들의 동네를 가리킨다. 현재의 예루살렘은 "그 자녀들과 더불어 종노릇한다"(25절).

이처럼 율법은 순전히 인간적인 평면에서 작동하는 언약이다. 하갈이 종을 낳는데 특별한 신적 간섭이 없었던 것처럼, 율법이 그 아래 종속하는 사람들을 만드는 데 있어서도 특별한 간섭은 역사하지 않는다. 그러니까 율법 속에는 죽은 자를 살려 내는 하나님의 창조주적 능력, 곧 성령의 간섭이 작용하지 않는다. 율법 아래 있다고 해서 하나님의 창조주적 능력, 성령의 역사를 경험할 수 있는 것은 아닌 것이다. 물론 바울이 보기에는, 바로 이 점이 율법 언약의 한계요 율법을 '가짜 해답'으로 만드는 결정적 이유다. 성령의 능력을 동반한 약속 언약과는 달리, 율법 언약은 그런 능력을 기대할 수 없는 언약이라는 것이다. "여러분이 성령을 받은 것이 율법의 행위들을 통해서입니까, 듣고 믿어서입니까?"(3:2, 5) 하는 물음도 바로 이런 율법의 무기력함을 지적한다. 3:21은 보다 직설적이다. "그렇다면 율법이 하나님의 약속에 대항할 수 있을까요? 절대로 그렇지 않습니다. 만일 생명을 줄 수 있는 능력을 가진 율법을 주신 것이라면, 의로움이 분명 율법에서 왔을 것입니다." 생명의 능력을 동반했던 약속 언약과는 달리, 율법 언약에는 그런 생명의 역사가 작동하지 않는다. 그러기에 이 율법은 상속자를 낳고 유산을 얻게 하는 언약이 아니다.

누가 상속자인가?

창세기에서 보듯, 장차 주어질 땅의 진정한 상속자는 이삭, 곧 '약속을 따라' 혹은 '성령을 따라' 태어난 아들이다. 어머니와 아들의 신분이 중요한 이유가 여기 있다. 창세기에서는 하갈을 두고 사라가 "이 종의 아들은 내 아들 이삭과 함께 상속을 나눠 갖지 못할 것"이라고 선언한다(창 21:10). 바울은 사라의 개인적 요구를 아예 성경의 선포로 바꾸어 인용한다. "여종과 그 아들을 내쫓아라. 여종의 아들은 자유를 가진 여자의 아들과 더불어 유산을 얻지 못할 것이다"(4:30). '육체를 따라' 태어난 아들 혹은 종에게는 미래가 없다. 반면 '약속·성령을 따라' 태어난 아들에게는 모든 유산이 주어진다. 그렇다면 바울이 이렇게 말한 이유 역시 분명하다. "형제 여러분, 여러분은 이삭과 같이 약속의 자녀들입니다"(4:28). 갈라디아 성도들이 바로 장래 상속을 차지할 상속자라는 것이다.

우리가 여러 번 확인했던 것처럼, 성령이 미래의 열쇠다(5:5; 6:7-8). 할례나 절기 준수와 같은 육체적 수준의 자랑거리들, 혹은 그런 것들을 지탱하는 율법 언약은 그 아래 종속된 사람들을 새 생명으로 자유롭게 하고, 이들을 미래의 상속으로 이끌 능력이 없다. 모든 것은 하나님의 약속에, 그리고 그 약속을 성취하실 수 있는 하나님의 능력에 달려 있다. 그런데 이 약속·성령을 팽개치고 무기력한 육체의 자랑거리에 의존하겠다는 것은 얼마나 어리석은 일인가? "여러분이 이처럼 어리석습니까? 여러분은 성령으로 시작해 놓고서 이제 와서 육체로 끝내려고 합니까?"(3:3)

복음의 진리와 알레고리

이처럼 바울은 하갈과 사라, 이스마엘과 이삭의 이야기에서 바로 이런 복음의 진리를 읽어 낸다. 물론 옛날 아브라함 가족의 이야기가 예수 그리스도를 통한 복음 이야기가 되기 위해서는 어떤 방식으로든 알레고리적 절차가 불가피하다. 일견 바울의 이런 알레고리적 성경 읽기는 자의적 느낌을 풍긴다. 역사적 인물인 하갈을 아라비아의 시내산 및 현재의 예루살렘과 연결하는 대담함도 그중 하나다. 하지만 여기서는 바울의 성경 읽기가 자의적이라는 우리의 판단이 성급한 것일 수 있다. 마냥 자의적인 해석으로는 알레고리가 제대로 작동하지 않기 때문이다. 사실 바울이 연결하는 두 지평, 곧 아브라함 집안의 역사와 갈라디아 성도들의 이야기 사이에서 한 가지 근본적인 공통점이 감지된다. 곧 능력 있는 하나님, 죽음에서 생명을 만드는 창조주 하나님의 움직임이다. 서로 다른 시대, 서로 다른 삶의 문맥이지만, 하나님이 만들어 가는 두 이야기 속에는 모두 이런 공통점이 있다. 바로 하나님에 의한 생명 창조의 이야기다. 아브라함과 사라에게 새 생명의 능력으로 다가갔던 하나님은 예수 그리스도의 십자가와 부활을 통해 갈라디아 신자들을 찾아가셨다. 시대는 달랐지만, 이 둘은 동일한 하나님의 생명으로 엮인다. 바울은 사람들 사이에서 통하는 이런저런 가치가 아니라 하나님의 생명이라는 유일한 기준으로 복음의 진리를 판별한다. 물론 바울의 이런 기준은 오늘 우리에게도 마찬가지로 적용된다.[4] 그게 아니라면 왜 굳이 오래 전 아브라함 이야기를 꺼내겠는가?

바울의 입장에서 생명의 하나님에 관한 깊은 통찰은 부활하신 그리스도와의 만남을 통해 주어진 깨달음이다. 바로 이 만남에서 죽은 자를 살리시는 하나님을 만난 것이기 때문이다. 바울은 바로 이 하나님을 향한 믿음이 구원의 열쇠임을 절감했다. 그리고 이 하나님의 약속이 예수 그리스도의 십자가와 부활을 통해 현실이 되었음을 발견했던 것이다. 바로 이것이 우리가 믿어야 할 복음의 핵심이다.

그대가 예수께서 주님이시라고 입으로 고백하고 하나님께서 그를 죽은 자들 가운데서 살리신 것을 마음으로 믿는다면 구원을 얻을 것입니다(롬 10:9).

4부

행복했던 그때를 돌아보며:
바울의 체험적 호소

1:1-3 사람들에 의해서나 사람을 통해서가 아니라 오히려 예수 그리스도와 그를 죽은 자들 가운데서 살리신 하나님 아버지를 통해 사도가 된 바울이, • 나와 함께 있는 모든 형제들과 더불어 갈라디아의 교회들에게 편지합니다. • 하나님 우리 아버지와 주 예수 그리스도께서 주시는 은혜와 평화가 여러분에게 있기를 바랍니다.

1:6 〔그리스도의〕 은혜로 여러분을 불러 주신 분을 떠나 이렇게 빨리 다른 복음에로 돌아서고 있다니 참 놀라운 일입니다.

15 — 편지의 서두

지금까지 우리는 갈라디아의 교회에서 발생한 위기의 본질과 이에 대한 바울의 대응을 살펴보았다. 바울의 논조를 찬찬히 따라가면서, 갈라디아의 위기는 이미 얻은 칭의가 무엇으로 된 것인가 하는 한가한 교리 논쟁이 아니라, 의의 소망(하나님 나라, 영생)에 이르는 참 길이 무엇인가 하는 보다 현실적 선택의 문제였음을 확인했다. 바울의 판단에 의하면, 지금 갈라디아의 신자들은 할례와 절기 준수 및 음식 규정들로 대표되는 '율법의 행위들'에 현혹되었다. 하지만 이것이 문제의 본질은 아니다. 정작 위험한 문제는 이런 무가치한 것들에 현혹된 나머지 정작 있어야 할 복음의 진리를 팽개친다는 사실이다(5:7). 바울은 이 복음의 진리를 "사랑을 통해 활성화되는 믿음"(5:6)으로, 그리고 보다 실천적으로는 "성령을 따르는 삶"으로 묘사했다(5:16-26). 그들은 성령을 따르는 삶을 팽개치고 무가치한 육체적 가치에 매달리는 상황을 연출하고 있었던 것이다(3:3). 여태 잘해 왔던 모습과는 달리(5:7), 지금 갈라디아에는 사랑 대신 이기적 갈등과 적나라한 다툼이 공동체를 망가뜨리고 있었다. 바울의 진단처럼, 공동체 내에서 더 이상 그리스도의 모양새를 찾을 수 없게 된 것이다(4:19).

물론 성도들 중 상당수는 할례를 받는 사실 자체를 흡족하게 여겼을 것이다. 이미 할례나 안식일 준수와 같은 '육체적' 조건을 갖추어야 하나님의 백성다운 모양이 난다고, 그래야 약속된 구원에 참여할 수 있다고 생각했을 것이기 때문이다. 하지만 의의 소망이란 그와 같은 외적 모양내기로 확보되는 것이 아니라는 사실, 의의 소망이란 '성령으로 기다리는' 것임을 깨달은 사람들로서는 이런 상황이 그야말로 재앙이었을 것이다. 성령을 따르는 삶을 살며 그 열매를 맺는 것이 중요함을 알았던 사람들, 곧 성령에다 씨를 뿌려 그 성령으로부터 영생을 수확한다는 진리(6:7-9)를 믿었던 사람들에게 현재의 상황은 할례와 같은 무의미한 사안들에 집착하다 오히려 더 중요한 복음의 진리를 팽개치는 터무니없는 상황으로 여겨졌을 것이다(1:6-9; 3:1-5; 5:6-7). 그래서 바울은 성령을 따라 살아가야 한다고, 사랑의 삶을 회복해야 한다고 호소한다(5:15-26). 그리고 이런 삶을 사는 데 지치거나 낙심해서는 안 된다고 역설한다(6:7-9).

지금까지 우리의 이야기는 갈라디아서에 나타난 바울의 **신학적** 논점을 풀이한 것이었다. 하지만 갈라디아서가 신학적 논증만으로 이루어진 것은 아니다. 1-2장에 걸친 긴 '자전적autobiographical 회고'도 있고, 성도들을 향한 보다 직접적인 질책도 있으며(가령, 4:8-20), 편지의 마지막 부분에서는 주된 논증이 보다 실제적인 권고로 연결되는 모습도 보인다(6:1-10). 갈라디아서 전체를 하나의 일관된 편지로 읽으려면, 이런 부분들이 바울의 중심적 논점과 어떻게 연결되는지 파악해야 할 것이다. 그래서 앞으로 몇 장에 걸쳐 이들 부분에 대한 이야기를 해보려고 한다. 여기서는 우선 편지의 제일 첫 부분, 곧 본격적 사연이 시작되기 이전의 서두 부분을 간략하게 살펴보기로 하자.

편지라는 양식

어릴 때부터 우리는 글 쓰는 법을 배운다. 그리고 거의 모든 글에는 모두 그 나름의 규칙이 있다. 글을 쓰는 행위 자체가 다른 사람과 소통하는 행위이기 때문이다. 편지도 마찬가지다. 전자 문화가 보편화된 지금에는 편지가 사라져 가지만, 얼마 전까지만 해도 편지는 우리가 가장 많이 썼던 종류의 글이고 그래서 우리의 삶이 가장 진하게 묻어나는 그런 글이었다. 그러니까 우리의 일상과 가장 가까운 장르 중 하나인 셈이다. 물론 이 편지에도 나름의 쓰는 법이 있다. 예전 같으면, "부모님 전상서"하고 시작해서, 안부를 묻는 몇 마디 가벼운 이야기가 나오고, 그 다음에 "다름이 아니오라……" 하며 본론을 적었을 것이다. 그리고 편지의 구체적인 모양새는 편지를 쓰는 사람과의 관계나 편지를 쓰는 상황에 따라 달라질 것이다. 물론 편지를 받는 우리 역시 이런 형식을 다 알고서 편지를 읽는다. 그래서 앞부분의 안부 인사는 대개 본론에 들어가기 위한 '가벼운' 준비 운동이라는 것도 다 알고, 그 다음에야 본론이 나온다는 사실도 다 안다.

당연한 말이지만, 이 형식은 문화에 따라 달라질 것이다. 가령 영어 편지에도 나름의 형식이 있다. 시작은 대개 "Dear……" 하고 나온다. 편지 형식을 모르는 한국의 한 중학생이 미국의 펜팔 친구로부터 편지를 받고서 이 단어를 '사전적으로' 해석한다면 무슨 일이 생기겠는가? 그렇게 되면 그 다음부터 이어지는 모든 '친절한' 이야기들이 이 중학생에게는 의도적인 '작업 멘트'로 읽히게 되지 않을까? 어쩌면 미국이라는 나라는 원래 그런가 하는 생각이 들었을지도 모른다. 하지만 나중에야 편지 첫 머리의 'Dear'가 아무런 의미도 없다는 사실을, 그저 편지의 시작을 알리는 표시 이상도 이하도 아님을 알았다면, 자기의 공연한 너스레가 창피하지 않을까? 웃자고 하는 소리지만, 그만큼 장르는 중요하다. 물론 바울이 살던 1세기 로마 제국의 편지에도 그 나름의 전형적인 형태가 있었다. 바울 역시 그런 편지 문화를 배웠고 그 문화를 누리며 살았다. 그리고 교회에 편지를 썼다. 우리가 그의 편지를 제대로 이해하려면, 그 편지의 형식에 관심을 기울이지 않을 수 없는 이유다.

편지의 서두

자연 바울의 편지도 자신의 형식을 그대로 반영한다. 가령 편지가 시작되는 서두에는 대부분 보내는 사람, 받는 사람, 그리고 간단한 인사말이라는 세 요소가 제시된다. "A가 B에게, 안녕하십니까?" 하는 형태다. 바울이 쓴 편지에는 당연히 "바울(이)"이라는 이름이 먼저 주격으로 나오고, 그 다음 받는 사람이 대개 "X에 있는 교회에게" 혹은 "X의 교회(들)에게"라는 여격 형태로 나온다. 바울의 경우, 그 다음 등장하는 인사말은 모두 "은혜가 여러분들에게, 그리고 평화도"^{Grace to you, and peace} 하는 형태다. '은혜'를 인사말로 고른 것은 그 말이 복음의 핵심적 요약이기도 하고 또 당시의 통상적 인사말과 발음도 비교적 비슷하기도 한 이유에서였을 것이다.[1] '평화(평강)'는 잘 알려진 '샬롬'이라는 유대식 인사를 헬라어로 번역한 것으로 볼 수 있다. 말하자면 바울의 인사말은 당시 헬라식 인사와 유대식 인사를 자기 나름의 기독교적 형태로 결합한 것이라 할 수 있다.

물론 이 세 요소에는 상황에 따라 다양한 수식들이 붙는다. 가령 로마서에서는 "바울이" 하고 시작하는 발신자 부분이 무려 6절까지 길어진다. 자신과 공식적인 관계가 없는 공동체, 우리 식으로는 '남의 교회'에 자신을 소개하는 상황이기 때문이다. 따라서 이런 파격들은 그 자체로 중요한 해석의 지침이 될 수 있다. 가령 갈라디아서에서는 "바울이" 하는 이름 다음에 자기 사도 직분의 신적 기원에 관한 강력한 진술이 뒤따른다(1:1). 자신의 사도 직분이 사람에게 난 것이 아니라는 점이 두 차례나 강조되고, 그 직분이 신적 기원을 가졌다는 사실도 "예수 그리스도"와 그의 부활의 주인공이신 "하나님 아버지"를 구체적으로 언급하며 이중적으로 강조되어 나온다. 물론 이유 없는 무덤은 없다. 자신의 사도직에 관한 이처럼 낯선 진술이, 그것도 편지의 인사말부터 나타난다는 사실은 그럴 수밖에 없는 상황이 있었음을 능히 짐작케 한다. 많은 학자들이 추측하듯, 이런 파격은 사도 직분의 정당성 시비에 대한 바울 자신의 대응일 수도 있을 것이다. 물론 그랬다면, 정작 편지 내용에는 그런 변호가 전혀 나오지 않는다는 사실이 좀 이상하다는 생각이 들 수 있다. 혹은, 몇몇 학자들이 제안하는 것처럼, 심각한 위기 상황에 당면하여 앞으로 제시될 자신의 논증을 더욱 강력한 것으로 만들기 위해 자신의 사도 직분의 신적 기원을 강조하는 것일 수도 있다. 11절의 유사한 표현을 염두에 두면, 이런 주장이 좀 더 그럴듯해 보이기도 한다. 우리가 어떤 입장을 취하든, 바울의 이 '까칠한' 인사말은 현재 갈라디아의 위기 상황 자체가 그의 사도 직분과 직접적인 관련이 있음을 강하게 시사한다. 이에 대해서는 잠시 후 다시 생각해 보기로 하자.

'받는 사람'의 경우도 마찬가지다. 바울 서신의 경우, 수신인 뒤에 대개 한두 마디의 수식어가 붙는 것이 통상적이다. 물론 우리말 번역의 어순으로는 수신인 앞에 올 것이다. 로마서에는 "하나님의 사랑하심을 받고, 성도로 부르심을 입은"이 더해졌고(롬 1:7), 말썽 많던 고린도 교회를 향해서도 "그리스도 예수 안에서 거룩해지고, 성도로 부르심을 받은"이라는 멋진 수식을 붙여 주었다(고전 1:2). 반면 갈라디아서에서는 "갈라디아에 있는 교회들에게" 하는 이름 외에는 아무런 수식이 없다. 의례적으로 기대되는 최소한의 수식조차 생략된 경우다. "친애하는 국민 여러분" 하고 시작하는 연설이 어느 날 "국민 여러분" 하고 시작했다고 상상해 보라. 이를 읽고 듣는 신자들은 당연 시작부터 '말이 짧다'고 느꼈을 것이다. 십중팔구 초장부터 분위기가 심상찮다는 느낌을 받았을 것이다. 물론 이런 느낌은 정확하다. 이 편지를 쓰는 바울의 심기는 그 어느 때보다 불편하다. 그 불편함은 자연 그의 어투에 드러날 것이고, 아무 수식 없는 "갈라디아의 교회들에게" 하는 말 짧은 인사말도 그중 하나다. 아니나 다를까, 그 뒤 이어지는 이야기들은 시종일관 신자들을 향한 신랄한 비난, 집요한 추궁, 혹은 선동자들을 향한 거친 저주의 발언들로 가득하다. 아마 자신의 편지가 교회의 성경이 될 것을 알았다면 자제했을 법한 거친 표현들도 등장한다(5:12).[2] 그러니까 퉁명스런 인사말에서 느껴지는 '첫인상'이 공연한 것이 아니었다는 것이다.

우리말 번역 어순에서는 뒤로 밀렸지만, "은혜가 여러분들에게, 그리고 평화도" 하는 인사는 3절의 문두에 나온다. 그러고는 그 은혜와 평화가 바로 "하나님과 그리스도로부터" 온 것이라는 통상적 수식이 붙는다. 신학적으로 매우 중요한 단어들이어서, 강해 설교를 하는 사람마다 이 '은혜'와 '평화·평강'에 많은 관심을 기울이고 싶은 충동이 들 것이다. 한편으로는 당연한 일이지만, 이 문장이 인사말이라는 사실도 기억하는 것이 필요하다. 진심을 담아 인사하는 것이기는 하지만, 지금 바울의 의도는 편지를 시작하며 수신자들에게 '인사'를 하려는 것이지 은혜나 평화라는 개념 자체를 '설명'하려는 것이 아니다. 위의 경우로 빗대 말하자면, "Dear……" 하는 단어에서 나를 향한 절실한 사랑을 읽어 내는 실수를 해서는 안 된다는 것이다. 장르에 대한 감수성이 필요한 대목이다.

4절은 헬라어 원문상 3절의 마지막 표현인 "우리 주 예수 그리스도"를 관계대명사(who)로 연결하는 형식이다. 여기서 바울은 "그가"he, 곧 예수께서 "우리 죄를 위해 자신을 내어 주셨다"는 사실과 그것이 "우리를 이 악한 세대에서 건지기 위해서"였다는 초대교회의 보편적 신앙고백을 새삼 언급한다. 물론 그리스도의 이런 내어 주심은 "하나님 우리 아버지의 뜻을 따라서"according to the will of God our Father였다. 어쩌면 바울의 이런 인사는, 이처럼 놀라운 은혜를 경험하고도 "다시금 약하고 빈약한 초등 학문으로 돌아가려는" 신자들의 어리석음을 마음에 두고 있었을지도 모른다(4:8-9). 역시 관계대명사(to whom)로 연결되는 5절은 그리스도가 아니라 4절 마지막에 언급된 하나님께 드려지는 송영이다. 우리말 번역의 어순 변화 때문에 개역(개정)에서는 5절이 마치 그리스도를 향한 송영인 것처럼 느껴지지만, 실제 이는 4절 맨 마지막에 나오는 "하나님 우리 아버지"께 드려지는 것이다. 유대인들은 하나님의 성호가 나오면 존경의 마음을 담아 찬양의 제스처를 취하곤 했다. 이런 모습은 편지를 시작하는 의례적 상황에서는 더욱 자연스러운 것으로 여겨졌을 것이다.

사라진 감사

당시의 편지에서 서두 다음에 나타나는 요소는 대개 감사다. 신을 향한 감사도 있고 관계되는 대상을 향한 감사도 있다. 바울의 편지도 마찬가지다. 헬라어로는 단수형으로 "내가 감사합니다"(에우카리스토) 내지는 복수로 "우리가 감사합니다"(에우카리스투멘)이라는 동사가 사용된다. 역시 우리말 번역에는 문장 끝에 나오지만, 원문에서는 이 단락의 제일 첫 단어로 등장한다. 편지가 시작되기 바쁘게 감사 제목들을 언급한다는 사실에서도 눈치챌 수 있지만, 여기 등장하는 감사의 이유들은 대개 편지의 본론에서 주요하게 다루어질 사안들을 넌지시 예고하는 수가 많다. 가령 고린도전서에서 바울은 성도들이 "모든 언변과 지식"에 풍족하다는 사실을 두고 감사드린다(1:5). 그런데 편지의 본론으로 가 보면 '언변'과 '지식'이 현재 교회를 괴롭히는 가장 대표적 문젯거리들로 다루어진다. 그러니까 나중에 본격적으로 다룰 사안을 두고, 미리 감사할 것은 감사를 하고 시작하는 셈이다. 사실 다급한 사연이 머릿속에 가득한 상황에서 감사 대목에서 그 사연이 슬쩍 흘러나오는 것은 지극히 자연스런 현상이라 할 수 있다.

갈라디아서는 바울 서신 중에서 이런 감사가 나오지 않는 유일한 편지다. 그 골치 아팠던 고린도 교회의 경우에도 감사는 빠지지 않았다. 하지만 갈라디아서에서는 이 감사가 생략되었다. 아니, 보다 정확히 말하면, 감사 대신 그 반대의 몸짓이 그 자리를 대신했다고 말할 수 있다. 6절 문두에는 "내가 감사합니다" 대신 "내가 깜짝 놀랐습니다"라는 동사가 나온다. 이는 부모가 아이의 잘못된 행동을 야단칠 때처럼, 터무니없는 행동을 비난하거나 꾸짖을 때 사용하곤 하는 표현이다(개역의 "내가 이상히 여기노라"는 너무 점잖은 번역이다). 편지 형식을 염두에 두고 말하자면 분위기 좋은 칭찬을 기대하는 상황에 반대로 따귀를 날리는 형국이다. 물론 그 이유를 알기는 어렵지 않다. 앞에서 이미 살펴보았던 것처럼, 지금 교회는 신자들이 "다른 복음"에 현혹되어, "은혜로 여러분을 불러 주신 분" 곧 하나님을 "떠나는" 상황에 처해 있다(1:6). "이같이 속히"는 '믿은 지 얼마나 되었다고' 하는 의미일 수도 있고, '이렇게 단숨에'라는 의미일 수도 있다. 어느 쪽을 택하든, 이 표현 속에 담긴 바울의 당혹감은 마찬가지다. 이처럼 하나님을 떠나 다른 복음에로 떨어지는 마당에, "감사합니다!" 할 수는 없었을 것이다(고전 11:17, 22 참고).[3]

7절은 "다른 복음"에 대한 추가적 해명이다. 우선 '복음'이라는 말을 사용한 것을 보면, 선동자들 역시 넓은 의미에서 교회 내의 사람들이었을 가능성이 높다. 사도행전 15장 1절과 24절에 언급된 그런 종류의 사람들로 생각해도 좋을 것이다. 하지만 그렇다고 실제로 복음이 여러 가지일 수는 없다. 선교의 대상에 따라 "할례(자)의 복음" 혹은 "무할례(자)의 복음"처럼 말하기도 하지만(2:7, 원문 직역), 그렇다고 복음 자체가 다르다는 의미는 아니다. 고린도전서에서도 천명하는 것처럼, 다른 모든 사도들이든 바울이든 선포한 복음은 동일한 것이었다(고전 15:11). 그런데 어떤 이들이 갈라디아 교회에 들어와 "다른 복음"을 선포하면서 성도들을 동요하게 만들었다(1:6). 물론 이는 제대로 된 복음이 아니라 "예수 그리스도의 복음을 변질시킨" 것에 불과하다(1:7). 이를 추종하는 것은 새로운 복음을 믿는 것이 아니라 복음 자체를 포기하는 것이다(4:9).

그래서 바울은 유례없이 강한 어조로 이런 사태를 야기한 이들에게 저주를 선포한다. "우리가 여러분들에게 전해준 복음"(1:8) 곧 "여러분들이 받은 복음"(1:9) 외에 다른 복음은 있을 수 없다. 주어를 바꾸어 가며 이중적 표현을 통해 자신의 의도를 더욱 강하게 표현한다. 만약 그 복음과 어긋나는 다른 주장을 하는 사람이 있다면 "누구든지, 저주 받아라"(1:8-9). 이것은 저주를 받을 것이라는 경고로 읽을 수도 있지만, 아마 이 말 자체가 저주를 선언하는 화행적 행동speech act이기도 하다. "저주를 받을지어다"라는 개역개정의 번역은 나름 그 점을 잘 살려 낸 셈이다. "우리나 하늘로부터 온 천사라도" 하는 표현은 바울의 입장이 그만큼 단호하다는 것을 말해 준다. 설령 바울 자신이라도 이미 전한 것과 다른 복음을 전한다면 저주를 받아야 한다. 그가 이미 전했고, 갈라디아의 신자들이 받아들인 복음 말고 다른 복음이란 있을 수 없다는 생각을 그만큼 강조하는 것이다.

도전받는 사도 직분

서두를 읽다 보면, 그중에서 가장 인상적인 부분은 아무래도 자신의 사도 직분에 관한 1절의 강한 주장이다. 사실 바울의 사도 직분은 평생 그를 괴롭힌 가장 곤란한 혹은 가장 아픈 부분 중 하나였다. 바울은 자신이 "이방인의 사도"라 확신했지만 (1:16; 롬 11:13), 유대의 신자들은 의심의 눈초리를 보냈다. 역사적 견지에서, 유대 교회가 바울을 사도로 인정했다거나 실제로 그렇게 불렀다는 증거는 없다. 반면 그의 사도 직분이 시비에 휘말린 흔적은 비일비재하다(고전 9:1-2). 사실 고린도후서는 그 전부가 자기 사도 직분의 정당성을 변호하기 위해 기록된 편지라 할 수 있다. 사도행전 1:21-22에 나타난 사도의 자격을 보면, 왜 바울의 사도직이 의심의 대상이었는지 쉽게 짐작할 수 있다. 처음부터 주님과 함께 다닌 자도 아니며, 부활하신 주님을 (승천 이전에) 목격한 자도 아니다. 그렇다고 교회가 그를 정식으로 선출한 것도 아니다. 교회를 박해하여 없애려 했던 사람이 어느 날 갑자기 예수를 믿게 되었노라고, 아니, 그 예수에 의해 이방인들을 위한 사도가 되었노라고 주장하기 시작한 것이다. 누구라도 이런 사람을 진정한 사도로 인정하기는 어려웠을 것이다. 바울은 다메섹에서 부활하신 주님이 자신에게도 나타나셨고 자신이 주님을 보았다고 주장하지만, 이런 자기주장에 선뜻 동의하는 이들이 얼마나 되었을까?

물론 바울 역시 자신의 이런 불리한 여건을 잘 알고 있었다. 그는 주님과 함께 다니기는커녕 교회를 박해하던 사람이었고, 따라서 사도가 되어서는 안 될 사람이었다(갈 1:13-16; 딤전 1:13-4). 자신의 말대로 그는 '조산아' 혹은 '사산아', 그러니까 "사도라 불릴 자격이 없는" 사람이었다(고전 15:8-9; 헬라어에는 '조산아'나 '사산아'의 구분이 없다. 물론 당시 조산아는 거의 생존하지 못했다). 하지만 그런 그가 부활하신 예수를 만났고, 이 예수를 이방인에게 전하기 위해 사도로 부르심을 받았다. 인간적으로 말도 안 된다는 것은 바울 자신도 잘 알지만, 자신이 사도로 부르심을 받은 것 또한 엄연한 사실이었다. 바울로서도 이는 '은혜' 말고는 달리 설명할 방법이 없다. 그래서 그는 자신의 사도 직분을 언제나 "내게 주신 하나님의 은혜"라 불렀다 (롬 1:5; 15:15; 고전 15:10; 갈 2:9). 바울의 입장에서 이는 그저 경건한 수사가 아니라 뼈저린 깨우침의 표현이다. 인간적으로는 전혀 자격이 안 되는 자신을 불러 주신 것이기에 그야말로 하나님의 은혜일 수밖에 없었던 것이다.

이방인의 사도인 바울의 입장에서 가장 심각한 상황은 자기한테서 복음을 받은 이방인 신자들조차 그의 사도 직분을 의심하게 되는 경우였다. 이방 신자들이 그의 사도 됨을 의심했다는 것은 그로부터 받은 복음에 대해서도 다른 생각을 품게 되었음을 의미할 가능성이 높기 때문이다. 그래서인지 고린도후서에는 자신의 사도 직분을 변호하는 다양한 논증과 더불어, "우리 자신이 선포하지 않은 다른 예수, 여러분이 받은 것 아닌 다른 영, 여러분이 받은 것과 다른 복음"을 쉽게 받아들이는 성도들에 대한 신랄한 비판이 함께 나타난다 (고후 11:4).

물론 흥미로운 사실도 있다. 앞서 잠시 언급한 것처럼, 1:1을 제외하면 갈라디아서에서는 사도 직분 자체에 관한 변증이 별로 나타나지는 않는다. 대부분의 논증은 복음 자체와 관련된 것이다. 바울의 논증 속에 사도 이야기가 없다면, 이는 사도 직분 자체가 당장의 논쟁거리는 아니었을 공산이 크다. 이와 관련된 내용이 없는 것은 아니지만, 이 역시 자신의 사도 직분의 정당성보다는 그 직분의 독립성 및 신자들이 버리려 하는 복음의 본질과 더 관련된 것으로 보인다 (1:1, 11-24). 어쩌면 바울 자신의 입장에서, 현재 갈라디아의 신자들을 다시 자신의 복음으로 회복하자면 자신의 사도 직분과 복음의 신적 기원을 분명히 강조할 수밖에 없다고 느꼈을지도 모른다. 이후 4장에 가면 바울과 갈라디아 신자들 간의 관계가 깨져 가는 안타까운 상황이 언급된다(4:12-20). 바울이 전한 복음을 버리고 다른 복음에로 기우는 마당에, 바울과 화기애애한 관계를 유지할 수는 없을 것이다. 더 나아가 바울과의 관계가 악화되는 상황에서, 그가 전한 복음의 진정성을 보증해 줄 사도 직분 역시 의심의 대상이 되는 것은 어쩌면 불가피한 일이었을 것이다. 베드로와 야고보 역시 자신에게 주신 하나님의 은혜, 곧 자신의 사도 직분을 인정했다는 사실을 언급하는 것 역시 이 부분이 의구심의 대상이 되어 버린 갈라디아의 상황을 염두에 둔 것일 수 있다(2:8).

하나님이냐, 사람이냐?

이미 언급한 것처럼, 엄밀히 바울이 강조하는 것은 사도적 소명 자체가 아니라 자신의 사도 직분이 신적 기원을 가졌다는 사실이다. 이 사실을 강조하는 것은 우선 인간적 자격 시비를 비껴 가려는 의도일 수 있다. 아마 이런 식이 될 것이다. "그래, 인

261

간적 기준으로는 사도 될 자격이 없다는 사실을 인정한다. 하지만 하나님은 분명 나를 사도로 부르셨다. 그래서 나는 그것을 은혜라 부른다. 사람의 손을 통해서가 아니라 하나님에 의해 사도로 부르심을 받은 것이다." 사람이 아니라 하나님에 의해 파송된 사도라면, 그의 책임은 당연히 그를 보내신 하나님과 그리스도를 향할 것이다. 이는 바울 사역 전체를 관통하는 핵심이다. "내가 사람에게 좋게 하랴, 하나님께 좋게 하랴?"(1:10) 사실 이 물음의 구체적 의미는 논란이 된다. 개역개정이 "좋게 하랴"로 번역한 동사는 본래 '설득하다'persuade는 뜻이다. "내가 사람을 설득하랴, 하나님을 설득하랴?" 하는 물음이다. 통상적 의미를 따라 '설득하다'로 읽으면, 그 물음의 답은 "당연히 사람을 설득해야지" 정도가 될 것이다. 바울은 자신의 역할이 복음으로 사람을 설득하여 하나님께 굴복시키는 것이라 생각했다(고후 5:11). 반면 하나님을 설득하려 드는 것은 마술 혹은 주술처럼 하나님을 움직여 내 욕심을 관철시키려는 우상숭배에 해당한다. 가장 자연스럽고 깔끔한 해석이지만, 문제는 '기쁘게 한다'는 동사가 사용된 그 다음 절의 진술과 반대되는 것처럼 보인다는 것이다. "내가 사람을 기쁘게 하려는 것이었다면 그리스도의 종이 아니다!" 사람을 설득한다는 것은 좋은 일이지만, 사람을 기쁘게 하는 것은 그 반대다. 그래서 많은 이들은, 비록 문법적 근거는 희박하지만, 문맥의 논리를 고려하여 앞의 '설득하다'도 '기쁘게 하다'와 유사한 의미로 해석한다. "내가 사람을 기쁘게 하랴, 하나님을 기쁘게 하랴? 내가 사람을 기쁘게 하는 것이었다면 그리스도의 종이 아니다!"

한 걸음 더 들어가면, 사도의 자격에 대한 집요함은 결국 사도라는 부르심의 실질적 내용, 곧 그가 전해야 할 복음 자체의 성격과 관계가 있다. 여기서 우리는 바울이 "하나님이냐, 사람이냐" 하는 선명한 이분법적 어조를 구사하고 있음을 본다. 이런 이분법적 사고는 갈라디아서의 논증 전체를 지탱하는 논리적 뼈대 노릇을 한다. 맨 처음 사도 직분을 두고 물었던 "하나님이냐, 사람이냐?"(1:1) 하는 물음은 자신의 복음을 두고 다시금 반복된다(1:11-17). 그리고 신학적 논증에서는 "믿음이냐, 율법의 행위들이냐?"(2:16; 3:2, 5), "성령이냐, 육체냐?"(3:3; 5:16-26; 6:7-8), "약속이냐, 율법이냐?"(3:15-29) 등과 같은 다양한 방식으로 변용된다. 그래서 바울의 논증은 어떤 면에서 매우 단순하다. 궁극적으로 동일한 주제를 다양한 방식으로 연주하는 변주들이기 때문이다. 우리의 과제는 한 가지 일관된 주제의 그 다양한 변주들을 들으며, 그 속에 "하나님이냐, 사람이냐?"로 요약되는 동일한 동기가 깔려 있음을 파악하는 일이다.[4] 이어지는 글에서는 자전적 회고 부분을 따라가면서 이 부분이 칭의와 관련된 바울의 신학적 주장과 어떻게 연결되는지를 살펴보기로 하겠다.

1:1 사람들에 의해서나 사람을 통해서가 아니라 오히려 예수 그리스도와 그를 죽은 자들 가운데서 살리신 하나님 아버지를 통해 사도가 된 바울이. • 나와 함께 있는 모든 형제들과 더불어 갈라디아의 교회들에게 편지합니다.

2:16 하지만 사람이 율법의 행위들을 통해서가 아니라 예수 그리스도를 믿음으로 의롭다 하심을 얻는 줄 알고서 우리 역시 그리스도 예수를 믿었습니다. 그것은 우리가 율법의 행위들을 통해서가 아니라 그리스도를 믿는 믿음으로 의롭다고 하심을 받고자 했기 때문입니다. 율법의 행위들로는 그 누구도 의롭다 하심을 얻을 수 없기 때문입니다.

16 ─ 하나님이냐, 사람이냐?

인식의 혁명

바로 앞에서 우리는 바울 복음의 핵심이, 그리고 갈라디아서의 논증이 "하나님이냐, 사람이냐?" 하는 양자택일의 물음으로 귀결된다고 말했다. 자신과 맞서는 거짓 교사들을 대해서든, 교회 내의 성도들에 대해서든, 바울이 사태를 판단하는 유일한 기준은 그것이 "하나님으로부터 온 것이냐, 그저 사람에게서 나온 것이냐?" 하는 것이었다. 이 물음은 중요하다. 사람의 눈에는 아무리 하찮게 보여도 그게 하나님에게서 온 것이라면 거기엔 무엇으로도 흉내 낼 수 없는 초월의 생명이 깃들어 있을 것이다. 반면 사람들 눈에는 아무리 값지게 보여도, 그것이 하나님에게서 온 것이 아니라면, 그 가치는 사람들이 사는 세상의 한계, 곧 죽음이라는 한계에 부딪히고 말 것이다. 물론 복음 속에 깃든 생명력의 모양은 세상이 말하는 힘의 논리와 다르다. 따라서 니체처럼 권력을 지향하는 많은 사람들은

265

그것을 힘 아닌 무력함이라 느낄 것이다. 물론 그리스도인들 역시 이 세상에 태어나 이 세상의 구조 속에서 살아간다. 그런 우리에게도 이 세상에서 통하는 가치와 힘의 무가치함과 무기력함을 통찰하는 일은 만만치 않을 것이다. 바울의 논증이 복잡해 보이는 이유도 비슷할 것이다. 그의 관점은 선명하지만, 그 관점이 부딪히는 현실이 간단치 않기 때문이다. 우리의 숙제는 일견 복잡하게 진행되는 그의 논증을 따라가며, 그 속에서 선명하게 드러나는 복음의 빛을 찾아내는 것이다.

자연스런 일이지만, 복음을 향한 바울의 회심 속에는 자기 삶을 바라보는 인생관 혹은 세계관이 근원적으로 달라지는 '인식의 혁명'이 포함된다.[1] 고린도후서에서 바울은 그리스도를 만나기 이전과 이후의 관점을 선명하게 대조한다. 예전에는 모든 것을 "육체대로" 판단했다면, 그리스도를 만난 지금에는 어느 누구도 "육체대로" 판단하지 않는다(고후 5:16). 바울에게 있어서는, 이런 급진적 인식의 혁명이 "새로 지으심을 받은 존재"가 된다는 말의 의미였다(고후 5:17; 갈 6:15). 로마서 식으로 하자면, 현 세대의 사고방식에 동화되는 conform 대신, 우리의 '정신'mind 곧 사고방식이 변화되는transform 것, 그리하여 세상의 기준 대신 하나님의 뜻에 주목하며 살아가는 변화다.

인식의 위기, 삶의 위기

우리의 삶에는 늘 이런 '인식'의 차원이 존재한다. 우리의 행동은 언제나 우리의 생각에서 시작되고, 또 행동의 결과는 다시 우리의 생각의 재료가 된다. '마비'라는 특정 상황이 아니라면, 우리의 행동이란 언제나 '의도적'이기 마련이다. 우리가 우리 자신의 속내를 늘 의식하는 것은 아니지만 말이다. 영적 삶에서도 마찬가지다. 바울이 포착하는 영적 위기 속에는 언제나 이런 복음적 자태에 관한 인식의 혼란이 개입된다. 새로운 피조물로 살아가기보다는 '육체대로' 생각하고 행동하려는 유혹, 변화된 사고방식으로 하나님에 뜻에 관심을 기울이기보다는 이 세대의 가치관에 동화되어 세상의 흐름에 편승하려는 유혹이다. 물론 우리가 말하는 위기는 늘 삶의 위기요 행동적 차원의 위기다. 하지만 모든 동전에는 앞뒷면이 함께 있는 것처럼, (불의의 사고가 아니라면) 우리 삶의 위기 아래에는 언제나 사고의 혼란이 자리하고 있다. 잘못된 생각이 잘못된 행동으로 이어진 것이든, 잘못된 행동을 정당화하려고 잘못된 생각에 기울어진 것이든, 우리 삶의 타락은 늘 사고의 타락과 함께 간다. 생각 자체가 직업인 경우를 제외하면, 생각의 혼란이 추상적 사고의 영역에서 끝나는 경우는 드물다. 우리의 생각이 바로 우리 삶의 가장 중요한 영역이요 수단이기 때문이다. 우리가 신학적 사고에 관심을 갖고 교리의 중요성을 강조하는 것도 바로 그 때문이다.[2]

이는 갈라디아의 상황에도 마찬가지로 적용된다. 바울은 지금 갈라디아의 신자들이 "하나님을 떠나 다른 복음을 쫓아가고 있다"고 지적한다(1:6). 우리는 묻는다. 바울은 왜 갈라디아의 성도들에게 이런 비난을 퍼붓는 것일까? 도대체 바울은 무엇을 근거로 이런 극단적인 비판을 서슴지 않았던 것일까? 물론 바울의 비판은 분명하다. 그들은 "율법 아래 있으려" 하고(4:21), "율법 안에서 의롭게 되려" 한다(5:4). "율법의 행위들로" 의롭게 되겠다는 시도인 것이다(2:16). 하지만 이런 비난들은 **구체적으로** 갈라디아인들의 어떤 행동을 겨

눈 표현들일까? 눈에 보이는 구체적인 모습에는 아무런 변화가 없는데, 아니, 안 지키던 율법까지 열심히 지키려 하며 일견 더 '성숙한' 모습을 보이고 있는데, 바울이 그런 성도들의 열심을 보고 '율법주의'라는 위험한 발상을 포착해 낸 것일까? 물론 율법, 곧 하나님의 계명을 지키는 행위 자체는 칭찬 받아 마땅한 일이다. 그것은 바울 자신이 늘 강조해 왔던 바다(고전 7:19). 그렇다면 문제는 그들의 실천이 아니라 실천 아래 깔린 모종의 '음흉한' 발상인가? 율법을 지키는 행위 자체야 좋은 일이지만, 그것을 통해 의롭게 될 수 있다는 교리적 발상이 무모했던 것일까? 그들이 마음속에 품은 나쁜 교리적 동기가 그들의 행동 자체를 배교로 변질시킨 독소로 작용했던 것일까? 그리고 바울은 멀리서 그들의 깊은 동기를 읽어 내고서 그들의 행동을 비난하는 것일까?

물론 갈라디아의 위기는 신학의 위기요 교리의 위기다. 하지만 그 신학과 교리는 금방 성도들의 실천적 삶과 얽힌다. 실제 삶과 무관한 교리였다면 애초에 관심도 없었을 것이다. 바울 역시, 실제 삶의 모습과 별개로 교리적 독심술을 발휘하며 성도들의 교리적 사상을 검증하는 사람이 아니다. 부활에 관한 가르침에서 보는 것처럼, 부활에 관한 바울의 신학적 논의는 늘 잘못된 교리·사고가 성도들의 삶에 미칠 실천적 위험에 대한 경고로 귀결된다(고전 15:33-34, 58). 그러니까 바울이 부활에 대한 논의를 시작하게 된 것은 일부 성도들의 치명적인 일탈 때문이고, 그 일탈 행동 배후에 부활에 대한 심각한 오해가 자리하고 있음을 발견했기 때문이었다. 그래서 바울은 그들의 잘못된 생각을 공격한다. 부활에 관한 올바른 생각을 갖기 전에는 그 부활에 어울리는 신앙을 살아 낼 수가 없을 것이기 때문이다. 이처럼, 바울이 갈라디아서에서 문제시하는 신학적 '착각' 역시 마음 속에만 존재하는 생각의 오류가 아니라 실제 삶의 폐해로 드러나는 착각이다. 삶에는 아무런 문제가 없지만 신학에 문제가 있어 '하나님 을 떠난다'고 말하는 것이 아니라, 그들의 실제 발걸음 자체가 하나 님과 복음을 팽개치는 것이어서 그렇게 말한다는 것이다. 그래서 이 들의 삶을 교정하려는 바울의 이야기 역시 지금까지 이어 온 자신의 '삶의 방식'manner of life에 관한 이야기로부터 시작한다(1:13. 개역개정의 "행한 일"은 '삶의 방식' 혹은 '행보'로 번역할 수 있다).

바울과 갈라디아 신자들

마르틴 부버Martin Buber 같은 사람이 강조한 것처 럼, 사람의 삶은 언제나 '관계'로 이루어진다. 그래서 우리가 하는 모 든 일은 '관계적'이며 '상호적'이다. 바울처럼 복음을 선포하고 그 복 음으로 성도들을 지도하는 일 역시 마찬가지다. 갈라디아 성도들의 잘못을 지적하고 그들에게 올바른 길을 제시하는 것이다. 그리고 이 는 바울 자신은 뒤에 숨은 채로 성도들에게 좋은 이야기만 해주면 되는 것이 아니다. 복음을 받은 사람이 있다면 전해 준 사람이 있게 마련이며, 복음 사건은 언제나 이 두 주체의 끈끈한 관계 속에서 일 어난다. 지금 위기의 중심에 선 복음은 결코 추상적 체계로서의 복음 이 아니다. 복음 자체는 "그리스도의 복음"이지만(1:7), 이는 동시에 "내가 여러분들에게 전해 주었던" 복음이며, 동시에 "여러분들이 (나 에게서) 받았던" 복음이기도 하다(1:8, 9). 갈라디아 성도들이 그들이

269

받은 복음을 버린다는 것은 바울이 그들에게 전해 준 복음을 버린다는 말이다. 물론 복음 자체는 바울의 소유일 수 없다. 하지만 그 복음은 바울이라는 증인의 입에서 나오고, 복음적 삶의 매개체는 다름 아닌 한 개인 바울의 삶이다. 실제 삶으로 책임을 진다는 점에서 그의 복음 사역은 철두철미 관계적이요 상호적일 수밖에 없었다. 그래서 하나님의 복음, 예수 그리스도의 복음은 또한 "내 복음"이기도 하다 (롬 2:16). 그러기에 복음에서 일탈한 성도들의 위기는 동시에 그들과 같은 시소 위에 앉아 있는 바울 자신의 위기이기도 하다.

"똥 묻은 개가 겨 묻은 개 나무란다"는 속담이 있다. 바로 이런 관계적 차원을 잘 보여주는 속담이다. 겨 묻은 게 좋은 일은 아닌 만큼, 그것을 나무라는 것은 당연하다. 그런데 겨보다 더한 똥을 묻힌 개가 나선다면 이야기가 달라진다. 똥을 묻힌 개라면 더러움에 신경을 쓰는 그런 부류는 아니다. 그런 존재가 겨 묻은 개의 더러움을 지적하는 것은 겨의 더러움을 염려하는 것이기 어렵다. 오히려 이런 상황은 아름다운 충고의 현장이 아니라, 설득력 없는 적반하장의 코미디다. 깨끗함을 위한 노력이 아니라 상대방을 해치려는 인신공격임이 분명하기 때문이다. 이것이 삶의 역동이다. 겨 묻는 개의 잘못 자체가 관심의 대상이 되는 만큼, 그 잘못을 지적하는 사람의 모습도 중요하다는 이야기다. 물이 높은 곳에서 낮은 곳으로 흐르는 것처럼, 관계에 있어서의 권위 역시 어느 정도의 영적·도덕적 '낙차'를 필요로 한다. 이것이 굳이 '차이'여야 할 필요는 없겠지만, 누군가를 향한 나의 지적이 그럴듯하려면, 나 역시 내가 던지는 비판으로부터 자유로울 수 있어야 한다. 적어도 문제가 되는 사안 자체에 대해서는 그렇다. 나를 괄호 안에 넣은 채 너를 말할 수는 없다. 일부 대형 교회 목사들의 착각과는 달리, 너에 관한 이야기는 언제나 나에 관한 이야기와 얽힐 수밖에 없는 것이다.

자전적 회고의 수사적 기능

그래서 갈라디아 성도들을 꾸짖는 갈라디아서는 성도들의 일탈에 관한 짧고 강력한 비난 이후(1:6-9) 바울 자신에 관한 긴 회고로 이어진다(1:11-2:21). 보는 사람에 따라 다른 해석이 가능하겠지만, 바울이 자기 자신의 행보를 부각시키는 이 자전적 회고의 기능은 크게 두 가지다. 첫째, 복음의 진리에 충실하려 했던 바울의 일관된 행보는 자연 그의 꾸지람에 영적·도덕적 권위를 부여할 것이다.[3] 바울 자신이 원칙 없이 오락가락하는 사람이라면 신자들이 오락가락한다고 야단치는 일이 무의미할 것이다. 그러니까 성도들을 향한 바울의 날 선 비판과 권면이 먹히려면 먼저 바울 자신이 복음에 맞는 삶을 살았어야 한다. 그래서 바울은 회심 무렵부터 지금까지 자신이 걸어왔던 삶의 족적을 되짚는다. 물론 성도들이 모르던 새로운 사실은 아니었을 것이다(1:13). 다만 그들도 이미 아는 사실을 되새김으로써, 지금 성도들을 야단치는 바울이 어떤 사람이었는지 상기시키고 이로써 그의 가르침에 무게를 실으려는 것이다. 더 나아가, 바울의 일관된 삶의 모습은 성도들이 그들의 잘못을 선명히 비추어 볼 수 있는 일종의 거울이기도 하다. 복음의 진리를 붙잡고 복음 아닌 태도들과 맞서는 바울의 일관되고 결연한 모습을 생각하며 갈라디아의 성도들은 자기들이 빗나간 지점이 어디인지 보다 구체적

271

으로 깨달을 수 있었을 것이다.

바울 복음의 기원(1:11-12)

자전적 회고의 시작이라 할 수 있는 1:11-12
은 바울이 하고 싶은 말을 핵심적으로 요약한다. 한마디로 바울이 갈
라디아인들에게 선포한 복음(문자적으로는 "나에 의해 전해진 복음"),
곧 그가 갈라디아 교회에서 지켜 내려 하는 복음은 "사람을 따라 된"
것이 아니다(1:11. 개역개정에는 "사람의 뜻을 따라"로 의역되었다). 이
표현은 다소 모호하다. 바울이 받은 복음 자체가 '사람을 따라서'가
아니라는 말일 수도 있고(복음의 신적 기원), 이 복음을 갈라디아 성
도들에게 선포한 방식이 '사람을 따라서'가 아니라는 말일 수도 있
다(선포 방식의 진정성, 고전 2:1-5 참고). 12절이 앞 11절을 구체적으
로 설명하는 것이라고 본다면, 처음의 해석이 맞을 것이다. 그러니까
이는 바울 자신이 애초에 복음을 '받은' 혹은 '배운' 방식을 가리키는
표현이 된다. 그가 갈라디아에서 선포한 복음은 '사람에게서 받았거
나 가르침을 받은' 것이 아니다. 반대로 이 복음은 "예수 그리스도의
계시를 통해" 주어진 것이다. 여기도 모호한 부분이 있다. "예수 그
리스도의 계시"the revelation of Jesus Christ라는 소유격 표현은 예수 그리스도
께서 복음을 계시하셨다는 의미일 수도 있고(주격 소유격), (하나님이)
예수 그리스도를 계시하셨다는 의미가 될 수도 있다(목적격 소유격).
사도행전에 기록된 다메섹 체험을 생각하면, 예수 그리스도께서 계
시하신 복음이라는 표현이 더 어울릴 것이다. 부활하신 예수께서 자
신을 박해하던 사울에게 나타나 복음을 믿게 하신 것이기 때문이다

(행 9:3-6). 하지만 갈라디아서 자체의 문맥을 생각하면, 하나님께서 그리스도를 계시하셨다는 의미가 더 어울리는 것처럼 보인다. 바로 뒤 16절에서 그 다메섹에서의 체험을 두고 하나님께서 "그의 아들을 내 속에 계시하신" 사건이라 말하기 때문이다. 물론 현재의 문맥에서 이 구분은 그리 중요하지 않다. 바울이 말하는 복음 자체가 "하나님 아버지의 뜻을 따라…… 우리 죄를 위해 자신을 내어 주신" 그리스도에 관한 것이기 때문이다(1:4). 그래서 구원의 드라마에서 아버지와 아들은 늘 함께 나온다. 그의 사도 직분이 그런 것처럼(1:1), 그의 복음 역시 아버지와 아들로부터 받고 배운 것이다. 그리고 이 복음의 신적 기원이 그가 강조하고 싶은 가장 중요한 속성이다. "하나님이냐, 사람이냐?" 하는 물음을 통해 참 복음과 가짜 복음이 드러나는 것이기 때문이다.

하나님의 능력을 동반하는 복음

물론 복음의 신적 기원을 강조하는 것은 갈라디아 성도들이 그 복음의 '출처'를 궁금하게 여겨서가 아니다. 복음이 사람을 통해서가 아니라 예수 그리스도의 계시를 통해 주어졌다는 것은 그 복음 자체가 하나님께로부터 왔다는 말이다. 단지 과거가 다르다는 정도가 아니라 아예 복음 자체의 속성이 다르다는 이야기다. 소위 "출신 성분이 다르다"는 말이 전달하는 의미와 유사하다. 복음은 세상의 다른 가치들 혹은 가르침들과는 근본적으로 다르다. 하나님께로부터 온 것이기 때문이다. 물론 이는 바울 자신이 받을 때만 그랬던 것이 아니라 갈라디아서를 쓰는 지금도 '하나님으로부터'

273

오는 것이다. 한글로 제대로 드러나기는 어렵지만, 11절에서 "사람에 의한 것이 아니다"*is not*라고 현재형 동사를 사용한 것이 바로 그런 이유에서였을 것이다.[4] 바울은 이 사실을 강조하고 싶었다.

이전의 논의에서 분명해졌으리라 생각하지만, 복음의 신적 속성은 그저 추상적 교리에 불과한 것이 아니다. 강한 발자국이 부드러운 모래 위에 자국을 남기듯, 하나님의 복음은 이 복음을 전해 주고 전해 받는 사람들의 삶에 선명한 흔적을 만들어 낸다. 바울이 '사람이 아니라 하나님'이라는 양자택일식 논리를 펴는 것은 바로 이 사실을 강조하기 위해서다. 바울이 데살로니가전서에서 회고하는 것처럼, 이 신적 복음을 선포하는 바울의 선교는 그저 가벼운 언어가 텅 빈 허공을 울리고 끝나는 말잔치가 아니라 "성령과 능력과 큰 확신"을 동반한 것이었다(고전 2:4). 데살로니가의 청중들 또한 "많은 박해 가운데서도 성령의 기쁨으로 말씀을 받아들이는" 변화를 경험했고, 이는 일상의 삶에서 그들이 "우리[=바울 일행]와 주를 본받는" 구체적인 변화로 이어졌다(살전 1:5-6). 바울의 말처럼, 그들은 바울의 입에서 흘러나오는 복음 메시지를 '사람의 말'로 치부하지 않고 '하나님의 말씀'으로 받아들였다. 그리고 이 말씀은 이를 받아들인 성도들의 삶에 새로운 생명의 능력을 드러냈다(2:13). 고린도의 경우도 마찬가지다. 바울이 선포한 십자가의 말씀은 양날의 칼과 같다. 멸망하는 자들에게는 그저 어리석은 궤변에 지나지 않겠지만 구원을 얻는 자들에게는 "하나님의 능력"으로 체험된다(고전 1:18, 24). 실제 바울의 사역이 이를 잘 말해 준다. 고린도에서 복음을 전할 때 바울은 자신의 존재감을 부각시키거나 자신의 말을 더 그럴듯하게 만들어 줄 만한 수사적 기교에 의존하지 않았다(고전 2:1). 오히려 그는 "약하고, 두려워하고, 심히 떠는" 모습이었고, 그의 메시지 역시 십자가의 복음에만 집중되었다(고전 2:2-3). 하지만 인간적 지혜와 무관해 보이는 이 복음의 선포는 "성령과 능력의 나타남"을 동반한 것이었다(고전 2:4). 그러기에 애초에 고린도 성도들의 믿음은 "사람의 지혜"에 근거한 것이 아니라 "하나님의 능력"에 근거한 것이었다(고전 2:5). 바울은 이 성령의 능력이 성도들의 삶에 드러나기를 바랐고, 바로 이 지점에서 성도들의 어리석음을 질타한다(고전 4:19-20).

이 책의 앞선 논의에서 우리는 갈라디아서에서 "믿음이냐, 율법의 행위냐" 하는 바울의 논리가 실상 '생명의 성령' 혹은 '성령과 능력'을 둘러싼 물음이라는 사실을 살펴보았다. 믿음이 의의 소망에 이르는 해답인 것은 믿음으로 성령을 받기 때문이다(3:1-5). 그리스도의 십자가가 해답이라는 말도 마찬가지다. 그리스도의 죽음으로 우리가 율법에서 속량된 것 역시 우리로 성령을 받게 하려는 목적을 가진 것이었다(3:13-14; 4:5-7). 같은 의미로, 율법의 행위가 해답이 아닌 것은 그것으로는 성령을 받을 수 없다는 단순한 사실 때문이다(3:1-5). 물론 이는 율법에는 우리를 "살릴 수 있는 능력"이 없다는 비판과 맥을 같이 한다(3:21). 다른 서신들에서도 확인되는 것처럼, "하나님이냐, 사람이냐?" 하는 이분법적 논증은 바로 이 복음의 핵심을 부각시키기 위한 전략적 물음인 셈이다.

바울 복음의 '독자성'

그래서 바울은 자신의 복음이 하나님에 의한

것이라는 사실과 사람에게 의존한 것이 아니라는 사실을 거듭 강조한다. 이 점을 가장 잘 보여주는 방법은 바울의 과거, 곧 '유대교' 시절을 돌이켜 보는 것이다. 사도행전에도 반복하여 나오지만(행 7:58; 8:1-3; 9:1-2; 22:3-5; 26:9-12), 다메섹 체험 이전의 바울은 "지나칠 정도로 하나님의 교회를 박해하여 없애 버리려" 했던 사람이다(갈 1:13). 그러니까 '절대 예수 안 믿을' 그런 사람이었다는 뜻이다. 그런 그가 예수를 믿게 되었다면 여기에는 무언가 설명이 필요하다. 더욱이 그냥 교회만 싫어했던 것이 아니라 유대교의 엘리트였다. 그는 비슷한 연배의 유대인들 중에서도 유대교에 대한 신앙이 특출했다. 또한 유대교의 근간인 율법과 그 율법을 해석한 "조상의 전통"에 대한 열성이 지극했다(1:14). 우리 식으로 말하자면, 기독교를 지극히 혐오했을 뿐 아니라 불교 신자이기도 했다는 말과 비슷하다. 그런 사람이 예수 믿기는 사실상 불가능에 가까울 터였다. 그런 그가 예수를 믿었다. 이것을 이런저런 '인간적' 요인으로 설명하기는 쉽지 않다. 그야말로 하나님의 직접적인 간섭이 아니었다면 일어날 수 없는 일이라는 것이다.

그래서 바울은 자신의 회심과 부르심을 하나님의 은혜라 부른다. 그는 하나님께서 어머니의 태로부터, 그러니까 태어나기도 전부터 자신을 "따로 세우셨다"("택정하시고", 개역개정)고 말한다. 예레미야에게서 빌려 온 이 표현은 자신의 회심과 부르심 자체가 그 어떤 인간적 간섭과도 무관하게, 전적으로 하나님의 주권적 결정에 의한 사건이었음을 강조한다.[5] "그의 은혜로" 부르셨다는 말 또한 마찬가지다. 그의 부르심은 그 어떤 인간적 이유나 근거를 찾을 수 없는, 오로지 하나님의 뜻에 따라 이루어진 일이었다는 이야기다. 이처럼 그의 부르심은 그 어떤 인간적 간섭도 없이, 그의 아들을 바울 속에 계시하기를 기뻐하셨던 창조주 하나님께서 작정하신 결과였다(1:16 상). 예수 그리스도를 이방에 전하라는 특별한 사명을 위해 자신의 주권적 뜻을 따라 바울이라는 한 인간에게 당신의 아들을 계시하셨던 것이다.

'모두가 하나님의 은혜'라는 관점에서 보면 회심 이후의 행보 역시 마찬가지다. 하나님께서 예수 그리스도를 바울에게 계시하셨을 때, 바울은 이 사실을 두고 "혈육" 곧 다른 사람들과 의논하지 않았다(1:16 하). 그렇다고 자기보다 먼저 사도 된 자들을 만나기 위해 예루살렘으로 간 것도 아니다. 오히려 그는 아라비아 지역으로 갔다가 다시 다메섹으로 돌아갔었다(1:17). 이처럼 회심 이후 바울이 걸었던 최초의 선교적 행보는 당시 복음의 중심이었던 예루살렘과는 거리가 멀었다. 바울이 회심한 후에도 한동안 예루살렘과는 먼 행보를 했다는 이야기는 그가 받은 복음이 예루살렘 사도들의 영향 아래 받거나 배운 것이 아니라는 사실을 증명해 준다. 자신의 사도 직분과 복음이 "예수 그리스도의 계시"에서 왔다는 핵심 주장의 정황적 증거인 셈이다(1:11).

사람 아닌 하나님의 복음

바울의 이런 주장은 자기 자랑과는 거리가 멀다. 사실 정치적 측면에서 볼 때, 자신의 복음이 예루살렘 사도들과 무관했다는 것은 바울로서는 여간 불리한 사실이 아닐 수 없다. 복음의 본산이요 또 참된 복음의 전통을 간직한 예루살렘 사도들과 멀다고 말하는 것이 자신의 복음을 정당화하는 데 무슨 도움이 될 것인가? 오히려 그들과 가까울수록 그의 복음이 더 믿을 만한 것이 되지 않겠는가? 더욱이 지금 갈라디아 교회에 들어와 혼란을 조장하는 이들이 예루살렘 교회와의 유대를 주장했다면 더욱 그렇지 않았을까?(행 15:1, 15:24 참고) 물론 나중에는 예루살렘 사도들과의 '끈끈한' 관계에 관해 이야기할 것이다(1:18-24; 2:1-10). 하지만 적어도 이 대목에서는 그들과 거리를 분명히 하는 것이 바울의 의도인 것은 분명해 보인다.

이처럼 바울은 단호하다. 비록 중요한 "교회의 기둥들"로 여겨지는 이들이지만, 예루살렘의 사도들 역시 "혈육" 곧 하나님 아닌 사람이기는 마찬가지다. 바울의 사역에 이들이 아무런 역할을 하지 않았다고 말할 수는 없지만, 적어도 바울 복음의 본질에 관한 한 이들이 간섭할 부분은 없다. 그들 역시 하나님의 복음을 받아 섬기는 자들일 뿐, 그들이 복음을 만들어 내는 것은 아니다. 또한 그들이 직접 바울을 택하고 회심시킬 수 있는 능력이나 권한을 가진 것도 아니다. 바울이 다른 문맥에서도 지적하는 것처럼, 이 능력은 전적으로 하나님의 배타적인 주권에 속한다(고전 3:7). 그러니까 바울이 강조하려는 바는 이것이다. 자신이 갈라디아 사람들에게 선포한 복음은 사람의 철학이 아니라 하나님의 복음이다. 그가 갈라디아서 앞부분에서 순전한 은혜에 의한 하나님의 부르심을 강조하거나, 회심 이후 사람에게 의존하지 않았던 그의 행보를 강조하는 것 역시 바로 복음의 이 신적 본질을 강조하기 위함이다. 물론, 앞선 글에서 살펴본 것처럼,

이 신적 복음은 복음을 선포하는 그의 행보와 그 복음을 듣고 믿는 신자들의 삶 속에 그 힘을 드러낼 것이다.

이후 1장 후반부와 2장에서 바울은 두 번의 예루살렘 방문에 관해 이야기한다. 회심 직후에 예루살렘을 방문한 적이 없다는 그의 주장이나 그 이후 방문에 관한 이야기는 사도행전의 기록과 연결하기 쉽지 않아 역사적으로 어려움을 주는 부분이기도 하다. 다음 장은 이와 관련된 이야기들을 다루어 보기로 하자.

2:7-9   오히려 그들은 베드로가 할례자의 복음을 위임받은 것과 마찬가지로 내가
무할례자의 복음을 위임받았다는 사실을 보았습니다. • 베드로를 움직이셔
서 할례자의 사도가 되게 하신 분이 또한 나를 움직이셔서 이방인의 사도
가 되게 하셨기 때문입니다. • 이처럼 내게 (사도 직분이라는) 은혜를 주신 것
을 알고서, (교회의) 기둥으로 인정받는 야고보와 게바와 요한도 우리에게
친교의 오른손을 내밀었고, 이리하여 우리는 이방인들에게로, 그들은 할례
자들에게로 가게 되었던 것입니다.

17 ― 바울과 예루살렘

두 바울 이야기: 사도행전과 바울 서신

우리는 한 분 예수에 관해 증언하는 네 개의 복음서를 갖고 있다. 풍성해서 좋지만, 또 그 나름의 어려움이 발생하는 것도 사실이다. 네 복음서가 들려주는 예수 이야기가 서로 조금씩 다르기 때문이다. 특히 비슷한 뼈대를 따라 예수 이야기를 기록한 첫 세 복음서들 사이에는 이런 물음이 보다 심각해진다. 서로의 관점이 유사하여 '공관共觀복음'Synoptic Gospels이라 부르지만, 유사한 만큼 또한 다른 부분도 적지 않기 때문이다. 우리는 이를 '공관복음 문제'the Synoptic problem라 부른다. 바울의 경우에는 사도행전의 제3자적 관점과 바울 서신의 자전적 기록 사이에 그와 유사한 문제가 생겨난다. 간혹 서로 간의 묘사가 달라 보이는 대목들이 있기 때문이다. 가장 대표적인 사례 중 하나가 다메섹 회심 이후 바울과 예루살렘의 관계다. 우선 사도행전은 바울이 다메섹 도상에서 회심한 후 "여러 날이 지나서"when many days had passed, 곧 그리 오래지 않아 예루살렘을 방문한 것으로 기록한다(행 9:23, 26). 하지만 갈라디아서에서 바울 자신은 회심 후 첫 예루살렘 방문이 정확히 3년 후라고 회고한다(갈 1:18). 물론 사도행전의 "많은 날들"(행 9:23)을 무리하게 해석하면 그 정도의 시간을 가리킨다고 볼 수도 있을 것이다. 하지만 사도행전의 기록과 첫 예루살렘 방문 전 아라비아를 여행했다는 이야기는 나오지 않는다(갈 1:17). 또한 예루살렘 사도들은 여전히 사울을 두려워했고, 그가 예수의 제자가 되었다는 사실을 믿지 못하는 형편이었다(행 9:26). 물론 바울 역시 유대의 신자들은 이전에 그들을 박해하던 사울의 극적인 회심에 대해 들어 알고 있었고, 이를 두고 하나님께 감사했지만, 대부분 신자들은 여전히 그의 얼굴도 모르는 상황이었다고 말한다(갈 1:22-24). 하지만 이는 회심 자체를 잘 믿지 못하는 사도행전의 그림과는 다르다. 또한 예루살렘 방문 시, 바나바의 중재를 통해 사도들 및 교회와 활발하게 교제했다는 사도행전의 기록(행 9:27-28)과는 달리, 바울은 첫 예루살렘 방문이 매우 '사적인' 것이었으며, 보름 동안 체류하면서 사도들 중 베드로와 주의 동생 야고보 외에는 다른 누구도 만나지 않았다고 역설한다(1:18-19).

이후 사도행전에는 최후의 예루살렘 방문 말고 두 번의 방문 기록이 더 나온다. 예루살렘 성도들에게 부조를 전달하기 위한 방문(11:27-30; 12:25)과 할례 논쟁을 해결하기 위해 예루살렘 회의에 참석했을 때의 방문이다(15:1-35). 하지만 갈라디아서를 쓸 당시 바울은 "십사 년 후" 한 번 더 예루살렘을 방문했다고 말한다(2:1). 어떤 이들은 갈라디아서 2장(1-10절)의 두 번째 예루살렘 방문이 사도행전의 두 번째 방문인 11장(27-30절)의 '부조 방문'과 같은 것으로 이해한다. 이렇게 되면 사도행전 15장 이야기는 갈라디아서가 기록된 이후 발생한 사건일 가능성이 높다. 갈라디아서가 그만큼 이른 시기에 기록되었다는 이야기다. 하지만 좀 더 많은 수의 학자들은 할례라는 동일한 사안이 등장한다는 점에서 갈라디아서 2장의 이야기는 사도행전 15장의 방문과 같다고 생각한다. 이것이 사실이라면, 사도행전은 바울이 언급하지 않는 하나의 방문을 추가로 기록하고 있는 셈이 된다. 갈라디아서에서 바울이 자신의 회고를 두고 "결코 거짓말이 아닙니다"라고 역설하고 있는 점은 두 기록의 조화를 더 어렵게 만든다(1:20). 이런 이야기들은 사도행전의 '역사적' 신뢰성에 관한 물음과 더불어 사도행전 및 바울 서신 해석에서 불가피하게 등장하는 물음들이다. 하지만 우리가 여기서 이런 역사적 물음들을 다룰 수는 없다. 우리의 일차적 의도는 갈라디아서에 나타난 바울의 신학적 논증을 파악하는 것이기 때문이다. (역사적 물음이 궁금한 분들은 사도행전 주석의 서론이나 해당 구절들 주석에서 이에 관한 논의를 찾아볼 수 있을 것이다.)

예루살렘 방문 이야기

앞 장에서 이미 설명한 것처럼, 예루살렘 사도들과의 관계에 있어서 바울이 강조하고자 하는 바는 자신의 사도 직분이나 자신이 선포하는 복음이 예루살렘 사도들의 권위에 기댄 것이 아니라는 사실이다. 그토록 철저한 유대교 신봉자요 교회의 박해자였던 사람이 갑자기 그리스도의 사도로 회심한 이야기는 인간적 요인으로는 설명되지 않는다. 바울 자신의 거듭된 주장처럼, 이런 변화의 유일한 원인은 "예수 그리스도의 계시"다(1:16). 하나님께서 그 아들을 바울에게 나타내신 것이 회심의 근거라는 점에서, 이는 순전히 하나님의 은혜라고 말할 수 있다. 이런 상황에서 자신의 복음이 '사람에게서 받고, 사람에게서 배운' 것이라고 말한다면 그것은 얼마나 우스운 일이겠는가! 그가 회심 후 곧장 예루살렘 사도들에게 가지 않고, 3년이나 되는 긴 시간 동안 다메섹과 아라비아 지역을 맴돌았던 사실도 이를 뒷받침한다(1:17). 그가 예루살렘의 사도들에 의해 회심하고 그들로부터 복음을 받았다면, 가능한 한 예루살렘에 오래 머물면서 그들로부터 복음을 배우려 하지 않았겠는가?

예루살렘 방문에 관한 두 이야기 역시 바로 이런 문맥에서 이해할 수 있다. 자신의 주장처럼 바울의 복음과 사도 직분은 과연 예루살렘과 무관한가? 비록 3년의 시간이 흐른 뒤이지만, 분명 그는 예루살렘을 방문했고 거기서 중요한 사도들을 만나지 않았는가? 그러면 이 방문들은 아무런 의미가 없다는 말인가? 그의 복음이 신적 기원을 가진 것은 동의할 수 있지만, 그렇다고 예루살렘 사도들과는 아무 관계가 없다고 주장하는 것이 합당한가? 자신의 복음이 철두철미 "예수 그리스도의 계시"로 주어진 것이라고 강변하는 마당에, 그가 예루살렘 사도들을 만난 것은 어떤 이유에서인가? 그의 사역이 공수표가 되지 않으려면 어쨌든 예루살렘 사도들을 만났어야 했다면, 이는 그의 사역이 어떤 식으로든 예루살렘 사도들의 권위에 영향을 받는다는 의미가 아닌가? 이어지는 기록들은 이런 암묵적 물음들에 대한 해명으로 읽을 수 있다.

첫 예루살렘 방문

바울의 예루살렘 방문은 회심 후 삼 년이 지나서였다. 물론 삼 년은 짧은 시간이 아니다. 이렇게 긴 시간 동안 예루살렘에 올라갈 생각을 하지 않았다는 사실, 그러면서도 부지런히 다른 곳에서 복음을 전할 수 있었다는 사실은 자신이 맡은 복음에 대한, 그리고 예루살렘에 있는 사도들에 대한 바울의 태도가 어떠했는지를 잘 보여준다.[1] 물론 삼 년 후 그는 예루살렘으로 올라갔다. 바울은 그 방문이 "게바를 만나기 위한" 것이었다고 말한다(1:18).[2] 바울은 보름 동안 게바와 함께 있었다. 그리고 하나님의 이름을 걸고 맹세하듯, 이 기간 동안 "주의 형제(동생) 야고보" 외에는 다른 아무 사도도 만나지 않았다(1:18-19). 보름 동안의 사적인 만남 후 그는 다시 시리아를 거쳐 길리기아, 곧 자신의 고향 지역으로 돌아갔다(1:21). 당연히 유대의 교회들은 바울의 얼굴도 보지 못했다(1:22). 그의 회심에 대해 말로만 듣고, 이로 인해 하나님께 영광을 돌릴 뿐이었다(1:23-24). 여기서 바울의 의도는 분명해 보인다. 곧 이 첫 예루살렘 방문은 지극히 사적인 만남이었다는 것, 그래서 예루살렘 사도들과의 접촉이 매우 제한적이었다는 사실을 분명히 하는 것이다. "삼 년 후"라는 시점도 그렇지만, 이처럼 사적이고 제한된 만남은 바울이 예루살렘의 사도들로부터 무언가 중대한 가르침을 받았을 가능성을 배제한다.

물론 한 학자가 재치 있게 표현한 것처럼, 이 둘이 보름 동안 날씨 이야기만 하고 있지는 않았을 것이다.[3] 순전한 추측이지만, 이때 역사적 예수의 가르침을 더 깊이 배웠을 수도 있고 세례와 성찬을 비롯한 교회의 여러 관습들에 대해 보다 상세한 지식을 얻었을 수도 있다. 또한 그 당시 교회에서 고백하던 여러 신학적 항목들을 배웠을 수도 있다.[4] 하지만 이런 사후적 배움과 복음의 본질에 대한 깨달음을 혼동할 수는 없다. 적어도 바울의 관점에서 볼 때, 자신이 (예루살렘 방문 이전부터) 전해 온 복음 자체는 인간적 권위와는 무관한 것이었다.

두 번째 예루살렘 방문

"십사 년 후" 이루어진 두 번째 방문 역시 마찬가지다. 이 "십사 년 후"가 회심 때부터인지 아니면 바로 앞에서 말한 첫 방문 때부터인지 분명치 않지만(표현 자체가 모호하다), 분명 긴 시간임에는 틀림이 없다. 십사 년이 넘도록 자기 나름의 사역을 펼쳐 온 마당이라면, 이제 와서 예루살렘 사도들로부터 한 수 배워야 할 상황은 분명 아니다. 물론 두 번째 방문이 바나바와 조력자 디도를 동반한 것이라는 점은 이것이 어느 정도 공식적인 방문이었다는 가능성을 남긴다(2:1). 흥미롭게도 바울은 이 방문이 "계시에 따른" 것이었다고 말한다(2:2). 이 표현 역시 모호하다. 예루살렘으로 올라가라는 명시적인 '계시'를 받고 올라갔다는 의미인가? 아니면 바울 자신이 "예수 그리스도의 계시"로 받은(1:12) 복음을 위해 필요하다고 판단했다는 뜻인가? 어느 해석을 택하든, 바울이 말하고자 하는 바는 자신의 이번 방문이 인간적 결정에 의한 것이 아니라는 사실이다.

이 방문의 실질적 목적은 자신이 이방 사람들에게 전하고 있는 복음을 예루살렘 교회에 설명하려는 것이었다. 이는 지금까지 이어져 온, 그리고 지금도 계속되는 자신의 복음 사역이 "헛수고가 되지 않게" 하려는 의도에서였다(2:2). 여기서도 물음이 생긴다. 자신의 복음 사역이 헛되지 않도록 하려고 예루살렘 사도들에게 자기 복음을 "제시했다"는 것은 무슨 말인가? 예루살렘 사도들로부터 자신의 복음이 합당한 복음이라는 사실을 인정받아야 했다는 뜻인가? 그러지 않으면 자신의 사역이 헛수고가 될 것이라는 뜻인가? 하지만 만약 사도들이 바울의 복음을 인정하지 않는다면 어떻게 될 것인가? 그렇다면 그는 자신의 복음을 수정하거나 포기할 의향이었던가? 물론 말도 안 되는 이야기다. "사람들"의 요구 때문에 "예수 그리스도의 계시로" 받은 복음을 포기할 수는 없기 때문이다.

바울은 자신의 복음이 진리임을 의심치 않는다. 그러니까 그가 예루살렘 사도들에게 자기 복음을 제시한 것은 분명 그들의 재가를 받기 위해서는 아니었다. 하지만 때로 보다 공개적인 소통과 확인이 필요할 때도 있다. 바울 역시 자신이 계시로 받은 복음과 예루살렘 사도들의 복음의 동일함을 확인하고 싶었다. 복음의 진리가 사적인 사상이나 지엽적인 관습일 수는 없다. 더욱이 바울은 지금 이방인의 사도라는 전위적 역할을 수행하고 있다. 이런 상황에서 무할례자들에게 선포되는 자신의 복음과 예루살렘 사도들의 복음이 본질적으로 하나라는 사실이 분명해지지 않는 한, 이는 늘 그의 선교에 중대한 장애물로 작용할 공산이 크다. 특히 바울이 살던 1세기 로마 제국에서처럼 이동과 교류가 활발한 상황에서는 더욱 그랬을 것이다.[5] 그래서 이방인의 사도 바울은 유대 기독교인들의 지도자들인 예루살렘 사도들을 만나 예수 복음의 동일한 본질을 확인하려 했을 것이다(고전 9:11 참조). 물론 선교 대상이 상이한 만큼, 복음의 구체적 표현

방식에는 상당한 차이가 있었을 것이다. 어떤 이들은 이런 사소한 차이에 집착하며 복음 자체의 정당성을 문제시할 수도 있었을 것이다. 그래서 바울과 바나바는 아예 예루살렘의 사도들과 만나 복음의 본질적 동일함을 천명함으로써 불필요한 논란을 잠재우려고 했을 것이다(고전 15:11 참조).

거짓 형제

이처럼 예루살렘과 더불어 복음의 하나 됨을 재확인해야 할 필요성 배후에는 할례와 관련된 논란이 자리하고 있었다. 그런 점에서 예루살렘 방문에 헬라 사람, 곧 무할례자였던 디도를 동반했다는 사실은 매우 시사적이다(2:2). 바울의 진술대로, 예루살렘 사도들은 무할례자였던 디도에게 할례를 강요하지 않았다(2:3).[6] 다시 말해, 그리스도를 믿어 하나님의 백성이 되기 위해 할례받은 유대인이 될 필요는 없다. 할례, 곧 유대인이라는 혈통적·종교적 표지는 더 이상 하나님의 백성을 규정하는 표지가 아니다. 이 점에 있어서 예루살렘 사도들은 바울과 바나바와 생각을 같이했다. 그런 점에서, 예루살렘 사도들은 "나에게" 곧 바울과 바나바가 무할례자들에게 선포하던 복음에 "아무것도 더하여 준 것이 없었다"(2:6).

정작 교회 안에 할례 문제가 불거진 것은 "거짓 형제들" 때문이었다. 거짓 형제에 관한 5-6절의 이야기가 예루살렘 방문 시의 상황인지, 아니면 갈라디아 이야기가 살짝 끼어든 것인지는 분명치 않다. 어떤 이는 바울이 의도적으로 예전 예루살렘의 상황과 현재 갈라디아의 상황을 뒤섞는 게 아닌가 생각한다. '우리'와 '너희'가 뒤섞이는 것도 마찬가지다(2:5). 그러니까 예루살렘에서 있었던 일을 반추하면서 지금 갈라디아의 상황을 생각해 보라는 의도라는 것이다.[7] 바울이 정말 의도적으로 '두 무대'를 뒤섞는 것인지는 알 수 없지만, 갈라디아 독자들과의 소통의 과정에서 두 무대가 겹치는 것은 분명하다. 당연한 이야기다. 애초에 예루살렘 이야기를 시작한 이유가 바로 갈라디아의 위기를 해결하기 위해서였기 때문이다.

앞서 나온 '다른 복음'이라는 표현과 비슷하게, 여기 사용된 '형제'라는 표현 또한 지금 바울이 언급한 이들이 교회의 일원이었음을 시사한다. 하지만 이들은 '거짓' 형제들이다. 바울이 보기에 이들은 복음의 본질을 팽개친 이들이다. 바울이 4-5절에서 묘사하는 "거짓 형제들"은 사실상 스파이의 모습을 하고 있다. 요즘으로 치자면, 자기 정체를 숨기고 교회로 들어와 혼란을 획책하는 신천지 사람들과 유사하다. 그들은 엉뚱한 구실을 내걸고 교회 내로 "몰래 들어온" 혹은 "잠입한" 사람들로서, 그 목적은 "그리스도 예수 안에서 우리가 가진 자유를 염탐하려는" 것이었다. 바울이 이들을 묘사하는 방식은 읽는 독자들로 하여금 그들의 정체에 대해 의심의 여지가 없게 만든다. 아무리 '형제'의 가죽을 쓰고 있어도, 복음의 본질을 해치는 상황이라면, 이들은 진정한 의미에서 형제가 아니다. 오히려 적을 위해 봉사하는 스파이들에 지나지 않을 것이다. 이 점에 있어 바울은 단호했다.

왜 할례가 문제인가?

이들이 요구한 것은 무엇보다도 할례였다. 그렇다면 이방 성도들에게 할례를 강요하는 것이 왜 그렇게 위험한가?

많은 이들은 이 문제를 교리적으로 설명한다. 할례는 유대인으로 개종하는 의식이면서 또한 율법의 대표적 항목 중 하나다. 따라서 할례를 수용하는 것은 단순한 할례 자체를 넘어 유대인으로서 유대인의 삶의 규범인 '율법' 전체를 수용하겠다는 의미를 갖는다. 곧 할례라는 상징적 행위가 '유대인으로서 모세 율법을 지켜 의롭게 된다'는 신념을 나타낸다는 것이다. 우리는 이런 태도를 율법주의 혹은 공로주의 같은 이름으로 불러 왔다. 그리고 이런 위험한 발상에 대해 바울은 "오직 예수 그리스도를 믿는 믿음으로만" 의롭게 될 수 있다는 주장으로 맞서고 있다는 것이다. 하지만 우리는 지금까지의 논의를 통해 그것이 갈라디아의 실제 상황과도 맞지 않고 또 바울의 신학적 논리와도 맞지 않는다는 사실을 거듭 확인했다. 일선 목회의 상황에서 율법을 지키는 것 혹은 율법을 지키려는 도덕적 노력이 교리적으로 문제가 된다는 생각은 바울의 사상과 충돌하는 위험한 발상이다. 율법의 도덕적 규정들을 강조하며 지키도록 독려해 온 사람이 바로 바울 자신이기 때문이다(롬 12:19-20; 13:8-10; 고전 7:19; 10:1-22; 고후 6:16-18; 갈 5:13-14; 엡 6:1-3). 바울이 할례에 대한 집착을 문제 삼는 것은 할례 자체가 믿음의 충분성을 부정하는 '교리적' 이단이어서가 아니다. 만약 그랬다면 5:6이나 6:15 같은 구절은 나오지 않았을 것이다.

이 점에서는 민족적 배타주의를 이유로 내세우는 새 관점의 해법도 마찬가지다. 선동자들이야 유대 배타주의적 입장에서 유대인이 되기를 요구하며 할례를 강요했겠지만, 그렇다고 해서 바울이 그 배타주의를 복음의 적으로 간주하고 이를 공격하고 있는 것은 아니다.

물론 바울은 선동자들이 내세우는 배타주의를 공격한다. 하지만 이는 배타주의적 태도 자체에 대한 이념적 공격은 아니다. 복음의 진리에 대한 바울의 집착은 어느 누구 못지않게 배타적이다. 넓은 의미에서 교회 공동체 내의 '형제들'에 대해서도 "다른 복음"이니 "거짓 형제"니, 혹은 교회를 해치는 "적은 누룩"이니 하며 저주와 심판에 내맡기기까지 한다(1:8-9; 5:9-10). 최근 몇몇 현대 유대학자나 철학자들의 바울 읽기와는 달리, 바울은 보편주의라는 이념에 매료된 포스트모던적 사상가가 아니다.[8] 바울이 갈라디아 사태를 바라보는 근본적 틀은 '보편주의-배타주의'의 도식이 아니다.

사실 갈라디아서에서도 바울이 할례 자체를 교리적으로 혹은 이념적으로 정죄하는 구절은 나오지 않는다. 이 책의 1부에서 설명한 것처럼, 바울의 복음 속에서 할례 자체는 받아도 그만, 안 받아도 그만인 그냥 무의미한 의식에 불과하다. 사도행전의 기록에 의하면, 그러기에 바울 자신도 유대인들과의 불필요한 마찰을 피하기 위해 ("그곳에 있는 유대인들 때문에") 무할례자 디모데에게 할례를 줄 수 있었다(행 16:1-3). 물론, 로마서에서와는 달리, 갈라디아서에서는 할례 받는 것 자체를 정죄한다. 하지만 이것이 할례 자체의 교리적 함의 때문이 아님은 분명하다(5:6; 6:15). 로마서에서는 심지어 긍정적인 역할까지 수행했던 할례가(롬 3:1; 4:11) 유독 갈라디아서에서 정죄의 대상이 되는 것은 그럴 수밖에 없는 상황적 이유가 있었기 때문이다. 곧 선동자들이 할례를 강요하고 갈라디아인들이 여기에 집착하는 행태로 인해 정작 중요한 복음의 진리, 곧 "사랑을 통해 활성화되는 믿음"을 팽개치고, 공동체 속에 드러나야 할 "그리스도의 형상"이 파괴되는 어처구니없는 사태가 벌어졌기 때문이다(4:19; 5:6-7, 15, 26).

복음의 자유

바울은 복음의 진리를 '자유'라 표현한다. 바울 서신 전체에서 선명히 드러나는 것처럼, 이는 결코 도덕적 책임으로부터의 자유는 아니다(5:13). 창조주 하나님 앞에서 살아가는 우리는 그 어떤 순간에도 도덕적 책임으로부터 자유롭지 않다(5:21; 6:7-8; 롬 2:6-11; 6:19-23; 8:13). 그리스도의 복음이 이 원칙을 파기하거나 상대화한다는 오해는 제대로 된 복음 이해를 가로막는 가장 치명적인 속임수의 하나다. 말하자면 '사탄의 한 수'라 할 수 있다. 바울이 사용하는 자유의 언어는 우리가 '죄 아래' 놓여 '종살이'를 하고 있다는 인식에서 출발한다(3:22). 이런 상황에서 율법은, 유대인들의 낙관적인 기대와는 달리, 일종의 간수로서 혹은 가정교사로서 우리의 '종속'을 더 선명하게 하고 확실하게 규정하는 역할을 수행한다. 그런 의미에서 우리는 "율법 아래" 혹은 "가정교사 아래" 있는 존재로 규정되기도 한다(3:23-25). 그러니까 "율법 아래"에서의 삶은 실질적으로 "죄 아래"에서의 삶과 다르지 않다. 바울이 "율법 아래" 있는 삶을 "육체의 욕망을 이루는" 삶으로 묘사하고 이를 "성령에 이끌리는" 삶과 대비하는 것이 바로 그런 이유에서다(5:16과 18절 비교).

그리스도 안에서 작동하는 믿음과 은혜의 원리는 모든 인간적인 구별과 차별을 넘어, 모두를 하나님 앞에 동등한 인간으로 만든다

(3:28; 5:6; 6:15). 따라서 이 은혜의 선택은 세상의 모든 인간적 가치들 및 무의미한 차별들로부터 우리를 자유롭게 한다. 이런 상황에서 할례와 같은 외면적·육체적 표지에 영적·사회적 가치를 부여하는 것은 그리스도인들이 누리게 된 자유를 해치고, 다시 '무의미한 가치들 아래서의 종속'으로 끌고 가는 행동에 불과하다. 그 자체로는 유익할 것도 해가 될 것도 없는 것이지만(5:6; 6:15), 이것이 마치 '진짜 해답'인 것처럼 선전되거나 강요되면 이는 바로 "다른 복음" 곧 변질된 복음으로 전락한다(1:8). 그래서 바울은 그런 주장을 비판하고, 그런 태도의 이중성을 폭로하며(6:12-13; 롬 2장), 복음 앞에 만민의 평등함을 역설한다. 이는 배타적 이념 자체가 교리적 죄악이어서가 아니라 그런 '쓸모없는' 조건들 때문에 신앙의 본질을 팽개치게 되었다는 점에서 치명적이었던 것이다. 그래서 바울은 이들 거짓 형제들에게 "잠시라도 굴복하지 않았다."

지켜야 할 복음의 진리

그가 이처럼 단호한 태도를 견지한 것은 "복음의 진리"가 이방 신자들에게 머물러 있도록 하기 위해서였다(2:5). 하나님의 복음에는 할례와 같은 외면적 표지들이 흉내 낼 수 없는 복음 자체의 속성이 있다. 앞에서 우리는 이 복음의 차별성이 바로 '성령'과 관련된 것임을 살펴보았다. 할례와 같은 '율법의 행위들'이 무익한 것은 이런 외면적·육신적 표지들이 성령의 역사와 아무 상관이 없기 때문이다. 이런 조건들을 갖춘다고 성령을 주시는 것이 아니라는 것이다. 반대로 예수 그리스도를 믿는 믿음이 유효한 것은, 율

293

법의 행위들을 통해서가 아니라 믿음으로 성령을 주시기 때문이다
(3:2-5). 그래서 바울은 믿음의 핵심인 그리스도의 십자가 역시 우리
에게 성령을 주시기 위한 하나님의 포석이었다고 설명한다(3:13-14;
4:1-7). 이렇게 성령이 중요한 것은 바로 이 "(믿음으로 주어지는) 성
령으로 의의 소망을 기다리는" 것이기 때문이요, 성령을 따라 살아
가는 삶을 통해 영생을 수확하기 때문이다(6:7-8). 그러니까 우리가
소망하는 미래의 영광에 이르는 유일한 길은 성령의 인도를 따르는
것이다. 그래서 바울은 육체를 따라 태어난 자가 아니라 성령을 따
라 태어난 자가 미래 영광의 상속자라고 말한다(4:21-31). 그런데 이
성령, 곧 새로운 생명의 역사는 그 어떤 인간적 수단 혹은 조건으로
도 조작해 낼 수 없다. 할례나 절기 준수와 같은 그런 외면적 몸짓 역
시 바로 그런 무익하고 무력한 인간적 수단에 불과하다. 그런 것들에
대한 열정 때문에 참 생명의 길을 포기한다면, 이는 얼마나 어리석은
일인가?

동일한 은혜의 역사 아래서

바울과 예루살렘 사도들 사이에는 바로 이 점
에서 선명한 합의가 있었다. 그리고 둘 모두 동일한 하나님의 복음을
선포하고 있음을 인식하고 이를 공적으로 인정했다. 예루살렘의 사
도들은 베드로가 "할례자의 복음을 위임받은" 것처럼 바울 역시 "무
할례자의 복음을 위임받았다"는 사실을 "보았다"(2:7). 물론 이 위
임의 근거는 어떤 인간적 권위나 조건이 아니었다. 바울은 하나님은
외모로 사람을 취하는 분이 아니며, 따라서 자신 역시 인간적 권위

에 따라 움직이는 사람이 아님을 분명히 한다(2:6). 중요한 것은 인간들 사이에서 형성되고 통용되는 권위가 아니라 하나님의 실질적 역사였다. 사도들이 바울에게서 본 것은 하나님의 손길이었다. 바울은 "베드로에게 역사하셔서 그를 할례자의 사도로 삼으신 이"가 "나에게도 역사하셔서 이방인들을 위한 사도로 삼으셨다"고 회고한다(2:8). 예루살렘 사도들은 하나님께서 바울에게 은혜를 주셨고 그를 이방인의 사도로 만드신 것을 "(보고) 알았기에" 이방 선교에 주력하는 바울과 바나바와 흔쾌히 교제의 악수를 나누었다.⁹ 그리고 각자 자신의 영역에서 주어진 사역에 열중할 수 있었다(2:9).

살아 계신 하나님의 능력이 복음을 복음 되게 하는 것이라면, 그리고 하나님 나라가 바로 이 능력을 힘입어 상속할 나라라면(롬 1:16; 고전 1:18, 24; 4:19-20), 모든 인간적·외면적 조건이나 가치들은 무의미하다. 불가피한 일이었지만, 할례로 상징되는 유대인으로서의 정체성은 1세기 당시 교회에서 이 은혜의 진리를 검증하는 가장 어려운 테스트의 하나였다. 예루살렘에서의 만남은 바로 이 점을 확인하는 자리였다. 하지만 사람의 일이 언제나 이렇게 화기애애한 것은 아니다. 우리는 늘 세상의 비복음적 유혹에 노출되어 있고, 그래서 언제고 복음의 진리에서 벗어날 가능성이 있기 때문이다. 2:10부터 나오는 안디옥 이야기는 바로 이런 어긋남의 한 일화를 소개한다. 다음 장에서 바로 이 불편한 이야기를 살펴보기로 하자.

2:15-16 우리는 본래 유대인들이지 이방 죄인들이 아닙니다. • 하지만 사람이 율법의 행위들을 통해서가 아니라 예수 그리스도를 믿음으로 의롭다 하심을 얻는 줄 알고서 우리 역시 그리스도 예수를 믿었습니다. 그것은 우리가 율법의 행위들을 통해서가 아니라 그리스도를 믿는 믿음으로 의롭다고 하심을 받고자 했기 때문입니다. 율법의 행위들로는 그 누구도 의롭다 하심을 얻을 수 없기 때문입니다.

18 ― 안디옥 이야기

바로 앞 장에서 우리는 두 번에 걸친 바울의 예루살렘 여행에 관해 살펴보았다. 바울은 자신의 사도 직분과 복음이 사람에게서 나온 것이 아니라 하나님의 은혜의 결과라고 강조한다(1:1, 11-12). 그래서 그는 다메섹 도상에서의 회심 이후 자신의 행보가 예루살렘과는 별 관계가 없었다는 사실을 부각시켰다(1:13-24). 물론 그렇다고 그의 사역이 복음의 첫 경험자요 선포자인 사도들, 그리고 그들을 중심으로 형성된 유대 교회의 전통과 아예 무관할 수는 없다. 회심 후 시간이 흐른 뒤이지만, 바울은 두 차례 예루살렘에 올라갔다. 그리고 거기서 게바(베드로)와 주의 형제 야고보를 비롯한 지도자들과 만났고, 함께 복음에 관해 이야기를 나누었다. 이런 만남을 통해 바울은 유대인들을 중심으로 사역하던 예루살렘 지도자들과 이방인들을 섬기는 자신의 복음이 본질적으로 동일하다는 사실을 재확인했다. 이 확인 과정에서 상징적 중요성을 띠는 주요 사안이 할례였다. 바울과 바나

바는 무할례자 이방인이었던 디도와 함께 예루살렘에 올라갔지만, 예루살렘 지도자들은 그에게 "할례를 강요하지" 않았다(2:3). 물론 갈라디아서를 쓰게 만든 문제가 무엇이었는지를 생각하면, 바울이 이 사실을 굳이 언급하는 이유는 분명하다. 거짓 교사들의 주장과는 달리, 할례가 복음의 진리와 무관하다는 사실, 그리고 예루살렘 사도들 역시 그 점에서는 바울과 같은 생각이었다는 사실을 분명히 하는 것이다.

또 하나의 삽화

이어지는 이야기는 베드로로 대표되는 예루살렘 전통과 바울의 또 다른 만남을 기록한다(2:11-21).[1] 사건의 무대가 안디옥 교회였으므로 흔히 '안디옥 사건'이라 불린다. 앞서 예루살렘 방문과는 달리, 이 중요한 삽화는 행복한 합의가 아니라 가슴 아픈 충돌에 관한 이야기다. 쉽게 말하면, 바울과 베드로가 다툰, 혹은 안디옥 방문 당시 베드로의 행동을 바울이 심하게 나무란 일에 관한 기록이다(2:11).

사건의 개요는 그리 복잡하지 않다. 베드로를 비롯한 유대 기독교인들은 평소와 다름없이 이방 신자들과 자유롭게 뒤섞여 식사를 하고 있었다. 그런데 예루살렘 교회의 수장인 야고보 진영에 속한 유대인 신자 몇 사람이 안디옥을 방문했다. 야고보는 유대적 전통을 쉽게 포기할 수 없다고 생각했던 보수적 경향을 대표하는 인물이었다. 평소에는 이방 신자들과 편하게 어울렸던 베드로는 이들 보수적 유대인 신자들의 눈치를 살피게 된 것으로 보인다. 그러니까 베드로가 두려워했던 '할례자들'이 바로 야고보 진영의 보수적 유대 신자들인 셈이다. 혹은 베드로가 두려워 한 이 '할례자들'이 야고보 진영의 신자들이 아니라 팔레스타인의 과격한 유대 국수주의자들일 수도 있다. 유대 전쟁의 위험이 점차 고조되는 상황에서, 국수주의적 유대인들은 유대인의 정체성을 해치는 상황에 대해 점차 과격하게 대응하는 경향을 보이고 있었다. 이런 상황에서 이방인들과 쉽게 어울리는 교회의 행보는 이들 과격분자들을 더 자극하는 일이었을 것이며, 이는 유대 교회를 더 큰 어려운 처지에 놓이게 할 것이다. 어쩌면 야고보 진영의 사람들이 안디옥에 온 것은 바로 팔레스타인의 이런 민감한 정세를 알리고 다소 신중한 행동을 권고하기 위해서일지 모른다. 안디옥 교회에 당분간 이방인과의 자유로운 교제를 조심하자는 권고를 했을 수도 있고, 베드로 역시 전체 교회의 평화를 위해 그런 현실적 제안에 동의했을 수도 있는 것이다. 어떤 시나리오가 맞든, 그때 베드로는, 바울의 표현대로 하자면, "할례자들을 두려워하여" 이방인들을 남겨 둔 채 식사 자리에서 물러났다(2:12). 물론 큰 사도로 존경 받던 베드로의 이런 행동을 보고서 다른 유대인들도 그냥 있을 수는 없었을 것이다. 그래서 "나머지 유대인들도 그〔베드로〕와 같이 위선적인 행동을 하였고" 심지어는 이방 선교의 주축이었던 "바나바마저도 그 위선에 현혹되고 말았다"(2:13).

베드로를 위시한 유대 기독교인들은 이것이 나름 지혜로운 처신이라고 생각했을지 모른다. 하지만 바울은 이를 대단히 심각한 상황으로 인식했다. 그저 다소 현명치 못한 행동 정도가 아니라 아예 "복음의 진리를 따라 바르게 행하지 않는" 것이라고 보았다. 바울은 베드로의 이런 행동이 "책망 받아 마땅한" 일이라고 간주했다(2:11). 여기서 "책망 받을"이라고 번역된 단어는 '저주 받을' 혹은 '정죄 받을'이라고 옮길 수 있는 강한 단어다. 하나님의 심판을 받아 마땅한 행동이라는 것이다. 바울이 이 상황을 얼마나 심각하게 받아들이고 있는지 알 수 있는 대목이다. "면전에서" 그를 꾸짖었다는 사실 역시 마찬가지다.

13절에 "더불어 위선적인 행동을 했다"는 말과 "위선에 현혹되었다"는 표현이 반복되는 것에서 알 수 있듯이, 바울은 현 상황의 본질을 '위선'이라고 생각했다. 물론 베드로가 보여준 이 위선의 핵심은 그가 "복음의 진리를 따라 올곧게 행동하지 않았다"는 사실에 있다. 말로는 복음 진리를 멋지게 고백해 놓고, 막상 지금 하는 행동은 전혀 그 복음과 맞지 않는다는 것이다. 그렇다면 베드로의 행동이 복음 진리에 어긋난다는 말은 무슨 뜻일까?

바울이 그렇게 '거품을 문' 것은 베드로가 음행이나 도둑질 같은 형편없는 행동을 했기 때문이 아니다. 어찌 보면 베드로의 행동은, 바나바나 다른 유대 신자들도 그랬듯이, 정말 별것 아닌 행동일 수도 있다. 그냥 함께 식사하다가 자리를 벗어난 것이 전부 아닌가? 그것이 그렇게 흥분할 정도의 잘못인가? 생각하기에 따라서는 오히려 전체 교회를 배려한 현명한 행동일 수도 있지 않을까? 하지만 바울의 판단은 달랐다. 그는 이방인들과의 식사 자리에서 "물러난" 베드로의 행동이 복음 진리에 어긋나는 행동이라 판단했다. 어찌 보면 바울이 지나치게 예민하게 군다고 볼 수 있지만, 그것보다는 당시의 상황 자체가 이미 민감해져 있었다고 말하는 것이 정확할 것이다. 베드로를 위시한 유대 기독교인들이 야고보 진영의 사람들 때문에 이방인들과의 식사 자리에서 물러나야 했다는 사실 자체가 그런 민감한 상황을 반영한다. 그러니까 당시의 민감한 상황에서 볼 때, 베드로의 행동은 그 예민한 사안에 대해 자신의 입장을 표명하는, 지극히 상징적인 행동이었던 셈이다. 그런데 안타깝게도 그 입장이 복음의 진리에 벗어나는 입장이었던 것이다.[2]

여기서 우리는 이 민감한 사안이 유대인과 이방인의 식사 여부에 관한 것이라는 사실을 주목해야 한다. 이 사건이 예루살렘 아닌 안디옥에서 처음 발생한 것은 우연이 아니다. 순수한 유대인들의 공동체였던 예루살렘 교회와는 달리, 안디옥 교회는 유대인 신자들과 비유대인 신자들이 공존하는, 말하자면 최초의 다민족·다문화 공동체였다(행 11:19-26). 물론 다문화 공동체가 이루어졌다는 사실은 복음이 벌써 유대교 혹은 유대 민족이라는 가장 결정적인 경계를 넘었음을 의미한다. 애초에 복음이란 하나님의 택한 백성, 곧 유대인들만을 위한 것으로 이해되었다. 메시아란 원래 하나님이 "자기 백성을 구원하기" 위해 보낸 자였다(마 1:21). 따라서 예수를 메시아로 고백한 이들도 그 구원이 유대인들의 이야기라고 생각했다. 그래서 그들은 이방인들에게는 복음을 전할 생각조차 하지 않았다(행 11:19). "자기 백성을 구원할" 예수의 복음을 이방인들에게 전할 이유가 없기 때문이다. 하지만 복음이 언제나 예루살렘과 유대의 울타리에 머물 것은 아니었다. 예수의 지상 사역에서부터 조짐이 드러났던 것처럼, 궁극적으로 이 복음은 "땅 끝까지" 퍼지도록 되어 있었다(행 1:8). 물론 원래 유대인들을 위한 메시아 복음이 모든 민족을 위한 복음으로 수용되는 역사적 과정은 순탄치 않았다. 예수를 메시아로 믿든 믿지 않든, 유대인들의 입장에서 "이방인들도 구원을 받을 수 있다"는 생각을 수용하는 것은 신학적으로나 문화적으로나 결코 간단한 일이 아니었다.

이방인들과의 식사 교제가 갖는 신학적 중요성은 사도행전에 10-11장에 기록된 고넬료의 회심 사건에서 잘 드러난다. 이 이야기는 성령께서 어떻게 유대 신자들의 전통적 관점을 폐기하고 성령을 통해 새로운 하나님의 백성을 만들어 가시는지를 극적으로 보여준다. 재미있게도 이 과정의 핵심 인물로 선택된 이가 바로 베드로다. 유대 지방을 순회하며 전도하던 베드로는 욥바에 잠시 머물게 되는데, 이때 그 유명한 환상을 경험한다. 하늘에서부터 보자기 같은 그릇이 내려오고, 그 속에는 유대인이 먹어도 되는 정결한 것들과 먹어서는 안 되는 부정한 것들이 뒤섞여 있다. 그리고는 하늘로부터 명령이 내려온다. "잡아먹으라!" 물론 베드로는 "내 평생 부정한 것을 입에 대 본 적이 없습니다"라는 말로 이를 거부한다. 그러자 하늘에서 다시 음성이 들린다. "하나님이 깨끗하다 하신 것을 부정하다 하지 말라." 같은 상황이 세 번 반복된다(10:9-16). 물론 사도행전의 문맥에서 이 환상은 '정결한' 유대인은 '부정한' 이방인들과 어울릴 수 없다는 전통적 관념을 형상화한 것이다. 이 환상을 두고 고민하는 베드로에게 무할례자인 로마인 백부장 고넬료로부터 초대가 온다. 이때 성령께서 직접 걱정하지 말고 그의 집으로 가라는 지시를 내린다(10:19-20). 유대인의 경건한 터부를 깨고, 할례를 받지 않은 이방인과 섞이라는 이야기다.

진행되는 이야기를 보면, 베드로와 고넬료의 만남은 시종일관 유대인과 비유대인의 식사 교제가 핵심 관건이라는 사실을 확인할 수 있다. 고넬료의 집에 들어간 베드로는 "유대인으로서 이방인과 교제하며 가까이하는 것이 위법인 줄은 너희도 알거니와" 하며 이야기를 시작한다(10:28). 물론 '위법'이라는 판단 속에는 신학적 차원도 포함된다. 하지만 이방인을 속되다 하지 말라 하신 분도 하나님이시다. 그래서 베드로는 고넬료의 집을 찾았다. 아나 다를까, 베드로는 설교 도중 하나님께서 할례를 받지 않은 이방인들에게 성령 주시는 것을 목격한다(10:44). 물론 성령은 거룩한 하나님의 임재를 가리킨다. 말하자면 거룩하신 하나님께서 친히 무할례자인 이방인들과 어울리셨다. 이런 마당에 베드로 자신이 이방인과의 교제를 거절할 이유가 없다. 그래서 베드로는 바로 이방인들에게 세례를 베풀라고 명한다(10:47-48). 이방인들 역시 "우리와 같이" 성령을 받는 것을 목격했기 때문이다(10:47).

이 사건을 보고 받은 유대 교회의 반응도 마찬가지다. 이방인들이 복음을 받아들였다는 소식을 듣고, '할례자들' 곧 유대인 신자들이 촉각을 곤두세운 것도 이방인과의 식사 교제였다. 그들은 "당신이 무할례자의 집에 들어가 함께 먹었더군요" 하고 베드로를 비난했던 것이다(11:3). 이에 베드로는 사건의 자초지종을 상세히 설명하고, "우리가 주 예수를 믿을 때에 주신 것과 같은 선물을 그들에게도 주셨다"는 사실을 지적하며, 하나님께서 친히 이방인들과 어울리시는 마당에 "내가 누구라고 하나님을 방해하겠는가?" 하며 해명을 마친다(11:17). 이 설명을 듣고서 유대인 신자들은 비로소 다음과 같은 결론을 내린다. "그렇다면 하나님께서 이방인들에게도 회개하여 생명을 얻을 수 있도록 하셨군요"(11:18). 욥바와 가이사랴, 그리고 예루살렘에서의 이 상징적 사건 이후, 사도행전은 유대인들에게만 복음을 전하던 신자들이 안디옥에서 처음 이방인들에게 복음을 전하기 시작했다는 사실, 그리고 바로 그 도시에서 역사상 처음으로 유대인과 이방인이 함께 어울리는 복음 공동체가 생겨났다는 사실을 알려 준다(11:19-20). 갈라디아서 2장에서 바울이 보고하는 사건이 바로 이 안디옥의 다문화 공동체에서 일어났던 것이다.[3]

일부 학자들의 주장과는 달리, 유대인과 이방인의 식사 교제 문제는 단순히 사회적 인종 차별을 넘어 보다 중대한 구원론적 주제로 인식되었다. 유대인 곧 구원을 약속받은 백성들과 함께 할 수 있느냐 없느냐 하는 것은 곧 이방인들이 구원을 얻을 수 있느냐 없느냐 하는 문제이기도 했다. 사실 이방인들이 유대인의 공동체에 들어오고 싶어 했던 이유가 바로 이 구원의 약속 때문이었다. 그렇지 않다면 왜 굳이 인기도 없고 유별난 유대인의 일원이 되려고 했겠는가?[4] 그리고 사도행전의 베드로가 그랬던 것처럼, 유대인 신자들은 하나님께서 할례 받지 않은 이방인들에게도 구원을 허락하신다는 사실을 깨닫게 되었다. 그렇다면 이제 유대인과 이방인의 차이는 단순한 문화적 문제일 뿐, 거기에 무슨 신학적·구원론적 의미를 부여할 수는 없다. 그래서 그들은 자유롭게 이방인들과 어울렸고, 그렇게 안디옥 교회 같은 공동체가 생겨났다. 안디옥을 방문했던 베드로 역시 자유롭게 이방 신자들과 어울리며 교제했다. 바울의 말처럼, 베드로는 "비록 유대인이지만 이방인처럼 살았지 유대인처럼 살지 않았다"(2:14). 고넬료를 전도한 사람으로서 할례자, 곧 인종적으로나 문화적으로 유대인이 되는 일이 구원과 무관하다는 사실을 진작부터 알았기 때문이다.

바울이 베드로의 행동에 격노한 이유가 바로 그것이다. 보수 유대 신자들이 "두려워서" 이방인들과의 식탁 자리에서 물러난 행동은 단순히 '함께 먹을 수 없다'는 인종적·사회적 의미를 넘어선다. 더 나아가 이는 '이방인들은 구원 받을 수 없다'는, 예수를 믿기 이전의 신념으로 회귀하는 것과 같다. 고넬료 사건과 엮어 설명하자면, 하나님께서 성령으로 이방인들과 뒤섞이고, 그들에게 회개하여 생명을 얻는 기회를 주셨다는 사실 자체를 부정하는 행동이다. 물론 할례를 받지 않은 이방인들은 구원 공동체의 일원이 될 수 없다는 생각은, 하나님은 사람을 차별하지 않으신다는 '복음의 진리'와 어긋난다. 그런 점에서 베드로의 행동은 지금까지 자신이 믿고 실천해 왔던 진리와 어긋나는 위선에 해당한다. 사실은 이방인의 구원을 믿으면서도, 그래서 자유롭게 그들과 어울렸으면서도 지금은 "할례자들이 무서워서" 이방인의 교회론적·구원론적 위상을 부정하는 행보를 했기 때문이다.

이어지는 바울의 꾸짖음은 바로 그 점을 건드린다. 자세히 풀어 쓰면 이렇다.

우리는 본래 유대인들이지 이방 죄인들이 아닙니다. 하지만 이제는 의롭다 하심을 얻는 것이 '율법의 행위들' 곧 할례(유대인)와 무할례(이방인)를 구별하고, 식탁 자리에서 유대인과 이방인을 따지는 것에 달려 있지 않으며, 오직 예수 그리스도를 믿는 믿음에 달려 있다는 것을 알게 되었습니다. 그래서 우리도 예수를 믿기 시작했습니다. 왜냐하면 우리도 율법의 행위들, 곧 우리를 이방인과 구별하는 조건들로 의롭게 되는 것이 아니라 오직 예수를 믿어 의롭게 되려고 하기 때문입니다.

앞에서 이미 논의한 것처럼, 처음 복음이 전해지던 1세기 당시의 상황에서 '율법의 행위들' 혹은 보다 넓게 '율법'은 유대인의 정체성의 핵심적 상징 중 하나였다. 일상적 현실 속에서 이는 율법의 가장 실질적인 기능이 유대인과 이방인을 구별하는 것이었음을 의미한다. 에베소서의 표현으로 하자면, 율법은 유대인과 이방인 사이를 가로막는 "원수된 것, 곧 중간에 막힌 담"이었다(엡 2:14). 예수님은 이 담을 자신의 십자가 죽음으로 허무셨다. 곧 자기 육체의 죽음으로 이 율법을 폐하심으로써 유대인과 이방인을 "한 명의 새로운 사람"으로 만드셨고(엡 2:15), 이제 이 둘이 "한 몸으로" 하나님께 나아가도록 만드셨다(엡 2:18). 그래서 이제는 이방 성도들 역시 "외부인도, 나그네도 아니며, 반대로 (유대) 성도들과 동일한 시민이요 하나님의 가족"이 되었다(엡 2:19). 그래서 이 복음을 깨달은 제자들 역시 막힌 담을 허물고 자유로이 이방인들과 교제하게 되었던 것이다.

다시 갈라디아서로 돌아오자. 지금 안디옥에서 베드로의 행동은 예수께서 중간에 막힌 담을 허무셨다는 그 깨달음을 무색하게 한다. '담'이라는 말은 없지만, 갈라디아서에서도 바울은 '이방인들'을 믿음으로 의롭게 하신다는 것이 (구약)성경의 진리라고 역설한다(3:8).

더 나아가 이는 그리스도의 십자가 죽음의 목적이기도 하다. 곧 예수께서 십자가 죽음으로 우리를 율법의 저주에서 속량하신 사건의 목적은 바로 "아브라함의 복", 곧 믿어 의롭게 되는 복이 유대인뿐 아니라 "이방인에게도 이르게 하는" 것이었다(3:14). 그렇다면 지금까지 이방인과 잘 어울리다가 이제 와서 다시 거리를 두는 것은 '허물었던' 담을 '다시 세우는' 것과 같다. 하지만 율법이라는 담을 다시 세우면 어떻게 되는가? 베드로나 바울과 같은 사람들, 그러니까 지금까지 이방인들과 마음껏 어울렸던 유대 신자들은 모두 이미 '담을 넘은' 사람들, 곧 율법을 어긴 '범법자들'이 되는 것이다. 물론 이들이 이렇게 '범법자들'이 된 것은 애초에 예수를 믿었기 때문이고, 그 믿음으로 율법이라는 담을 허물었기 때문이다. 그렇다면 이는 결국 예수가 사람들을 범법자로 만드는 자, 곧 '죄를 섬기는 자'라는 말과 같다(2:17-18). 물론 말도 안 되는 이야기다. 그런데 베드로가 지금 이렇게 말도 안 되는 행동을 하고 있는 것이다! 혹은 베드로의 이런 행동은 이방인들도 믿음으로 의롭게 되도록 하기 위해 십자가에서 돌아가신 예수의 죽음을 무의미하게 만드는 것이기도 하다. 베드로의 행동이 시사하는 것처럼, 만약 의롭게 되는 것이 "율법을 통해서"라면, 곧 칭의가 할례 받은 유대인들의 전유물이라면, "그리스도는 무의미하게 죽으신 것이다"(2:21). 물론 있을 수 없는 생각이다. 그처럼 베드로의 행동이 터무니없다는 것이다.

바울은 베드로의 행동이 이방인들을 유대인으로 살도록 "강요하는" 것이라 비난한다(2:14). 물론 베드로가 직접 이방 신자들을 향해 '유대인이 되라'고 요구한 것은 아니다. 하지만 이방 신자들과의 식사 자리에서 물러난 것은 적어도 그 순간에는 이방인들과 함께 어울릴 수 없다는 입장을 피력한 것이고, 이는 결국 이방인들은 언약 백성의 울타리 밖에 있다고 말하는 것과 같다. 그러니까 "여러분이 할례를 받고 유대인이 되기 전까지는 언약 백성으로 인정하여 함께 밥을 먹을 수 없습니다"는 말인 셈이다. 사실상 "구원의 공동체에서 나와 함께 밥을 먹으려면 할례를 받고 유대인이 되어야 합니다"는 말과 같은 것이다(행 15:1).

갈라디아서 앞부분에서 바울은 예루살렘의 사도들이 이방인 디도에게 '할례를 강요하지 않았던' 이야기를 들려준 적이 있다. 그리고 여기서는 안디옥에서 베드로가 이방인들을 '유대인처럼 살도록 강요했던' 실수를 되새긴다. 물론 바울이 이런 사실들을 회고하는 것은 현재 갈라디아의 위기가 바로 그와 동일한 성격의 위기이기 때문이다. 지금 교회 내에는 선동자들 혹은 거짓 교사들이 갈라디아의 이방 신자들에게 "할례를 강요하고" 있다(6:12). 바울은 이들이 '육체'에 모양을 내어 그 육체를 자랑하려 하는 자들이라 말한다. 엄밀히 말하면, 할례를 받는 것 자체가 무슨 해가 되는 것은 아니다. 그 자체로는 해가 되는 것도 아니지만 그렇다고 그 자체로 무슨 실질적 유익이 있는 것도 아니다. 문제는 이처럼 '의의 소망을 기다리는' 일에 아무 소용도 없는 '가짜 해답들'이 마치 구원의 필수 요건인 양 호도하는 일이다. 가짜가 진짜로 대접받으면, 십중팔구 진짜 해답은 소홀히 취급될 공산이 크다. 안타깝게도 실제 갈라디아의 상황이 그랬다. 바로 여기에 위기의 핵심이 있다. 바울의 말처럼, 칭의의 효력이 전혀 없는 할례/무할례 문제에 집착하다가, 정작 의의 소망에 이르는

참 열쇠인 "성령" 곧 "사랑을 통해 발휘되는 믿음"을 팽개치게 된다
는 것이다(5:5-6). "여러분이 성령으로 시작했는데, 이제 와서 육체
로 끝내겠다고요?"(3:3)

할례 곧 유대인이라는 외적 신분 자체만으로는 아무런 의미가
없음을 깨달을 때, 그때라야 비로소 믿음으로 다가오는 복음의 진리
에 마음이 갈 것이다. "우리는 본래 유대인이지 이방 죄인이 아닙니
다. 하지만 사람이 의롭게 되는 것이 율법의 행위들을 통해서가 아니
라 예수 그리스도를 믿음으로 말미암는 줄 알고서"라는 고백처럼 말
이다(2:15-16). 바울에게 있어서 할례 문제와의 긴 싸움은 인종적 평
등을 넘어 구원의 참된 열쇠, 곧 복음의 진리를 수호하고자 하는 열
망의 표현이었다. 그래서 바울은 단호하고 또 집요하다. 생명을 줄 수
없는 헛된 것들을 생명의 수단이라고 말하는 것은 생명을 포기하는
행동과 같다는 사실을 알기 때문이었다(렘 2:13 참조). 설령 그것이
한때 자신이 자랑스러워했던 민족적 정체성이라 하더라도 말이다.

바울이 회고하는 과거에는 비단 바울 자신의 이야기만 있는 것은
아니다. 바울과 갈라디아 성도들의 기억 속에는 이 둘이 함께 했던 시
절도 포함된다. 물론 최근의 불행한 사태 이전까지는 아름답고 행복
한 기억들로 채워진 시간이다. 그래서 지금의 일탈이 더욱 뼈아프다.
안디옥 사건 이야기와 맞물리며 시작된 긴 신학적 논증이 일단락된
후, 다시 시작되는 체험적 회고는 바로 이 아름다웠던 시절을 돌아본
다. 다음 장에서는 바로 이 이야기를 살펴보도록 하자.

4:13-15 여러분이 아는 것처럼, 나는 처음 몸이 아픈 중에 여러분에게 복음을 전했습니다. • 여러분에게 시험거리가 될 만한 것이 내 육체에 있었지만, 여러분은 이것을 멸시하지도 않았고 경멸하지도 않았습니다. 오히려 여러분은 나를 하나님의 천사처럼, 그리스도 예수처럼 받아 주었습니다. • 여러분의 그 행복이 지금 어디로 가 버린 것입니까? 내가 분명히 말할 수 있지만, 할 수만 있었다면 여러분은 나한테 여러분의 눈이라도 빼 주려고 했을 것입니다.

19 ─ 초심으로 돌아가라

시작과 끝

　　　　　　　'시작이 반이다'라는 말이 있다. 무슨 일이든
시작하기까지가 어렵다는 뜻이다. '첫 단추'라는 표현을 쓰기도 한
다. 첫 단추만으로 옷을 다 채울 순 없지만, 첫 단추가 엉뚱하게 꿰어
지면 그 뒤에 아무리 애를 써도 옷을 제대로 입을 수가 없다. 그래서
시작은 중요하다. 시작하는 것 자체가 중요하기도 하고, 또 시작을
잘 하는 것이 중요하기도 하다. 물론 시작이 좋다고 끝이 다 좋은 것
은 아니다. 시작을 잘한 만큼, 같은 마음과 자세로 끝까지 밀고 나가
는 끈기도 중요하다. 그래서 우리는 '가다가 중지하면 아니 간 만 못
하니라' 하기도 하고, '유시유종'有始有終이라는 문자를 읊조리기도 한
다. 끝까지 가는 것, 그래서 원하는 결과를 얻는 것이 중요하다는 것
을 말하기 위해 '끝이 좋으면 다 좋다'All is well that ends well는 셰익스피어의
글 제목을 인용하기도 한다.

아름답게 왔다가 추하게 가는 것들이 있다. 아름답게 피었다가 서글프게 시드는 꽃도 그렇고, 순백으로 왔다가 거무죽죽한 색깔로 사라지는 겨울 도심의 눈덩이도 그렇다. 혹은 옛날의 솔로몬처럼, 아니면 우리 시대 TV 화면을 채우는 수많은 정치꾼들과 '먹사'들처럼, 멋지게 등장했다가 결국 추하게 사라지는 선동자들도 마찬가지다 (올 때부터 추한 사람들이야 아예 말할 것도 없겠지만). 한때 우리나라의 민주화를 위해 젊음을 불살랐던 이들이 기득권의 자리에서 그 기득권을 지키기 위해 열심인 모습도 마찬가지다. 그만큼 '초심'을 지키는 일은 어렵다.

첫사랑을 잃을 때

우리의 삶은 한결같지 못하다. 남녀관계를 보면 알 수 있듯이, 우리는 쉽게 변한다. 그러지 않으리라는 다짐이 무의미하다는 사실을 우리는 잘 알고 있다. 이혼서류에 도장을 찍는 그 많은 남녀들이 미처 결혼서약을 하지 못해서 그렇게 되었겠는가? 전과 후가 다른 우리의 냄비근성 때문에 우리는 자꾸 옛날을 되새긴다. "그때가 좋았다"고 한숨을 쉬기도 하고, "초심으로 돌아가자"고 다독이기도 한다. '아름다웠던' 시절에 대한 추억이 지금의 빗나간 삶을 깨우치는 강력한 수단이 되기 때문이다.[1] 우리의 신앙도 그렇다. 아무리 깊은 감화를 받아도, 첫 감격의 관성으로 끝까지 살아 내는 경우는 없다. 버티고 가야 하는 인내의 시간이 있다는 이야기다. 그래서 우리의 삶에는, 예수께서 에베소 교회를 향해 "너희 첫사랑을 버렸다"고 질책하셨던 것처럼(계 2:4), 한때의 열정적 신앙이 세

월과 함께 식어 가는 일들이 일어난다. 신약성경에 담긴 편지들은 거의 대부분이 바로 이처럼 '식어 가는' 시점에 기록된 이야기들이다. 갈라디아서 역시 마찬가지다. 바울의 편지 속에 갈라디아 공동체의 '첫사랑' 혹은 회심 초기의 아름다웠던 시절을 되새기는 내용이 포함되는 사실이 전혀 어색하지 않다. 우리의 체험을 생각해 보면 더욱 그렇다.

신학적 회고(3:1-5)

3:1-5의 격앙된 논의는 공동체가 생겨날 당시의 역동적인 모습을 다소 신학적 관점에서 회고한다. 믿음과 성령의 길을 떠나 율법과 육신의 길로 빗나가는 성도들을 향해 바울은 그들이 복음을 믿고 성령을 받아 새로운 공동체를 형성했던 그 '처음'이 어떠했는지 일깨운다. "여러분이 성령을 받은 것이 율법의 행위들을 통해서입니까, 아니면 (복음을) 듣고 믿어서였습니까?"(3:2, 5) 그리스도인으로서 그들의 새 삶이 믿음과 성령을 통해 시작된 것이라면, 믿음과 성령의 동일한 자세를 끝까지 유지하는 것이 당연하다. 그런데 그들은 지금 그 길을 버리고 율법이라는 무기력한 수단, 곧 '육체'로 규정할 수밖에 없는 수단으로 기울고 있다. "성령으로 시작했는데, 이제 와서 육체로 끝내겠다고요?"(3:3) 물론 이것은 말도 안 되는 소리다. 그래서 바울은 답답하다. "참으로 어리석군요, 갈라디아인들이여!"(3:1) "여러분이 그렇게 어리석습니까?"(3:1 상) 물론 지금 갈라디아의 성도들은 이 '뻔한' 논리를 깨닫지 못하고 있다. 그래서 바울은 이들이 이렇게까지 둔한 것은 "누군가에 홀렸기" 때문이라고까지 말한다.[2]

313

4:8-11에도 비슷한 논리가 나온다. 그는 신자들의 '그때'와 '지금'을 대조하며 그들의 어리석음을 폭로한다. "그때" 곧 회심 이전 그들은 하나님을 몰랐었다. 당연히 그들의 삶은 "본래 하나님이 아닌 것들" 곧 우상들에게 종노릇하던 허망한 삶이었다(8절). 하지만 "이제" 그들이 하나님을 알게 되었다. 아니, 하나님께서 그들을 알고 계시는 상황이 되었다. 그렇지만 안타깝게도 이 멋진 '이제'가 늘 생생한 현재로 머물러 있는 것은 아니었다. 엄밀히 말해, 9절에서 바울이 사용한 "이제"라는 부사는 하나님을 알게 되고 하나님에 의해 알려졌던 회심의 시점과 연결된 것이 아니라, "어찌하여 또다시 그 약하고 천한 초등 학문으로 되돌아가 다시 그것들에게 종노릇하려 합니까?" 하는 최근의 현재와 연결된다. 말하자면, 회심 초기의 아름다웠던 '지금'이 벌써 물 건너간 '그때'가 되어 버리고, 그들의 실제 '지금'은 오히려 회심 이전의 더 먼 과거로 돌아간 상황을 닮았다. '초심'으로 돌아간 정도가 아니라, 아예 회심 이전의 시절로 회귀해 버렸다는 것이다.

회심 이전으로?(4:9)

갈라디아의 신자들은 "회심 이전으로 돌아가고 있다"는 바울의 원색적 비판이 의아했을 것이다. 새로 방문한 교사들의 가르침은 아예 복음을 버리고 예전의 우상숭배로 돌아가라는 것이 아니었다. 오히려 할례를 받아 유대인이 되고, 유대인처럼 절기도 지키고, 유대인처럼 식사 규정에도 충실하라는 것이었다. 지금까지 몰랐던 하나님의 백성, 곧 할례 받은 유대인으로서 살아야 한다는 요구였다. 유대 전통을 받아들이라는 말이 어떻게 아주 신앙을 버리라는 말로 둔갑할 수 있는가? 더욱이 할례란 하나님이 명하신 것 아닌가? 그런데 어떻게 이렇게 상황을 악의적으로 왜곡할 수 있는가! 물론 바울이 이 사실을 모를 리 없다. 하지만 회심한 바울의 입장에서 볼 때, 할례나, 절기 규정, 혹은 식탁 규정 등이 하나님의 백성이 되는 조건인양 부산을 떠는 것은 어리석다. 거듭 지적하는 사실이지만, 그런 관습들 자체에 무슨 교리적 독이 있는 것은 아니다. 사실 그런 것들이야 이러나저러나 아무 상관없는 것들이다(5:6; 6:15). 바울이 염려하는 문제는 그런 무의미한 조건들이 진짜 구원의 백성이 되는 해답인 줄 집착한 나머지 정작 중요한 백성 됨의 자질들, 곧 믿음과 성령이라는 진짜 해답을 팽개치는 상황으로 치닫는다는 사실에 있다(3:3). 물론 율법(의 행위들)에 대한 집착이 글자 그대로 이교적 우상숭배와 같을 수는 없다. 하지만 둘 다 생명의 성령과 무관하다는 사실에 초점을 맞추면, 이 둘의 차이는 거기서 거기다(3:21). 생명을 줄 수 없다는 결정적 한계 앞에서, 율법이나 우상 모두 "약하고 빈약한" 것일 수밖에 없는 것이다(4:3, 10). 그러기에 복음을 믿고 성령을 받았던 이들(3:1-5), 그래서 성령으로 새로운 삶을 시작했던 사람들(3:3)에게 이 '성령'의 의미는 남달랐을 것이다. 바로 이 성령의 역사가 그들의 삶을 변화시킨 복음의 실질적 능력이었기 때문이다. 성령의 깨우침과 힘 주심을 통해 그들은 허망한 우상숭배의 삶에서 벗어나 살아 계시고 참되신 하나님을 섬기는 삶으로 돌아왔다(4:9; 살전 1:9). 그랬던 성도들이 다시 할례나 절기 준수처럼 성령과 무관한 '육체적인' 조건들에 집착하고 있다면, 그리고 마치 그것이 신앙의 열쇠인 양 생각한다면 이 얼마나 어리석은가? 이는 과거 그들이 우상을 섬기는 다양한 규정과 절차에 집착하던 시절과 무엇이 다른가?

"나처럼 되십시오!"(4:12-19)

이처럼 신학적인 관점에서 아름다운 과거와 슬픈 현실을 '비교'할 때도 있지만, 첫 사랑에 대한 호소는 정서적이거나 감정적인 차원으로 흐를 수도 있다. 비련의 여인이 변심한 애인을 향해 "그때는 죽을 때까지 나만 사랑하겠다며?" 하며 울부짖는 장면을 떠올려 보자. 이건 이성적 판단을 주문하는 것이 아니라 변해 버린 모습에 대한 죄책감을 자극하는 것이다. 머리가 아니라 가슴을 겨냥한 논법이다. 바울 역시 신학적 논증과 더불어 성도들을 향한 정서적 호소에도 많은 지면을 할애한다. 물론 제대로 된 감정이라면 조작에 한계가 있는 법이다. 순간적인 조작은 가능할지 몰라도, 지속적인 변화가 가능하려면 감정적 수사에도 나름의 논리가 필요하다. 어쨌든 생각하는 동물인 인간이란 어떤 식으로든 '말이 된다'고 느낄 때라야 마음도 따라 움직이기 때문이다. 그러니까 가장 감정인 듯 보이는 곳에서도 분명한 논리는 살아 있다는 이야기다. 갈라디아서 4:12-19은 이런 감정적 호소가 가장 적나라하게 드러나는 단락에 해당한다.

"형제 여러분" 하고 시작하는 간절한 호소는 "내가 여러분들처럼 된 것과 같이 여러분도 나처럼 되었으면 좋겠습니다"는 것이다(4:12). 갑자기 이 무슨 소리인가 하고 느낄 수도 있지만, 1-2장의 긴 이야기들을 떠올려 보면 이런 호소의 의도를 파악하기는 어렵지 않다. 바울이 갈라디아 성도들처럼 되었다는 이야기는 우선 유대인 특

316

유의 전통적 배타주의를 포기하고 이방인들과 자유롭게 어울렸다는
의미일 것이다. 고린도전서 9장에서 회고하는 것처럼, 바울 자신은
"법 없는" 사람이 아니라 분명 "그리스도의 율법 아래 있는" 사람이
다(9:20). 하지만 이방인들과 있을 때 그는 이방인인 것처럼 행동했
다. 또 유대인들과 있을 때는 자기 역시 "율법 아래 있는" 사람인 양
행동했다. 그러니까 복음의 진리와 무관한 사안들에 대해서는 상대방
의 삶의 방식을 배려하며 거기에 맞추어 행동했다는 이야기다. 한마
디로 그는 "누구에게도 매여 있지 않은 자유인이지만, 그럼에도 불구
하고 모든 사람에게 종으로 행세했다"(9:19). 하지만 이는 결코 줏대
없는 우유부단함이 아니다. 오히려 그의 이런 '노예적' 행보는 "그들
중 몇몇이라도 구원하고자" 하는 사도적 사명을 위해 자신에게 주어
진 권리와 자유를 과감하게 포기한 결단의 산물이었다(9:20-22).

바울은 관계의 상호성에 호소한다. 오는 정이 있으면 가는 정도
있는 법이다. 바울은 자신이 사도적 권리와 유대인으로서의 삶의 방
식을 포기하고 이방 신자들의 방식에 맞춘 것처럼, 그들 역시 바울
자신이 선포하고 가르친 삶의 방식에 맞추어 달라고 호소한다. 바울
이 전했던 복음은 그저 말로만 전달된 것이 아니라 바울 자신의 실
천적 삶을 통해 드러난 실천적 가르침이기도 했다. 따라서 바울의 부
탁은 자신도 살지 않은 멋진 삶을 살라는 폭력적 요구가 아니라, 자
신이 '행실'로 보여주었던 그 삶을 실천해 달라는 인격적 호소였다
(롬 15:18). 물론 갈라디아 신자들은 바울이 어떤 삶을 살았는지 잘
알 터였다. 갈라디아서 앞부분에서 회고하듯, 하나님의 은혜로 복음
을 받고 사도가 되었던 사람, 회심과 부르심 직후부터 사람 아닌 하

317

나님을 의지하며 섬겼던 사람, 베드로와 바나바가 복음의 진리와 어긋나는 행동을 할 때조차 올바른 길을 지키고자 했던 그런 사람이었다. 헛된 가치에 휘둘리는 대신, 십자가와 부활의 복음을 선명하게 선포하며 이를 통해 성령의 역사하심을 경험해 왔던 사람이기도 했다. 할례는 강요하면서 정작 율법은 지키지 않는 거짓 교사들과는 달리(6:12-13), 바울의 설교는 언제나 "나를 본받으세요"라는 말로 요약할 수 있었다(고전 4:16; 11:1; 빌 4:9; 살전 1:5-6).

언뜻 이렇게 오만할 수 있을까 싶다. 하지만 사실 곰곰이 생각해 보면, 실제 우리를 움직이는 가르침이란 언제나 이런 식일 수밖에 없다. 말은 쉽지만 몸이 따라 주지 못하는 좌절이 익숙하고, 늘 '마음은 원이로되 육신이 약한' 것이 우리의 실존이다. 그래서 사람들의 물음은, 혹은 설교를 듣는 신자들의 물음은 "복음이 얼마나 아름다운가?"가 아니라, "복음이 정말인가?" 하는 것이다. 복음이 실제 삶의 능력인지 아닌지를 거듭 확인하고 싶은 것이다. 이런 실존적 상황에서, 복음 선포의 핵심적 기능은 복음의 실질적 능력을 드러내고 확증하는 일이다. 그저 말로 멋진 가르침을 베푼다고 가르침이 되는 것은 아니다. 우리가 자주 경험하는 것처럼, 멋진 설교를 하면서 정작 자신은 그 가르침을 배반하면, 성도들은 절망과 배신감에 몸서리친다(물론 그럴 능력조차 상실한 사람들은 빼고). 우리의 고뇌는 멋진 생각과 멋진 말을 찾아내는 것이 아니라, 그 멋진 생각과 말이 어떻게 멋진 삶으로 구현될 수 있을까 하는 것이다. 그러니까 복음 선포의 핵심은 복음의 '말'이 하나님의 말씀이라는 사실, 인간의 무기력한 언어와는 달리 새로운 '삶'을 일구어 내는 능력을 가졌다는 사실을 드러내는 일이다. 복음의 가르침이 실제 우리의 일상을 지탱하는 역동적 진리임을 재확인함으로써, 성도들이 "그 배운 바의 확실함을 알도록" 해 주는 역할이다(눅 1:4). 예수님의 경우에서 확인되는 것처럼, 사람들이 그의 가르침에 놀랐던 것은 그 교훈의 심오함 때문이 아니라 그 가르침이 권세 있는 자와 같았다는 사실, 곧 말만 하고 행함은 없는 서기관과 바리새인들과는 달랐다는 사실 때문이었다(마 7:28-29; 23:3, 5). 물론 이런 작업에는 선포자 혹은 교사 자신의 삶과 그가 선포하는 메시지 사이의 일관성이 결정적인 중요성을 갖는다. 내 삶은 뒤로 숨기고 멋진 말만 하면 되는 것이 아니라, 내 삶을 통해 내가 선포하는 메시지의 진실성을 담보해야 한다는 이야기다. 그렇다고 이것이 완벽한 삶에 대한 주문은 아니다. 성도들의 요구는 완벽함이 아니라 진솔함이다. 나 자신이 복음을 받은 자로 살아가고자 하는 진솔한 노력이 중요하다는 뜻이다. 때로 실수가 있을 것이다. 진솔한 삶의 문맥에서는 그런 실수마저도 은혜의 계기로 작용할 수 있다. 성도들은 그런 넓은 의미에서 복음이 우리 삶을 위한 진리임을 확인하고 싶어 하는 것이다.

바울의 연약함, 복음의 능력

바울은 자신이 "육신의 연약함으로 인해" 복음을 전했다고 회고한다(4:13). 아마도 몸이 아픈 중에 복음을 전했다는 뜻일 것이다. 말하자면 '구원의 능력'을 선포하기에는 전혀 어울리지 않는 상태였던 셈이다. 실제로 바울의 육체적 연약함은 그의 메시지를 터무니없는 것으로 보이게 할 만한 여지를 제공했던 것처럼 보인다. 그게 무엇인지 알 도리는 없지만,[3] 바울 자신의 육체에는 갈라디아의 이방인들을 시험할 만한 무언가가 있었다. 하지만 갈라디아 신자들은 그런 바울을 멸시하지도 거부하지도 않았다. 오히려 그들은 바울은 천사처럼, 아니 그리스도 자신과 같이 대접했다(4:14). 만약 할 수만 있었다면, "그들의 눈이라도 빼어 줄 만큼", 우리 식으로 말하자면 '간이라도 빼 줄 것처럼' 그들은 바울을 사랑했다(4:15). 무척이나 감동적인 장면이다. 하지만 여기서 우리는 이런 감동적인 장면 속에 함축된 보다 깊은 의미를 보아야 한다. 역겨운 시험거리가 있는데도 이방 신자들이 바울을 그토록 뜨겁게 환영하며 사랑하도록 만들었던 원동력은 무엇이었을까?

바울이 여기서 말한 '시험거리'는 아마 그가 고린도후서에서 언급한 바로 "육체의 가시"였을 것이다. 이는 바울을 괴롭혀 교만하지 못하도록 하려고 하나님께서 주신 "사탄의 하수인"이었다(고후 12:7-8). 그는 이 고통을 없애 달라고 세 번씩이나 기도했지만, 그때마다 주님의 답변은 "너는 이미 충분한 은총을 받았다"는 것이었다. 주님의 이유는 분명했다. 곧 "네가 약할 때 내 능력이 강하게 드러난다"는 것이었다(고후 12:9). 이를 깨달은 바울은 그래서 "그리스도의 능력이 내게 머물도록 하려고 더없이 기쁜 마음으로 나의 연약함을 자랑하겠다"고 말한다(고후 12:10; 갈 6:14 참고). 바로 그런 의미에서 "내가 약할 때 오히려 나는 더 강하다"(12:10). 나 자신이 강하다는 뜻이 아니라, 연약한 나의 섬김을 통해 그리스도의 능력이 확실하게 드러난다는 이야기다.

이렇게 보면 그에게 있어 '연약함'이란 '인간적 연약함을 매개로 드러나는 복음의 능력'을 에둘러 말하는 역설적 논법이라 할 수 있다. 고린도에서도 바울은 복음을 전할 때 자신이 "약하고, 두려워하고 심히 떨었다"고 회고한다(고전 2:3). 그의 선포는 자신의 존재감을 부각시키는 멋진 웅변이나 그럴듯한 설득력에 의존한 것이 아니었다(2:1, 4). 그의 메시지는 "십자가에 달리신 그리스도"를 정확하게 선포하는 것이었고, 이를 선포하는 그는 참 볼품없어 보였다(고후 10:1, 10). 하지만 그의 이러한 연약함에도 불구하고, 그의 선포는 "성령과 능력의 나타남"을 동반했고, 인간의 피상적 지혜가 아니라 "하나님의 능력으로" 믿는 자들의 공동체가 생겨날 수 있었다(2:4-5). 물론 중요한 것은 연약함 자체가 아니라 성령의 역사다(살전 1:5-6; 롬 15:18).[4]

그러니까 갈라디아서에서도 '연약함'에 대한 그의 언급은 사실상 자신의 연약함을 통해 드러난 성령의 역사를 에둘러 가리키는 표현일 수 있다. 곧 "여러분이 성령을 받았던 것이 율법의 행위들을 통해서였습니까, 아니면 (내가 연약한 상황에서 선포한 메시지를) 듣고 믿어서였습니까?" 하는 물음과 상통하는 이야기인 셈이다(3:2-5). "여러분의 그 행복(=행복했던 감격)이 지금 어디로 가 버린 것입니까?" 하는 물음은 바로 이런 상황을 염두에 둔 질책이다(4:15). 인간의 연약함을 넘어 역사하셨던 성령, 또 그로 인해 하나님께로 돌아와 하나님을 섬기겠노라고 감격하던 그 복된 모습이 어디로 사라진 것이냐는 질책이다. 그저 '다시 나에게 잘해 달라'는 뜬금없는 부탁이 아니라, "성령으로 시작했던" 바로 그 첫사랑의 감격을 회복하라는 주문인 셈이다(3:3). 새 생명의 능력이라는 그 복음의 알맹이를 버리고 할례나 날짜 지키기 같은 껍데기에 집착한다는 것은 얼마나 슬픈 일인가?

다시 처음부터?(4:9)

지금 바울은 최근 교회에 들어와 성도들을 현혹하는 새로운 교사들을 질투하며 그들과 경쟁을 벌이는 것이 아니다. 지금 갈라디아 신자들에게 공을 들이는 거짓 교사들 혹은 선동자들이 바울과 같은 복음을 가르쳤다면, 바울은 오히려 그들의 노력에 기뻐하고 감사했을 것이다(4:6, 17; 빌 1:15-18). 하지만 애석하게도 그들의 의도는 불순했다. 그들의 의도는 갈라디아 신자들을 '배제하려는' 것이었다(4:17). 이는 바울과 신자들을 갈라놓으려 한다는 의미일 수도 있지만, 아마 택한 백성의 울타리 밖으로 이방 신자들을 배제하려 한다는 의미가 맞을 것이다. 열성은 있었지만, 그들의 열성은 하나님께 대한 참 지식이 없는 빗나간 열정이었다(롬 10:2-4). 성령의 역사에 초점을 맞춘 바울과는 달리, 그들은 할례나 절기 준수와 같은 외적 요건들을 걸고 이방인들을 교회 곧 '하나님의 백성'의 울타리에서 제외시키려 했다. 마치 안디옥에서 베드로가 그랬던 것처럼 말이다(2:11-14). 그런데 지금 갈라디아의 성도들은 그들의 이런 강요에 설득되어, 할례를 받고 절기도 지키면서 유대인이 되려 한다(4:10). 그렇다면 이는 십자가와 부활의 메시지를 통해 성령의 선물을 받았고, 이 성령으로 박해를 견디며 지금까지 달려왔던 그 모든 시간이 무의미해졌다는 의미가 아닌가?(3:3-4; 5:7) 더 나아가, 이는 이렇게 자신의 연약함을 감수하며 복음의 능력을 드러내고자 했던

바울의 수고 또한 공수표로 돌아갔다는 이야기가 아닌가?(4:10)

거의 신음에 가까운 19절은 바울의 이런 안타까운 심정을 절절히 드러낸다. "나의 자녀 여러분, 여러분 속에 그리스도께서 모양을 갖추실 때까지 내가 다시금 해산의 고통을 겪어야 하겠습니다." 그토록 아름다웠던 "행복"은 사라지고(4:15), 처음 갈라디아에서 교회를 개척할 때처럼 바울은 다시금 해산의 고통을 겪어야 할 상황이다. 그런데 여기서 바울의 유비는 놀라운 방식으로 비틀린다. 이 산고를 통해 태어나야 하는 아기는 다름 아닌 그리스도다! 마치 아기가 사람의 모양이 되어 세상 속으로 나오듯, 그리스도께서 형체를 갖추어 갈라디아 공동체 속에 그 모습을 드러내셔야 한다(4:19). 한때 생생했지만 이제 찾을 수 없는 그리스도의 형상(3:1, 3), 그 형상을 다시 "낳기 위해" 사도적 고통을 감내하겠다는 것이다. 이는 곧 사라진 복음의 능력을 회복하라는 이야기와 다르지 않다(3:3; 5:5-6, 16-18; 6:7-9, 15). 처음의 감격을 가능케 했던 실질적 토대를 회복함으로써 그 감격을 다시 누리자는 호소인 셈이다. 이 중요한 구절에 대해서는 다음 장에서 좀 더 생각해 보도록 하자.

5부

다시 생각하는 갈라디아서

6:14-15 그러나 나에게는 우리 주 예수 그리스도의 십자가 말고는 전혀 자랑할 것이 없습니다. 그를 통해 세상은 나에 대해, 그리고 나 또한 세상에 대해 십자가에 못 박혔습니다. • 할례나 무할례는 아무것도 아닙니다. 중요한 것은 새로 지으심을 받는 것뿐입니다.

20 ― 새로운 창조 이야기

편지의 결말(6:11)

　　　　　　직접 그 정체를 드러내는 경우는 거의 없지만, 바울의 편지는 대부분 전문 필경사에 의해 대필되었던 것으로 보인다. 그래서 로마서 같은 곳에서는 필경사^amanuensis였던 더디오가 로마의 성도들에게 자신의 안부를 함께 전하기도 한다(롬 16:22). 하지만 편지가 전부 구술되었던 것은 아니다. 편지의 대부분은 구술되지만, 마지막 부분은 바울이 펜을 받아 친필로 기록했을 것이다. 편지의 내용 자체는 컴퓨터로 작성되고 프린트되는 요즘에도 마지막 서명은 직접 손으로 하는 것과 마찬가지다. 이런 관행은 갈라디아서에서도 잘 나타나는데(6:11-18), 여기서는 바울 자신이 자기 손으로 직접 쓴다는 사실을 분명히 밝힌다. "내 손으로 여러분에게 이렇게 큰 글자로 쓴 것을 보십시오!"(11절)라는 말은 바울 자신이 펜을 받아 친필로 적기 시작했음을 알려 주는 표시다. 당연히 이는 이제 바울의 편지가 '결론' 모드로 들어가고 있음을 알려 주는 표지다.

여기서 "이렇게 큰 글자로" 썼다는 말은 십중팔구 자신의 말을 강조하기 위한 비유적 표현일 것이다. 간혹 어떤 이는 이 표현을 문자적으로 해석하여 바울의 질병에 대한 단서를 찾기도 한다. "이렇게 큰 글자로" 쓴 것을 보면 바울은 아마도 시력이 매우 나빴을 것이다. 또 이를 "할 수만 있었다면 여러분은 나한테 여러분의 눈이라도 빼 주려고 했을 것입니다"는 말(4:15)과 연결해 보면 꽤 그럴듯한 그림이 그려진다. 아마 이것이 바로 바울이 고린도후서에서 언급한 "육체의 가시"가 아니었을까?(12:7-8) 물론 이는 가능성이 있는 추측에 불과하다. 바울의 행보를 보면 심한 눈병을 가진 사람 같지는 않다. 바울이 말한 가시가 무엇이든, 사실 바울의 이런 말은 수사적 표현일 가능성이 높다. "간이라도 빼 줄 것처럼 하더니" 하는 말을 듣고 "이 사람이 간이 나쁜가 보다" 하는 결론을 이끌어 내는 사람은 없는 것처럼 말이다.

'육체'의 위험성(6:12-14)

편지를 마무리하면서 바울은 지금 교회에 들어와 성도들을 혼란케 하는 거짓 교사들을 다시 한 번 언급하며 이들에 대해 마지막 경고를 날린다. 바울에 의하면 이들은 "육체에 모양을 내려는" 자들(6:12), 그리하여 갈라디아 성도들의 "육체를 두고 자랑하려는 이들"이다(6:13). 물론 할례를 염두에 두고 하는 말이다. 여기서 '자랑한다'는 것은 단순히 뻐기는 것이 아니라, 삶의 근거 혹은 원칙으로 삼아 의지한다는 뜻이다(6:14). 물론 바울은 줄곧 '육체적인' 것들의 무력함과 허망함을 부각시키며 이를 생명을 부여하는 성령의 능력과 대조한다.¹ 그리고 "성령으로 시작했다가 이제 육체로 마치려고 하는" 갈라디아 신자들의 어리석음을 질타한다(3:3). 갈라디아서에서 이 '육체'는 '아브라함의 씨' 혹은 '하나님의 자녀'라는 거룩한 정체성을 할례와 같은 인간적 기준으로 정의하려는 태도로 나타났다. 인간의 죄 혹은 그로 인한 타락이 어떤 외면적 조건의 결핍을 의미한다면, 그 조건의 충족 혹은 회복은 구원을 의미할 것이다. 하지만 인간이 처한 상황은, 유대인이든 헬라인이든 (그리고 현대인이든), 그처럼 간단하지 않다. 모든 인간은 죄의 지배 아래 있고, 따라서 구원은 이 죄의 다스림으로부터의 해방을 필요로 한다. 우리를 죄의 전횡으로부터 해방할 수 없는 모든 '대안들'은 모두 가짜 해답들이다. 이 점에서는 율법 또한 마찬가지다. 하나님의 율법이기에 거룩하지만, 그렇다고 이 율법이 생명의 수단으로 주어진 것은 아니다. 그래서 이 율법 역시 '연약하다'는 한계를 공유한다. 그 점에서 율법은 다른 모든 인간적 조건들과 다를 바 없으며, 그래서 바울은 이 율법을 '육체'와 같은 범주에 속한 것으로 다룬다(5:1-4, 16-18). 이런 가짜 해답들은 그 자체로는 무해하다(5:6). 하지만 이런 것들이 마치 구원의 해답인 양 통용될 수 있다는 점에서 위험할 수 있다. 바울이 갈라디아서에서 할례 자체를 문제시하는 것은 바로 이런 특수한 상황에서다. 지금 갈라디아의 신자들은 마치 할례가 우리를 의의 소망으로 인도할 수 있기라도 한 것처럼 부산을 떨고 있다. 이처럼 엉뚱한 것을 진짜 해답이라고 착각하면, 진짜 해답은 관심 밖으로 밀려날 것이다. 바로 여기에 위기의 본질이 있다. 할례와 같은 가짜 해답 자체가 문제이기 때문이 아니라, 그런 쓸데없는 열심 때문에 "사랑을 통해 역사하는 믿음"이라는 참 해답을 팽개치는 상황이 조성되고 있기 때문이다(5:6).

죽음과 단절로서의 십자가

육체를 자랑하며 의지했던 거짓 교사들과는 달리, 바울은 "그리스도의 십자가" 외에는 자랑할 것이 없다고 말한다(6:14). 십자가에 달리신 '그리스도 예수를 자랑한다'는 말과 같다(빌 3:3). 앞에서 우리는 십자가에 관한 바울의 논의를 살펴보았다. 바울은 그리스도의 '십자가' 혹은 그를 향한 '믿음'을 성령의 근거 혹은 원천으로 제시했었다. 이 성령을 힘입어 갈라디아의 신자들은 그리스도인으로서 새로운 삶을 시작했고(3:2-5), 또 거짓 교사들이 들어오기 전까지 이 성령을 따라 살아가며 의의 소망을 기다리고 있었다(5:5). 그래서 빌립보서에서도 "그리스도 예수로 자랑한다"는 말과 "하나님의 성령으로 섬긴다"는 말이 함께 엮이고, 이 둘은 모두 "육체를 신뢰하지 않는다"는 말과 대조된다(빌 3:3).

물론 성령으로 살아간다는 말은 육체적 가치를 의존하는 삶을 멈춘다는 뜻이다. 바울은 이런 삶을 '세상'이라고 부른다. 그냥 사람이 살아가는 '세상'이나 하나님이 사랑하시는 '세상'이 아니라(요 3:16), 하나님과 대적하는 의미의 세상, 곧 우리가 사랑하지 말아야 할 '세상'을 의미한다(요일 2:15-17). 바울이 자랑하는 그리스도의 십자가는 이런 세상과의 상호적 죽음을 야기한다. 이 십자가를 통해 혹은 십자가에 달리신 그리스도를 통해, 육체적 가치들에 의존하며 살아가는 '세상'이 바울에 대해 십자가에 못 박히고, 바울 역시 그런 세상에 대해 십자가에 못 박혀 버렸다. 물론 십자가에 못 박힘은 죽음을 의미하고, 여기서 죽음은 무엇보다도 관계 단절의 의미를 갖는다. 잘 사귀던 연인들이 "이제 너랑 나랑 끝이야!"라고 말할 때처럼, 세상과 바울이 서로 '끝났다'는 것이다. 우리가 이 단어를 '못 박혀 버렸다'고 풀이한 것은 바울이 사용한 현재완료 시상을 부각시키기 위해서다. 한 번 죽어 여전히 죽은 상태로 있다는 이야기다. 그리스도를 만나면서 일어난 세상과의 죽음과 단절은 지금도 바울의 삶을 설명하는 가장 근원적인 사실로 남아 있다. 그는 언제나 세상에 대해 죽은 사람으로 살아간다.

물론 바울이 현재의 삶을 이처럼 죽음과 단절의 부정어로 묘사하는 것은 과거와 확실히 단절하지 못하는, 아니, 회심과 더불어 내버린 과거를 다시 되살리려 하는 성도들의 어리석음을 질타하기 위해서다(4:8-11). 바울의 말처럼, "그리스도 예수의 사람은 그들의 정욕과 욕망을 그들의 육체와 함께 십자가에 못 박은" 사람들이다(5:24). 그런데 지금 갈라디아의 신자들은 자기들이 못 박았던 그런 '정욕과 욕망'의 삶을 다시 되살리려 한다. 할례나 절기 준수에 대한 열정이 그렇다. 이런 조건들의 효력은 사람들 사이에서 끝난다. 할례나 안식일 준수의 관행이 사람(유대인)과 사람(비유대인)을 구분하는 효과를 내지만, 그것이 새로운 생명을 매개할 수는 없다. 물론 우리는 이런 구분에 집착할 수 있다. 생명을 주든 아니든, 우리는 여전히 남과 나를 구별하고 싶다. 그리고 내가 더 낫다는 것을 확인하고 싶다. 이것이 바로 죄 아래 있는 인간적 욕망의 본질이다. 그래서 우리는 생명을 주는 가치들이 아니라 경쟁을 가능케 하는 그런 조건들에 가치를 부여하고, 그 조작된 가치를 획득하기 위해 무한 경쟁을 벌인다. 르네 지라르$^{René Girard}$는 이런 무익한 조건들, 오로지 경쟁이라는 기제 위에서만 작동하는 우리의 욕망을 '형이상학적 욕망'이라 불렀다.[2] 물론 바울은 이를 '육체'라 부른다. 그러니까 할례라는 외면적 조건에 집착하며 그것으로 너와 나를 구분하는 행태는 무익한 조건들을 내세우며 남과 나를 구별하고 차별하는 세속적 행태와 본질적으로 동일하다. 그것이 종교적 영역이라서 그럴듯하게 보이긴 하지만, 경쟁과 차별이라는 타락한 욕망의 기제라는 점에서는 전혀 다를 바가 없는 것이다. 그래서 바울은 "율법 아래" 있는 삶을 "육신의 욕망을 구현하는" 삶과 기능적으로 동일한 것이라 보았다(5:16, 18). 물론 이런 껍데기, 곧 율법/육체로 요약되는 가치들 혹은 조건들에 집착하는 것은 생명의 다독거림을 무시하겠다는 말과 같다. 곧 생명의 성령을 따르는 대신 '육신' 곧 죄악된 욕망의 부추김을 따르겠다는 말과 같은 것이다. 성령 대신 이런 헛된 가치들에 집착하면 "육체의 욕망을 실현하는" 삶을 피할 수 없다는 것이다(5:16-18).

십자가의 긍정

그래서 바울은 죽음과 단절에 방점을 찍는다. 하지만 위에서 이미 언급한 것처럼, 십자가는 죽음이나 단절이라는 부정적 기조로 끝나는 이야기가 아니다. 이 점에서 우리는 십자가에 대해 가진 뿌리 깊은 오해를 풀어야 한다. 십자가가 부정적으로 나타나는 것은 그리스도와 세상의 헛된 가치들과의 관계를 생각할 때이다. 하지만 이것은 십자가의 일부다. 크게 보아 세상과의 단절이 의미를 갖는 것은 그 단절이 새로운 만남 혹은 새로운 관계의 시작을 의미하기 때문이다. 로마서 식으로 말하자면, "죄에 대해 죽은" 자라는 사실은 더 나아가 "하나님을 향해 살아 있는" 자라는 사실과 이어진다(롬 6:11). 갈라디아서에서는 이것이 '율법'과의 관계에서 표현된 적이 있다. 바울은 그리스도를 만나면서 "율법에 대해 죽었다"고 말한다. 그리고 이 죽음은 "하나님께 대해 살고자" 했기 때문이었다(2:19). 바울은 이를 "그리스도와 함께 십자가에 못 박혔다"는 말로 표현한다(2:20). 6:14에서처럼, 여기서도 바울은 현재완료 시제를 사용한다. "그리스도와 함께 십자가에 못 박혀 버렸다"는 것, 그래서 지금도 죽은 채로 있다는 것이다. "그런즉 이제는 더 이상 내가 살아 있는 것이 아닙니다"(2:20).

하지만 어떤 의미로든 죽음이라는 부정적 상황이 '행복한 소식'의 결말일 수는 없다. 그래서 바울은 말을 이어간다. "내 안에 그리스도께서 살고 계십니다." 율법과 육체로 규정되던 과거의 자신은 죽고, 대신 그리스도께서 바울 속에서 새로운 삶을 살아가신다. 그리스도께서 내 안에 살아가신다는 말은 부활하신 그리스도의 영 혹은 그리스도를 죽음에서 살리신 하나님의 영이 내 안에 살고 계신다는 말과 같다(롬 8:9-11). 물론 이는 '신학적' 묘사다. 이를 보다 직설적으로 묘사하면 이렇다. "이제 내가 육체 안에 살아가는 것은 나를 사랑하셔서 나를 위해 자기 몸을 내어 주신 하나님의 아들을 믿는 믿음으로 살아가는 것입니다." 그러니까 바울의 생각 속에서 우리가 '믿음으로' 살아간다는 것은 무엇보다도 부활 생명의 담지자이신 하나님과 그리스도의 영의 임재 속에서 살아간다는 것을 의미한다. 바울이 성령을 믿음과 연결하는 이유가 바로 여기 있다(3:2, 5, 14; 5:5).[3]

새로 지으심을 받은 자

성령의 임재와 더불어 살아가는 삶은 창조주 하나님을 믿는 세계에서 생각할 수 있는 가장 온전한 '삶'이라 할 수 있다. 바로 이것이 첫 창조의 의도였을 것이다. 그래서 바울은 그리스도의 사역을 타락으로 인해 상실된 창조의 아름다움 혹은 창조의 영광을 회복하는 것으로 보았다. 그래서 그리스도는 '첫 사람' 아담 (아담은 히브리어로 '사람'이라는 뜻이다)과 비견되는 또 다른 '한 사람' 곧 '마지막 아담'이라 불린다. 첫 사람 아담은 불순종으로 인해 죄와 죽음의 지배를 초래했다. 반면 마지막 아담은 자신의 순종을 통해 죄와 죽음이라는 악순환을 끊고, "영생에 이르게 하는 은혜의 다스림" 이라는 창조적 여정을 개척한다(롬 5:12-21).

잃어버린 인간됨의 회복은 사실상 인간의 창조와 다르지 않다. 그래서 그리스도를 통한 구속의 드라마는 종종 '새로운 창조'의 견지에서 묘사된다. "누구든지 그리스도 예수 안에 있으면 새로이 창조된 존재입니다. 이전 것은 지나갔습니다. 보십시오, 새 것이 되었습니다!"(고후 5:17) 사람을 가리키는 것으로 보아 "새로이 창조된 존재"라고 풀었지만, 문자적으로는 '새로운 창조'new creation를 의미한다. 물론 새롭게 창조된 자들은 창조된 존재 본연의 모습을 가질 것이다. 고린도후서에서 이는 모든 것을 '육체대로' 판단하며 궁극적으로 자기 자신을 위해 살아가던 예전의 삶을 버리고 우리 모두를 위해 죽으신 분, 곧 한 분 예수 그리스도를 위한 삶으로 돌아서는 변화를 의미한다(5:15). 에베소서에서도 구원과 창조의 언어가 함께 나타난다. 과거 더러운 삶으로부터의 구원이 철두철미 은혜에 의한 것임을 강조한 후(2:1-8), 바울은 이것이 "아무도 하나님 앞에서 자랑하지 못하게 하려는" 의도의 결과라고 말한다(2:9). 자랑하지 않는다는 것은 헛된 가치들, 곧 바울이 '육체'라고 부르는 방식의 삶을 내세우지 않는다는 뜻이다. 과거의 더러운 삶 자체가 그런 육체적 가치들에 대한 집착과 얽힌 것이기 때문이다. 바울은 이런 변화를 창조의 언어로 묘사한다. "우리는 그가 만드신 존재입니다." 달리 표현하면, 우리는 그의 '창작품'(포이에마, 영어로 시·작품을 의미하는 poem의 어원이기도 하다) 곧 하나님의 창조적 작업의 결과물이다. 물론 하나님이 우리를 '만드실' 때에는 그 나름의 분명한 목적이 있었다. 그 목적은 다름 아닌 '선한 일들'이다. 우리는 "그리스도 예수를 통해(혹은 예수 안에서) 선한 일을 위해 지으심을 받은 자들이다"(2:10).[4]

갈라디아서에서도 바울은 그리스도의 사역을 새로운 창조로 규정한다.

> 할례나 무할례는 아무것도 아닙니다. 중요한 것은 새로 지으심을 받는 것뿐입니다(6:15).

할례든 무할례든 무익하다. 거기서 생명이 나오는 것이 아니기 때문이다. 중요한 것은 '새로운 창조'다. 다시 말하면, 우리가 필요로 하는 해답은 창조주 하나님의 창조적 능력을 필요로 한다. 바로 이 점을 인식하는 것이 바울의 복음을 제대로 이해하는 결정적인 전제다. 우리에게 필요한 구원을 이룰 수 있는 '하나님의 능력'이란 아담을 "산 혼"으로 만드실 때 드러났던 그 능력(고전 15:45), 아브라함

과 사라의 "죽은" 몸을 "살려" 아들을 낳게 하셨던 하나님의 능력(롬
4:17)이다. 이런 하나님의 생명 창조 능력을 가장 극명하게 드러내신
사건이 바로 그리스도의 부활이다. 그래서 바울을 포함한 초대교회
의 신자들은 그리스도의 부활이야말로 창조주 하나님을 가장 확실
하게 드러내는 계시의 절정이라고 생각했다. 이때부터 하나님은 그
무엇보다도 "예수 그리스도를 죽은 자 가운데서 살리신" 분으로 이
해되고 선포되었다(갈 1:1; 롬 6:4; 8:11; 고후 4:14).

새로운 창조, 새로운 삶

앞서 인용한 고린도후서나 에베소서의 말씀처
럼, 새로운 창조는 새로운 피조물들의 새로운 삶으로 드러난다. 새 창조
구절과 병행되는 구절을 비교해 보면 이 점은 더욱 선명히 드러난다.

> 할례나 무할례는 아무것도 아닙니다. 중요한 것은 새로 지으심을 받
> 는 것뿐입니다(6:15).

> 그리스도 예수 안에서는 할례나 무할례나 아무 효력이 없습니다. 효력
> 이 있는 것은 사랑을 통해 그 진면목을 드러내는 믿음뿐입니다(5:6).

여기서 "새로 지으심을 받는 것"은 "사랑을 통해 그 진면목을 드
러내는 믿음"과 대응한다. 새 창조는 추상적 고백의 문제가 아니라
사랑을 통해 그 위력을 드러내는 믿음의 문제다. 새로운 창조는 생명
을 부여하는 하나님의 능력을 가리킨다. 그리고 이는 사랑 혹은 믿음

이라는 새로운 삶의 방식과 연결된다. 이 두 생각을 하나로 연결하는 끈이 바로 성령이다. 바울의 생각에 의하면, 생명의 능력을 소유하신 하나님의 영이 우리에게 참된 삶을 가능케 하신다. 성령론이 바울 복음의 핵심이라 말하는 이유가 바로 이것이다. 결국 그리스도를 통한 구원 이야기란 창조주 하나님께서 그리스도의 십자가와 부활을 통해 그 창조적 생명을 사람들에게 부여하시는 이야기에 다름 아니기 때문이다. 우리가 지금까지 거듭 강조해 온 것처럼, 예수를 믿는다는 것은 요한복음에서 말한 것처럼 "부활이요 생명이신" 그리스도를 믿는 것이며, 이를 통해 "그를 죽은 자 가운데서 살리신 분"을 믿는 것이다. 이처럼 생명이 해답이라면, 할례나 무할례를 따지는 일은 얼마나 어리석은가! "어리석군요, 갈라디아 사람들이여! 성령으로 시작했다가, 이제는 육체로 마치려고 합니까?"(3:3)

바울이 인식한 갈라디아 교회의 위기는 그리스도를 통해 조성된 새 창조의 파괴였다. 사랑을 통해 드러나야 할 믿음의 부재였으며, 사랑의 열매로 드러나야 할 성령의 부재였다. 아니, 성도들 편에서 성령의 임재를 무시하고, '육체'의 영역에 속한 헛된 가치들에 집착한 것이었다. 생명의 성령이 사랑으로 이어진다면, 육체적 가치들은 경쟁과 투쟁을 야기한다(5:15, 26). 달리 표현하면, 갈라디아 교회들의 위기는 할례 속에 내재되어 있다고 여겨지는 어떤 교리적 오해 때문이 아니라, 쓸데없는 가치들에 집착하면서 오히려 성령을 통한 새 창조의 삶을 팽개치는 태도 때문이다. 그러니까 위기의 본질이 교리적이라기보다는 실제적 혹은 도덕적이라는 것이다. 다음 장에서는 이 점을 좀 더 자세히 살펴보기로 하자.

5:15   하지만 만일 서로 물어뜯고 삼킨다면, 서로에 의해 파멸당한다는 사실을
         명심하십시오.

5:25-26 만일 우리가 성령으로 사는 것이라면, 또한 성령에 맞추어 살아갑시다. •
         쓸데없는 것으로 우쭐해 하면서 서로를 자극하고 서로 시기하지 않도록
         하십시오.

21 ― 믿음으로 받는 성령, 성령으로 기다리는 의의 소망

지금까지 우리는 다양한 관점에서 갈라디아서의 논증을 살펴왔다. 바로 앞의 장 말미에서 우리는 갈라디아 교회들의 위기가 구체적으로 어떤 것이었는지를 살펴보겠다고 예고했었다. 사실 갈라디아 교회들이 겪는 위기의 본질은 지금까지의 논의를 통해 충분히 드러났다고 볼 수 있다. 하지만 중요한 문제인 만큼, 이와 관련된 바울의 진술들을 다시금 더듬어 보기로 하자.

율법의 행위들

갈라디아서는 배교의 위험에 빠진 이들을 향한 편지다(1:6). 전통적으로 우리는 이 배교의 핵심을 '율법주의'라고 생각해 왔다. 통상적 시나리오는 이렇다. 바울은 이방 갈라디아인들에게 믿음으로 의롭다 하심을 얻는다는 복음을 선포했다. 그런데 그 후 유대주의자들이 들어와 '믿음만으로는 불충분하며 의롭게 되려

면 모세의 율법도 지켜야 한다'고 요구했다. 하지만 바울은 이를 복
음으로부터의 이탈이라 여겼다. 이방인들이 율법을 지킨다는 것은
믿음만으로는 의롭게 될 수 없다고 생각했다는 말인데, 이는 구원의
필요충분조건인 믿음을 부인하는 행위에 버금간다. (바울 자신이 그렇
게 말한 적은 없다). 물론 율법을 완전히 지킬 수 있다면 율법을 지켜
서 의롭게 될 수 있을 것이다. 하지만 율법이 요구하는 완전한 순종
은 애초에 불가능하다. 따라서 '율법의 행위'에 의존하는 사람의 마
지막은 진노일 뿐이다(3:10). 십자가의 죽음으로 우리를 율법의 저
주에서 속량하신 예수 그리스도를 믿는 것 외에는 달리 의롭다 하심
을 얻을 수 있는 길이 없다. "율법의 행위들"이 아니라 "예수 그리스
도를 믿음으로" 의롭다 하심을 얻는다는 주제 진술은 바울의 이런
관점을 요약하는 것으로 이해된다(2:16).

율법 준수가 아니라 배타적 선민의식

하지만 우리가 살펴보았다시피, 실제 갈라디아
의 상황은 이런 '전통적' 해석과 사뭇 거리가 있어 보인다. 갈라디아
인들은 '율법의 행위로' 혹은 '율법으로' 의롭게 되려 했다(2:16; 5:2-
4). 전통적 해석은 이를 '율법을 행함으로' 의롭게 되려 했던 것으로
해석했다. 그런데 정작 바울이 묘사하는 갈라디아의 분위기에서 그
런 모습을 찾기는 어려워 보인다. 분명 그들은 할례를 받으려 했다
(5:2-3; 6:12). 유대 절기도 열심히 지켰다(4:10). 안디옥 사건이 갈
라디아서에 언급된 것을 보면, 그리고 그 사건에 대한 이야기로부터
이신칭의 교리가 선포되는 것을 보면, 갈라디아인들은 이런 음식 규

340

정 역시 준수했던 것으로 보인다(2:11-13 참고). 하지만 그들이 실천한 '율법의 행위'는 거기서 멈춘다. 그들은 할례 없이는 안 된다고 법석을 떤 것으로 보이지만, 소위 율법의 더 중요한 규정들, 곧 정의나 사랑과 같은 도덕적 요구에는 무관심했던 것 같다. 그러니까 그들이 보여준 열성은 이들 몇몇 규정들로 제한된다. 그리고 바울은 유대적 선동자들이 할례만 강요할 뿐, 정작 율법은 지키지 않는다고 비판한다(6:12-13). 갈라디아인들이 선동자들과 함께 있는 상황에서, 따라서 선동자들을 함부로 비난할 수 없는 민감한 상황에서 이런 대담한 진술이 나왔다는 것은 바울의 비난이 그럴 만한 객관적 근거를 갖고 있었음을 의미한다.

율법을 지키지 않는 것은 갈라디아인들도 마찬가지다. 역설적이지만, 할례에만 열심인 이들을 향해 "율법 전체를 지켜야 한다"고 경고하는 이는 오히려 바울이다(5:4). 이런 구절들에 의하면, 현재 갈라디아는 할례나 절기 준수와 같은 율법의 외면적 규정들에 집착하면서 정작 율법의 도덕적 요구에는 무관심했다고 볼 수 있다.

그렇다면 그들이 '율법의 행위들'로 의롭게 되려 했다는 말의 의미는 무엇인가? 갈라디아의 상황을 살펴 판단하자면, 이는 '율법을 잘 지켜서' 의롭게 되려는 태도가 아니라, 정작 전체 율법에 대한 순종은 없이 할례나 절기 준수 같은 몇몇 외적 표지를 내세워 의롭게 되려는 태도를 의미한다. 물론 이들 요소들은 당시 유대인들이 자랑하던 정체성의 표지들이었다. 그러니까 '이방' 갈라디아인들은 할례와 절기 준수를 통해 '유대인'이 됨으로써 구원을 얻으리라 생각했다는 것이다. 물론 이는 하나님이 그 '택한' 백성을 구원하신다는 전

341

통적 선민사상의 한 지류다. (그렇지 않다면 '택했다'는 말이 무슨 의미가 있는가?)

그래서 초대교회는 예수를 '유대인의 메시아'로 국한하려는 보수적 흐름과 그가 '만민을 위한 구원자' 되신다는 새로운 신념 간의 갈등을 피할 수 없었다. 사도행전은 최초의 유대 기독교인들이 이런 전통적 생각에서 벗어나 이방인의 구원을 인정하는 것이 얼마나 어려운 과정이었는지 생생히 보여준다(행 10:1-11:18; 15장). 갈라디아서 역시 이런 갈등의 한 삽화다. 이렇게 보면 바울이 말하는 '율법의 행위와 믿음'의 대조는 '행함과 믿음'의 대조가 아니라 '(순종 없는) 유대적 정체성과 믿음' 간의 대조다. 그렇다면 믿음의 논리도 달라진다. '행위 없이 오직 믿음으로'라는 의미가 되기는 어렵다는 것이다.

믿음과 성령

그렇다면 할례와 같은 '율법의 행위들'은 의롭게 하지 못하고, 믿음만이 우리를 의롭게 하는 이유는 무엇일까? 여기서도 다소 관점의 교정이 필요하다. 우리는 이미 이루어진 칭의 개념에 익숙해 있지만, 갈라디아서에서 바울은 "의의 소망"이라는 보다 미래적 목표를 설정한다(5:5). 어떻게 의롭게 되었냐가 아니라 어떻게 의의 소망을 기다리느냐가 문제다. 물론 이 "의의 소망"은 미래에 상속할 "하나님 나라"(5:21)나 심판 때 수확할 "영생"(6:8)과 사실상 같다. 한마디로, 어떻게 하면 약속하신 미래 구원에 이를 것인가 하는 논쟁이다.

바울은 그 해답을 생명의 성령에서 찾았다. 의의 소망에 이르는 유일한 열쇠는 성령이다. 그래서 우리는 할례가 아니라 "성령으로" 의의 소망을 기다린다(5:2-5). 육체를 따르는 삶은 파멸로 향하지만, 성령을 따라 그 열매를 맺는 이들은 하나님 나라를 상속할 것이다(5:18-25). 육체에 씨를 뿌리면 썩어짐을 피할 수 없지만, 성령에 삶의 씨를 뿌리면 성령으로부터 영생을 수확할 것이다(6:7-8). 이삭과 이스마엘에게서 보듯, 성령으로 태어난 이는 미래를 소망할 수 있지만, 성령 없이 태어난 자는 미래 상속을 기대할 수 없다(4:21-31). 결국 성령이 구원에 이르는 열쇠다.

그런데 이 성령은 '오직 믿음으로' 주어진다. 할례를 받거나 절기를 지켜서가 아니라, 예수 그리스도를 "듣고 믿어서" 주어진다(3:1-5). 예수께서 십자가에 달려 우리를 율법에서 속량하신 것도 바로 '우리로 하여금 약속된 성령을 받도록 하시기 위해서'였다(3:13-14). 그래서 그 아들을 보내신 하나님은 또한 그 아들의 영을 우리 마음에 보내시며(4:5-6), 바로 이 아들의 영이 우리를 하나님의 아들, 곧 미래 구원의 상속자로 만든다(3:29; 4:7; 롬 8:17-18). "우리가 성령으로 믿음을 좇아through the Spirit, by faith 의의 소망을 기다린다"는 표현도 '믿음으로 주어지는 성령으로through the Spirit which comes from faith 의의 소망을 기다린다'는 의미일 수 있다(5:5). 우리는 '믿음으로' 의롭다 하심을 얻는다. 믿음으로 성령이 주어지고, 이 성령이 우리를 의의 소망으로 인도하기 때문이다. 당연히 율법의 행위는 답이 아니다. 왜냐하면 그런 조항들에 집착한다고 해서 거기서 생명의 성령을 받을 수 있는 것이 아니기 때문이다(3:21).

왜 위기인가?

그렇다면 무엇이 문제일까? 할례 자체에 믿음
을 죽이는 강력한 교리적 독이 들어 있는 것일까? 물론 이런 생각은
피상적이다. 바울이 갈라디아인들을 질책하는 것은 그들이 복음의
진리에 무언가를 더했기 때문이라기보다는 그들이 복음의 진리 자
체, 곧 의의 소망에 이르는 참 열쇠인 성령에서 벗어나고 있기 때문
이다. 성령을 받아 그 기초 위에서 제대로 그리스도인의 삶을 시작
했던 이들이 이제 와서는 성령 아닌 "육체로 끝내려" 한다(3:3). 갈
라디아인들의 "어리석음"이 바로 여기 있다. 여기서 '끝낸다'는 말
은 그리스도의 날까지, 곧 의의 소망까지 이른다는 뜻이다(빌 1:6).
그들은 성령으로 시작했고(3:2-5), 지금까지 성령 안에서 잘 달려왔
다(5:7). 그런데 선동자들이 끼어들어 그들의 달리기를 방해했고, 지
금 그들은 믿음과 사랑의 진리에 불순종하는 상황으로 전락하고 있
다(5:7). 정확히 말하면, 할례 자체에 어떤 교리적 독이 있는 것이 결
코 아니다. "할례냐, 무할례냐" 하는 물음은 그 자체로는 무의미하다
(5:6; 6:15). (사도행전에 의하면, 바울 자신도 유대인들을 의식하여 디모
데에게 할례를 주었다). 할례자냐 무할례자냐 하는 육체적 상태가 중
요한 것이 아니다. 실제로 중요한 것은 "사랑을 통해 작동하는 믿
음"(5:6)이며 "새로 창조된 존재"로 사는 일이다(6:15). 그러니까 바
울이 지적하고자 하는 것은 지금 갈라디아인들은 할례와 같은 무익
하고 무력한 것들에 정신이 팔려, 정작 성령을 따르는 삶을 팽개치고
있다는 것이다. 사랑으로 대표되는 성령의 열매는커녕, 짐승처럼 서
로 물고 뜯으며 서로에게 상처를 주는 상황을 연출하고 있다.

하지만 만일 서로 물어뜯고 삼킨다면, 서로에 의해 파멸당한다는 사실을 명심하십시오(5:15).

쓸데없는 것으로 우쭐해 하면서 서로를 자극하고 서로 시기하지 않도록 하십시오(5:26).

어떤 점에서 이 두 구절은 바울이 포착한 갈라디아의 위기상황에 대한 가장 구체적인 진술이라 할 수 있다. 그들은 성령을 무시하고, 할례와 같은 육체적 요건들에 집착한다. 여기서 사태의 핵심은 육체적 요건들에 관심을 가졌다는 것이 아니라, 참 생명의 길인 성령을 무시했다는 것이다. 다시 말해, 성령의 인도와는 무관한 삶, 그래서 의의 소망에 이르기에 합당치 않은 모습의 삶으로 전락하고 있다. 보다 구체적으로, 현재 갈라디아의 신자들은 사랑의 섬김 대신 "서로 물어뜯는" 상황을 연출하고 있고, 육체적 조건들과 같은 "헛된 영광을 추구하느라 서로를 노엽게 하고 서로 질투하는" 상태가 되어 버렸다. 물론 이는 서로의 멸망을 자초하는 길이다(5:15). 5:19-21에 열거된 악행의 목록에서 볼 수 있는 것처럼, 현재 갈라디아인들이 보여주고 있는 이런 경쟁과 질투의 삶은 바울이 하나님 나라를 상속받지 못할 것이라고 말한 그런 삶, 육체에다 씨를 뿌리고 육체로부터 썩어짐을 수확하게 될 그런 파괴적 삶의 모습이다(5:21). 그래서 바울은 펄쩍 뛴다. "여러분들이 이처럼 어리석습니까?"(3:3)

삶의 문제로서의 구원

　　　　　이렇게 보면, 갈라디아 교회들의 문제는 교리
적이라기보다는 실천적 차원의 문제, 곧 신학적이라기보다는 도덕
적 차원의 문제였다. 그러고 보면, 우리가 흔히 '율법주의'라고 말하
는 태도는 다분히 비현실적인 측면이 있다. 구체적 삶의 문맥에서 생
각해 보면, 율법을 지키려는 노력이 문제가 되는 행동일 가능성은 거
의 없다. 교회에서 자주 십계명을 읽거나 외거나 하면서도 그것이
믿음을 부인하는 행동이라고 생각하는 사람은 없지 않은가? 그렇다
면 갈라디아인들의 경우는 사정이 달랐겠는가? 그들 역시 예수를 더
'잘 믿기 위해' 더욱 십계명 같은 율법의 조항들에 열심을 낼 수 있지
않겠는가? 바울이 그런 그들에게 복음의 진리를 떠나고 있다고 야단
을 칠 이유가 있었을까?

　가령 교회 내에서 어떤 사람이 '율법을 잘 지키려고' 노력한다 하
자. 그는 십계명을 제대로 지켜 보려고 노력을 기울인다. 주일을 지
키는 일에 더 신경 쓰고, 부모님께 더 잘해 드리고, 다른 사람에게 친
절하고, 보다 정직한 모습으로 살아가려고 애를 쓴다. 그러면 그를
바라보는 나는 그 사람에 대해 무엇이라고 말해야 할까? "저런 율법
주의자 같으니!"라고 비난을 해야 할까, 아니면 "참 아름다운 믿음을
가진 사람이구나!" 하고 감탄해야 할까? 완벽한 순종 여부와 관계없
이, 하나님 앞에서 보다 신실하게 살아가려 하는 모습은 언제나 아름
답지 않은가? 또 그것이 설교자들이 강단에서 늘 강조하는 바로 그
런 삶이 아닌가? 그런데 우리는 그런 모습을 두고 율법의 행위로 의
롭다 하심을 얻으려 하는 '나쁜' 사람이라고 말하는 것은 아닌가? 이

런 상황에서는 아름다운 열심을 율법주의로 비난하는 우리가 더 '황당한' 사람들이 아닌가? 반대로 십계명과 같은 율법을 지키는 일에는 무관심하면서 신앙고백에는 철저한 사람이 있다고 치자. 그러면 우리는 그를 향해 참 믿음이 좋은 사람이라고 말해야 하는가? 오히려 우리는 그런 사람을 두고 '믿음이 없는' 사람이라고 말하지 않는가! 통상적인 갈라디아서 읽기를 따르자면, 오히려 그런 모습이 더 '오직 믿음'의 태도에 가깝지 않은가?

사실인즉슨, 구원의 문제는 우리의 삶과 무관한 사색에서 생겨나는 것이 아니다. 몸으로 살아가는 우리의 삶, 몸을 움직이며 행동하며 살아가는 우리의 삶에서는 믿음이 언제나 우리 삶의 자태로 드러나는 것이기 때문이다. 그래서 바울은 "사랑의 수고"와 "소망의 인내"를 말하는 것처럼 "믿음의 행위"에 관해 말한다. 물론 우리는 믿음이 행위로 드러난다고 말할 수도 있고, 어떤 사람의 행위를 두고 그것을 믿음이라 부를 수도 있다. 사랑이 수고로 나타난다고 말할 수도 있고, 또 아름다운 땀 흘림을 두고 그것을 사랑이라 부를 수도 있다. 그래서 갈라디아 교회의 위기도 단순한 교리적 착각이 아니라 구체적인 삶의 문제였다. 그들의 공동체적 삶 자체가 성령의 임재 대신 육체의 욕망에 휘둘리는 마당으로 전락하고 있었던 것이다.

그렇다면 왜 할례가 문제인가?

물론 바울은 할례를 문제 삼는다. 바울은 매우 강한 어조로 할례를 받으면 그리스도에게서 끊어진다고 경고한다 (5:4). 그리스도께서 아무런 유익이 없을 것이라고 미래형으로 경고하기도 한다(5:2). 바울의 이런 절대적 진술들은 할례 자체가 문제의 중심이라고 말하는 것이 아닌가?(5:6; 6:15) 여기서 우리는 바울의 진술이 갈라디아의 상황 속에서 이루어진 것이라는 사실을 잊지 말아야 한다. 표현 자체는 일반적이지만, 그렇다고 해서 이는 바울이 할례에 대한 일반적 가르침을 베푼다는 말은 아니다. 오히려 구체적 상황이 존재하기 때문에 바울은 일반적으로 혹은 막연하게 말할 수 있었다. 그 일반적인 진술을 구체적으로 만들어 줄 분명한 상황이 개입되어 있다는 것이다. 할례에 관한 바울의 진술 역시 마찬가지다. 이들 진술은 모든 교회를 대상으로 한 보편적인 교리가 아니라, 갈라디아의 상황에 해당되는 특수한 경고다. 교리적으로 할례는 무의미하다(갈 5:6; 6:15; 고전 7:19). 아브라함은 의롭다 하심을 받은 후 할례를 받았지만, 이는 칭의를 확인하는 표시였지 믿음을 부정하는 행위는 아니었다(롬 4:11). 사도행전에서 바울은 유대인들 때문에 디모데에게 할례를 주기도 했다(행 16:3). 그런데 갈라디아에서는 할례가 믿음을 부인하는 것으로 제시된다. 여기서는 할례가 믿음과 성령을 대체하는 구원의 조건인 양 제시되었고, 이로 인해 구원의 참 해답인 "사랑으로 역사하는 믿음" 곧 "새 창조"의 진리가 변질되는 상황이 연출되었기 때문이다. 물론 궁극적 해결은 가짜 해답을 버리는 것을 넘어, 진짜 해답을 회복하는 것이다. 곧 그저 할례를 멈추는 것을 넘어, 사랑으로 역사하는 믿음, 곧 성령을 따르는 삶을 회복해야 한다. 5-6장에서 역설하는 것이 바로 그것이다. "성령을 따라 살아가십시오"(5:16, 18). 로마서 식으로 말하자면, 육신의 할례를 가진 외면적 유대인이 아니라 마음에 할례를 받은 내면적 유대인이 되어야 한다. 물론 이 "마음의 할례"는 율법이 아니라 성령으로만 이루어진다 (롬 2:29).

위선적 삶, 참된 삶

결국 바울이 '할례'에서 보았던 위험은 참된 순종은 없으면서 이런저런 외면적 요건을 내세워 구원을 확보하고자 했던 위선적 태도였다. 율법을 지켜서, 순종함으로써 의롭게 되려 한 것이 아니라, 어떤 '육신적' 조건을 내세워 구원을 얻으려 했다는 것이다. 기실 우리가 '신앙'이라 부르는 몸짓의 많은 부분은 믿음의 표현이라기보다는 순종 없는 우리의 모습을 가리기 위한 위선적 몸짓이기도 하다. 유대인이라는 외면적 신분이 구원을 보장한다는 생각은 '심는 대로 거두는' 그런 세상을 만들어 놓으신 하나님을 무시하는 행태였다(6:7).

오늘 우리도 이런 위험한 착각에 익숙하다. 그리고 갈라디아서 같은 편지를 읽으면서 그런 착각이 마치 복음인 것처럼 생각하려 한다. 하지만 한 걸음 물러서 생각해 보자. 정말 그럴까? 내가 여러 방식으로 설명해 온 것처럼, 바울은 오히려 그런 우리들의(갈라디아인들의) 착각을 염려하며 성령의 인도 아래 참된 삶을 회복하라고 말한다. 위선적 종교 대신 우리의 삶에서 사랑으로 드러나는 참 믿음으로 살아가라는 요구다. 바로 그것이 복음이고, 바로 그것이 영생의 통로다.

4:19 나의 자녀 여러분, 여러분 속에 그리스도께서 모양을 갖추실 때까지 내가 다시금 여러분을 위해 해산의 고통을 겪어야 하겠습니다.

22 ─ 그리스도의 형상 회복하기

우리는 갈라디아 교회들의 위기를 이론적 수준에서 파악하는 경향이 있다. 복음 자체를 교리의 체계로 오해하는 습관과 무관치 않을 것이다. 하나님 앞에서는 믿음으로만 의롭다 하심을 얻을 수 있는데, 이를 모른 채(바울이 복음을 선포한 적이 없어서?) 혹은 이를 무시한 채(잘못된 가르침이라 생각해서?) 율법을 지켜 행함으로써 의롭다 하심을 얻으려 했다는 것이다. 지금까지 여러 차례 우리는 그런 해석이 실제 바울이 말하는 바와 맞지 않는다는 것을 살펴보았다. 갈라디아 성도들의 태도를 집약하는 '율법의 행위들'은 율법을 지키려는 도덕적 열성을 나타내는 표현이 아니라 유대인들의 배타적 선민의식과 관련된 것이다. 물론 바울이 이를 비판한 것은 유대인의 선민의식 때문도, 그 의식의 배타성 때문도 아니다. 바울이 염려한 문제의 핵심은 선동자들이 선민을 정의하는 그 기준이 복음과 전혀 무관한 껍데기였기 때문이다. 바울의 해법이 바울이 포착한 위기의 본질은 율법에 대한 도덕적 열심으로 의롭다 하심을 얻으려는 율법주의가 아니라, 율법에 대한 참된 순종은 도외시한 채 할례나 절기 준수와 같은 피상적 표지들만으로 선민적 지위와 구원의 소망을 확보하고자 했던 '위선적 영성'이었다.

위선적 영성의 무력함과 참된 영성의 능력

분명히 하자. 위선적 영성이 위험한 것은 영성의 외양을 가졌기 때문이 아니라 그 외양에 상응하는 내실이 없기 때문이다. 물론 여기서 말하는 외양과 내실의 대조는 마음 속 '생각'과 밖으로 드러나는 '행동' 사이의 대조와는 전혀 다르다. 바울의 관점에서 '외면'이란 할례나 절기 준수 등으로 상징되는 '유대적 신분'처럼 영성의 본질과는 무관한 외적·인간적 조건들을 가리킨다. 바울은 이를 '육체' 혹은 '육신'이라 불렀다. 물론 바울 자신도 한때는 그런 외적 조건들이 하나님 앞에서 자신을 자신답게 하는 참된 가치들이라 착각했었고, 그래서 그런 조건들을 자랑스럽게 여겼고(빌 3:4-6), 그에 따라 열성적으로 행동했다(갈 1:11-14). 하지만 그리스도를 만나면서 그는 그런 외면적 조건들의 무가치함을 통찰했고, 그리스도를 알고 그분의 고난에 참여함으로써 누릴 수 있는 부활의 생명이 우리 삶의 진정한 목표라는 사실을 깨닫게 되었다(빌 3:7-11). 개인적 관점에서 볼 때, 바울의 삶은 바로 이런 여정, 곧 지금 그리스도의 고난에 동참함으로써 장차 그리스도의 부활에 동참하고자 하는 열망, 곧 현재 고난의 섬김을 통해 죽은 자 가운데서의 부활에 이르고자 하는 열망의 표현이었다(빌 3:12-14). 바울은 이를 "그리스도와

352

그의 부활의 능력과 그의 고난에 참여함을 알고자 하는" 열망이라 부른다(빌 3:10). 바울은 십자가에 달리고 부활하신 그리스도와 그를 향한 믿음이, 그리고 이를 통해 역사하는 이 부활의 능력이 복음의 핵심이라는 사실을 잘 알고 있었다. 바울은 이를 "생명의 성령"이라고 불렀다(롬 8:1). 바울은 신자들의 "마음 안으로" 주어지는(4:6; 롬 5:5) 이 성령의 선물이 참된 '내실' 혹은 '내면'을 구성한다고 보았다. 그러니까 이 성령이 하나님의 자녀 된 그리스도인의 실질적 정체성이다(롬 8:9; 빌 3:3). 당연히 우리를 부활의 생명으로 인도하는 것도 이 성령이다(롬 8:10). 물론 성령을 받은 자라는 이 내실은 이 성령을 따라 살아가는 사람들의 일상에서 그 구체적인 열매를 맺어 간다(5:22-23). 그러기에 믿음이란 애초부터 "사랑을 통해 구체화되는" 것이었고(5:6), 성도들이 갖추어야 할 정체성의 표지 중 하나는 다름 아닌 "믿음의 행위"(개역에서는 "믿음의 역사"로 번역)였다(살전 1:3; 살후 1:11).

이런 관점에서 보면, 생명의 성령을 매개하지 못하는 것은 그 어떤 것이라도 다 "약하고 빈약한 초보적 원리(초등 학문)"에 지나지 않는다. 바울이 갈라디아의 위기를 바라보는 관점 역시 마찬가지다. 앞선 글들에서 설명한 것처럼, 구원의 길에서 '율법의 행위들'이 가짜 해답인 것은 그것들이 성령의 원천이나 통로가 아니라는 단순한 사실 때문이다. 반대로 '믿음'이 참된 해답일 수밖에 없는 것은 믿음을 통해서 성령의 선물을 받기 때문이다(3:1-5, 14). 율법이 구원의 수단이 아님을 알 수 있는 것은 그 율법에는 "생명을 줄 능력"이 없다는 분명한 사실 때문이다(3:21). 그러기에 하나님의 거룩한 율법조차도, 다른 모든 세속적 가치들처럼, '육체'라는 울타리를 벗어날 수 없다. 바울이 보기에 갈라디아 교회들의 위기는 그들이 참된 정체성의 열쇠인 '성령'을 팽개치고서 아무런 의미도 없는 피상적 가치들, 곧 할례나 절기 준수와 같은 '육체'적인 조건들에 집착하기 시작했기 때문이다. 하지만 영생에 이르려 하는 자들이 생명의 원천을 버리고 생명 없는 헛된 가치들에 의존하겠다는 것은 얼마나 어리석은가? "참으로 어리석군요, 갈라디아인들이여!"(3:1) "여러분들이 이렇게 어리석습니까? 성령으로 시작했다가 이제 육체로 끝내려고 합니까?"(3:3)

사라진 그리스도의 형상

그러기에 갈라디아 교회의 위기는 단순히 '교리적' 오해에 머물지 않는다. 현 사태에 대한 바울의 판단은 엄중하다. 그들은 그리스도의 은혜로 그들을 불러 주신 하나님을 떠나고 있으며(1:6), 성령 대신 육체로 기울어지고 있고(3:3), 회심 이전 하나님을 알지 못하던 시절로 회귀하고 있으며(4:8-11), 선동자들의 방해에 막혀 더 이상 진리를 순종치 않는 상황으로 전락하고 있다(5:7). 단순한 교리적 오해로 인해 바울이 이런 표현들을 사용했다고 보기는 어렵다. 오히려 현 상황에 대한 바울의 묘사는 지금 갈라디아의 가정 교회들 내에 매우 구체적이고 실제적인 위기가 조성되고 있음을 시사한다. 구체적인 모습에는 변화가 없이 그저 교리적 오해가 발생한 상황이라면 이런 판단을 내리기 어려웠을 것이다.

354 　　바울은 현재의 위기 상황이 사실상 배교를 의미한다는 점에서

자신의 사역 자체를 무의미하게 만들지 않을까 염려한다. "내가 여러분을 위해 수고한 것이 모두 허사가 될까 두렵습니다"(4:11). 바울이 복음을 전하기 이전 그들은 "본질상 하나님이 아닌 것들에게 종노릇하던" 그런 사람들이었다(4:8). 그러던 그들이 바울의 복음을 듣고 하나님을 알게 되었고, 하나님에 의해 알려진 존재가 되었다(4:9). 하지만 그들은 "다시" 회심 이전에 섬기던 "약하고 빈약한 초보적 원리들"로 돌아가 그들에게 종노릇하려고 한다(4:9). 그러니까 바울의 사역 전체가 아예 헛수고가 되어 버리는 것이다. 그렇게 되면 바울은 처음부터 새로 시작할 수밖에 없다. 바울은 아이를 낳는 어머니의 입장이 되어 자신의 그런 괴로움을 토로한다. "나의 자녀들이여, 여러분 속에 그리스도께서 모양을 갖추실 때까지 다시 여러분을 위해 해산의 고통을 겪습니다"(4:19).

이미 살펴본 것처럼, 바울은 자신의 사도적 섬김을 해산의 고통을 겪는 어머니 역할에 비유한다. 물론 그가 낳는 것은 "자녀들", 곧 이방인 신자들이다. 하지만 바울의 언어는 그리 단순하지 않다. 갈라디아의 신자들이 그의 "자녀들"인 것은 맞지만, 놀랍게도 바울은 자신이 해산의 고통을 겪어 태어나는 것이 그리스도라고 말한다. 개역의 "그리스도의 형상이 이루기까지"라는 표현은 '그리스도께서 형태를 갖출 때까지'로 옮길 수 있다. 바울이 해산의 고통을 겪은 결과 그리스도의 형상이 나타나게 된다는 것이다. 물론 이 해산의 고통을 "다시" 겪어야 한다는 것은 이미 생겨났던 결과가 사라져 버렸다는 이야기다. 처음 해산의 고통을 통해 생겨났던 그리스도의 형상이 흔적도 없이 사라져 버렸기에, 바울은 그리스도께서 다시금 갈라디아의 교회들에 모양을 드러내실 때까지 "다시" 해산의 고통을 감수해야 한다는 것이다. 바울이 갈라디아 성도들을 출산하는 과정은 이들의 공동체에 그리스도의 형상이 만들어지는 것과 겹친다. 마찬가지로, 이들이 그리스도의 형상을 상실하는 것은 바로 그리스도인의 정체성을 상실하는 배교의 위험과 같다.

회복해야 할 그리스도의 형상이란?

그렇다면 갈라디아의 교회들 속에 그리스도의 모양이 사라졌다는 것, 그리고 그 형상을 다시 회복한다는 말은 무슨 뜻일까? 갈라디아서의 문맥 속에서 이는 그리스도와 관련된 다른 표현들, 곧 "그리스도를 옷 입었다"는 생각이나(3:27), 그리스도와 함께 십자가에 못 박혔다(2:20; 6:14)는 말과 상통한다. 그중에서 가장 두드러지는 것은 단연 "십자가에 달리신 그리스도"의 형상일 것이다(1:4; 2:20; 3:1, 13). 여기서 많은 학자들은 이 "그리스도의 형상"을 갈라디아 공동체의 도덕적 변화와 구별하려고 한다. 하지만 내가 보기에 이런 식의 '구별'은 매우 실제적인 바울의 훈계를 추상적 차원에 머물게 하는 억지다. 오히려 바울이 지적하고자 하는 문제의 본질을 놓치게 만드는 실수라는 것이다. 그리스도께서 형체를 갖춘다는 것이 신학적 개념임에는 틀림이 없지만, 이는 구체적 삶과는 동떨어진 어떤 추상적 개념이 아니라 실제 삶에서 그 구체적 의미가 드러나는 그런 개념이다. 원론적으로 이를 공동체 내의 도덕적 변화와 구별할 수는 있을지 모르지만, 그렇다고 도덕적 차원과 분리되어 추상적으로 다루어질 수는 없다. 바울이 십자가를 말하는 방식이 이를 분명히 보여준다.

우선 바울은 자신이 그리스도와 함께 십자가에 못 박힌 존재라고 말한다(2:20). 여기서 바울은 '십자가에 못 박혀 버렸다'는 현재완료형 동사를 사용한다. 그러니까 지금도 십자가에 못 박혀 죽은 상태에 머물러 있다는 뜻이다. 그래서 그는 "그러므로 이제는 내가 살아 있는 것이 아닙니다"라고 말한다. 반대로 "내 안에 그리스도께서 살아가시는 것입니다." 물론 이는 자신의 육체적 죽음이 아니라 영적 죽음을 묘사하는 고도의 신학적 진술이다. 그리고 그는 이 말의 일상적 의미를 이렇게 표현한다. "이제 내가 육체 가운데 살아가는 것은 나를 사랑하셔서 나를 위해 자기 몸을 내어 주신 하나님의 아들을 믿는 믿음 안에서 살아가는 것입니다"(2:20).

바울은 이를 "십자가를 자랑하는" 삶이라 부른다(6:14). 그가 자랑하는 이 십자가를 통해, 혹은 십자가에 달리신 그리스도를 통해 "세상이 나에게 대해 십자가에 못 박혀 버렸고, 나 또한 세상에 대해 그렇게 되었습니다." 이처럼 그리스도를 믿는 믿음으로 살아가는 삶은 "세상" 곧 비복음적 가치나 태도와 관계가 끊어진 그런 삶이다(6:14). 그러니까 그리스도와 "함께" 십자가에 달렸다는 것은 그와 더불어 "세상에 대해" 죽은 존재가 되었다는 것을 의미한다. 물론 바울이 여기서 말하는 "세상"은 추상적 관념에 머물지 않는다. 바울에게 있어 세상이란 언제나 세속적 관점과 삶의 태도를 아우르는 개념이기 때문이다. 그러니까 바울이 말하는 바는 회심 이전의 세속적 관점의 사고방식과 세속적 방식의 삶의 태도와 절연했다는 것이다. 일견 하나님을 위한 열심 같았지만 실상은 교회를 박해하게 만든 빗나간 열정, 오히려 율법의 환각적 가능성에 속아 참된 순종에 이르지 못하던 시절의 삶을 벗어났다는 것이다(2:19).

바울은 갈라디아의 성도들의 회심 역시 십자가의 언어로 묘사한다. "그리스도 예수의 사람들은 그 정욕과 탐심을 육체와 십자가에 못 박았습니다"(5:24). 그런데 여기서는 바울 자신의 십자가 죽음을 말할 때와는 다른 점들이 발견된다. 우선, 갈라디아의 신자들이 십자가에 못 박는 행위자들로 묘사된다. 자기 십자가를 지라는 예수의 말씀을 떠올리게 한다. 또한 그 십자가로 매개되는 회심의 도덕적 의미가 전면에 부각된다. 그들이 십자가에 못 박은 것은 다름 아닌 그들의 '육체', 곧 그 육체를 교두보로 행세하는 죄악된 욕망이다. 바로 앞 문맥에서 바울은 '육체의 행위들' 곧 죄악된 욕망에 이끌리는 삶의 행태들을 상세히 묘사하고서 "이런 일들을 행하는 자들은 하나님 나라를 상속할 수 없을 것"이라고 경고한 바 있다(5:19-21).

의미심장하게도 24절에서 바울이 사용한 동사는 현재완료가 아니라 단순과거다. 이 '십자가에 못 박음'이 갈라디아 신자들의 회심을 가리키는 것은 분명하지만, 지금도 여전히 십자가에 못 박혀 있는 바울과는 달리 그들에게는 '지금도 여전히 그렇다'는 말이 적용되지 않는다. 하나님을 떠나고(1:6), 성령을 팽개치고(3:3), 복음의 진리를 순종치 않게 된 마당에(5:7), 그리하여 회심의 모든 효과를 무위로 되돌리고 있는 마당에(4:8-11) '지금도 그렇다'는 말을 할 수는 없기 때문이다. 사실을 말하자면, 지금은 자신의 육체를 십자가에 못 박았던 신자들이, 그리하여 성령으로 새로운 삶을 시작했던 이들이 다시 회심 이전처럼 "육체로 마치려 하는" 상황이 되어 버린 것이다(3:3).

바울은 성도들을 질책한다. "그리스도께서 십자가에 못 박히신 분으로 분명히 여러분의 눈앞에 드러났는데, 도대체 누가 여러분들을 현혹했단 말입니까?"(3:1)

자유, 사랑, 그리고 섬김

공동체 안에 그리스도께서 형체를 갖추실 때 드러나는 모양의 하나는 자유다. "그리스도께서 우리를 자유롭게 하려고 자유를 주셨습니다. 그러므로 굳게 서서 다시는 종의 멍에를 메지 마십시오"(5:1). 이 자유를 포기하고, 할례를 통해 다시 율법 아래 종속되는 행위는 "그리스도에게서 끊어진" 자로, "은혜에서 떨어진" 자로 행세하는 것과 같다(5:4). 이런 사람에게는 "그리스도께서 아무런 유익이 없을 것이다"(5:2). 물론 그 이유는 분명하다. 여러 번 강조한 것처럼, 할례 자체에 무슨 교리적 독이 있어서가 아니라, 할례가 애초부터 무력하고 무의미한 것, 곧 우리를 의의 소망으로 인도할 수 있는 능력이 없는 가짜 해답이기 때문이다(5:6). 이런 "육체"적 가치에 집착한다고 해서 의의 소망에 이르는 참된 해답, 곧 "사랑을 통해 구체화되는 믿음"을 경험할 수 있는 게 아니기 때문이다. 오히려 이런 삶의 자태는 성령의 역사에 속한다. 그래서 "우리는 믿음에서 나는 성령으로 의의 소망을 기다립니다"(5:5). 믿음은 사랑을 통해 그 진면목을 드러낸다(5:6). 바울은 이를 믿음에서 성령이 주어진다는 말로 표현했었다(3:2, 5). 하나님은 믿음을 통해 우리에게 성령을 주신다. 그리고 이 성령은 우리 삶에 사랑으로 요약되는 새로운 삶의 열매를 맺는다(5:22). 이렇게 믿음은 사랑이라는 삶의 자태를 통해 그 위력을 발휘한다.

하지만 헛된 가치로부터의 자유는 세속적 의미의 방종과 무관하다. 바울이 말하는 자유란 '내 마음대로'의 의미가 아니다. 창조주의 피조물로서, 하나님의 자녀들로서, 주님 되신 그리스도의 종들로서 우리에게는 우리 마음대로 살아갈 자유는 없다. 하나님을 향한 도덕적 의무는 죽었다 깨어나도 우리가 자유로울 수 있는 사항이 아니다. 만약 그런 의무로부터 자유할 수 있다고 믿는다면 이는 우리가 하나님이 되겠다는 발상과 같다. 사실 바울이 말하는 자유는 그 반대다. 이는 죄의 다스림 혹은 그 죄가 통치 수단으로 활용하는 율법으로부터의 자유, 그리고 그와 관련된 모든 세속적 가치나 삶의 태도로부터의 벗어남을 의미한다. 갈라디아서 식으로 말하자면, "현재의 악한 세대로부터의 구출"이다(1:4). 이런 악한 종속의 반대는 방종이 아니라 새로운 방식의 종속 혹은 섬김이다. 로마서 식으로 말하면, 죄의 종의 자리에서 벗어나 의의 종이 되는 것, 부정과 불법에 우리 삶을 바치는 것이 아니라 하나님께 우리 삶을 드리는 삶을 사는 것이다(롬 6:12-23). 물론 우리가 섬기는 주님은 우리를 섬기는 분으로 살아가셨다. 그리고 우리에게 서로 섬기고 사랑하는 삶을 살라고 명령하셨다(요 13:1-20, 34-35; 15:1-17). 그러니까 주님께 종속된 우리의 삶은 동시에 서로를 섬기는 삶으로 이어진다. 바울은 바로 이 복음의 실천적 논리를 표현한다. 우리에게 주신 율법으로부터의 자유, 곧 생명을 줄 수 없는 외면적 가치들로부터의 자유는 이전처럼 "육체의 욕망을 만족시킬 구실"이 아니라 "사랑으로 서로 종노릇하기" 위한 새 생명의 장치다(5:13). 바울은 이 사랑의 섬김을 "그리스도의 법"이라는 의미심장한 말로 표현한다(6:2). 이는 율법의 핵심이기도 하고, 예수께서 새 계명으로 재확인하시기도 했던 하나님의 뜻이다. 아마 이런 계명들 위에 "나를 사랑하사 나를 위해 자신을 내어주신"(2:20) 예수 그리스도의 모습이 겹쳤을 것이다.

그러니까 그리스도의 형상을 상실했다는 것, 그분을 통해 주어지는 자유를 상실했다는 것은 동시에 이 자유를 통해 구현되는 그리스도의 법, 곧 사랑의 섬김을 팽개친다는 말과 같다. 바로 이것이 바울이 관찰하는 위기의 주요 특징이었다. 바울은 두 번에 걸쳐 갈라디아 공동체의 상태를 적나라하게 묘사한다.

> 조심하십시오. 만약 서로 물어뜯고 삼킨다면, 서로에 의해 파멸당한다는 사실을 명심하십시오(5:15).

> 쓸데없는 것으로 우쭐해 하면서, 서로를 자극하고 서로 시기하지 않도록 하십시오(5:26).

바울의 이런 권고가 상황과 무관한 빈말이 아니라면, 현재 갈라디아의 상황은 사랑의 정반대라고 말할 수 있다. 현재 갈라디아 공동체는 사랑의 섬김이 지배하는 공간이 아니라 질투의 다툼이 횡행하는 곳으로 전락했다. 바울은 이런 행태를 "육체의 행위들"이라 규정했다(5:19). 갈라디아인들은 그들의 '육체'를 십자가에 못 박았었다. 그런데 지금 그들이 다시금 이런 행태를 보인다는 것은 "성령으로 시작했던" 그들이 "이제는 육체로 마치고 있다"는 것을 의미한다.

물론 이는 의의 소망에 이르는 길이 아니라, 심판을 자초하는 길이다 (5:2, 21). 이런 상황에서, 그리스도의 형상을 회복하라는 말의 의미는 무엇이겠는가?

삶으로 고백하는 믿음

그리스도는 추상적 고백의 대상이 아니라 삶으로 뒤따라야 할 혹은 순종으로 그 권위에 복종해야 할 우리의 '주님'Lord, Master이시다. 그리스도께서 형체를 갖춘다는 생각 역시 추상적 개념의 차원이 아니라 구체적 삶의 문맥을 염두에 둔 표현이다. 그래서 바울은 구체적이고 도덕적인 권면의 문맥에서 끊임없이 그리스도를 언급한다. 빌립보 성도들에게 "그리스도의 마음"을 닮아 자신을 낮춤으로 공동체의 하나 됨을 견지하라고 권하기도 하고(빌 2:5-11), 에베소서에서 그리스도를 옷 입듯 "옛 사람을 벗고, 새 사람을 입으라"고 권하기도 한다(엡 5:22-24). 물론 옛 사람을 벗는다는 것은 회심 이전의 죄악된 "행위"를 벗어 버린다는 것을 의미하며, 새 사람을 입는다는 것은 신자들이 "자기를 창조하신 이의 형상"을 따라 거룩한 사랑의 삶을 산다는 것을 의미한다(골 3:9-10, 12). 바울은 십자가에 달리신 그리스도를 선포함으로써 이런 새로운 삶의 공동체, 그리스도의 형상이 뚜렷이 드러나는 그런 공동체를 만들고자 했다(롬 15:16-18). 지금 갈라디아 교회들에서는 이 그리스도의 형상이 사라질 위기에 처해 있다. 갈라디아서는 바로 이 위기를 해결하기 위한 바울의 절박한 몸짓이다.

나의 자녀들 여러분, 여러분 속에 그리스도께서 모양을 갖추실 때까지 내가 다시금 여러분을 위해 해산의 고통을 겪어야 하겠습니다 (4:19).

5:5-6 왜냐하면 우리는 믿음에서 나는 성령으로 의의 소망을 기다리기 때문입니다. •그리스도 예수 안에서는 할례나 무할례가 무슨 효력이 있는 것이 아니기 때문입니다. (우리를 의의 소망으로 인도할) 효력이 있는 것은 오로지 사랑을 통해 작동하는 믿음뿐입니다.

5:13 여러분들은 자유를 위해 부르심을 입었습니다. 형제 여러분, 다만 그 자유를 육체의 빌미로 삼지 말고 사랑으로 서로 종노릇하십시오.

6:8-9 자기의 육체(라는 밭) 안으로 씨를 뿌린 사람은 그 육체로부터 부패를 수확할 것입니다. 반면 성령(이라는 밭) 안으로 씨를 뿌린 사람은 성령으로부터 영생을 수확할 것입니다. • 따라서 우리는 선을 행하다가 중도에 낙심하지 말아야 합니다. 때가 되면 수확하게 될 것입니다. 피곤하여 지치지 않는다면 말입니다.

23 ── 갈라디아서 이야기를 마무리하며

지금까지 우리는 모두 스물두 꼭지에 걸쳐 갈라디아서에 관한 이야기를 풀어 보았다. 약식 주석처럼 순서대로 본문을 해설했던 지난 번 책과는 달리, 이번 책에서는 다양한 각도에서 구체적인 질문을 던지며 갈라디아서의 본문에 접근하면서 이 편지를 이해하려고 해 보았다.

지금까지 자주 반복해 왔던 것처럼, 나는 갈라디아 교회들의 위기를 '종교적 위선'의 위기로 규정한다. 그 동기야 어찌되었든 선한 행위를 힘쓰려 하는 이들과의 싸움이 아니라는 이야기다. 내가 믿기에 우리의 선한 행위가, 혹은 하나님께 순종하려는 우리의 선의가 나쁜 것이 될 수 있다는 발상은 성경과 무관한 다른 사상의 영향일 공산이 크다. 우리는 싸움의 대상을 신중하게 선택해야 한다. 잘못하면 아군을 적으로 오인하여 거기에 교리적 총격을 가하고, 이로써 적군을 이롭게 하는 행동을 할 수 있기 때문이다. 길고도 질긴 교리적 논쟁의 후예인 우리들은 행위구원론을 우리 신앙의 주적으로 비난하는 데 익숙하다. 그래서 구원을 위해 선행에 열심을 내는 것을 치명적 잘못이라 생각한다. 하지만 과연 그럴까? 일상적 삶에서는 칭찬받아 마땅한 선행이 구원의 문맥에 이르면 위험한 폭탄이 되는 상황이 정상적인 것일까? 오히려 행위구원론에 관한 통속적 오해가 현실과 무관하고 삶의 깊이가 결여된 사고의 산물은 아닐까?

다시 한 번 생각해 보자. 우리 모두는 구원을 사모한다. 우리의 삶은 바로 이 근원적 소망에서 흘러나온다. 이런 상황은 우리의 선택이 아니다. 우리가 마음대로 바꿀 수도 없다. 하나님은 구원을 약속하며 우리를 부르셨고, 우리는 그 부르심에 믿음으로 응답한다. 바울의 편지들은 대부분 이 믿음의 응답이 어떠해야 하는지에 관한 이야기다. 우리는 이 구원을 이미 얻은 것처럼 말하기를 즐기지만, 그 구원의 본 자리가 마지막 심판이라는 사실, 그래서 구원이란 본시 '하나님의 진노로부터의 구원'을 가리킨다는 엄연한 사실을 부인할 수 없다. 따라서 그 구원의 최종 목표에 이르기까지 우리가 하는 모든 일은 불가불 구원을 얻으려는 우리의 근원적 열망 혹은 동기의 산물이다. 바울의 말처럼 푯대를 향해 달려가는 삶이요, 예수님의 말처럼 하나님 나라와 그의 의를 추구하는 삶이다. 그러니까 우리가 살아가는 삶은 전부 '구원을 얻기 위해서'라는 궁극적 목적 아래 수렴된다. 물론 우리는 이 구원의 목표를 사모하며 우리를 구원으로 부르신 하나님의 부름에 합당하게 살 수도 있고, 어긋나게 살 수도 있다. 보다 적나라하게 표현하자면, 우리는 구원을 얻기 위해(이것은 선택사항이 아니다) 선행을 힘쓰며 살 수도 있고 선행을 무시하며 살 수도 있다. 어느 것이 바람직한 삶일까? '구원을 얻기 위하여'라는 목표는 포기할 수 있는 것이 아니라면, 행위구원론의 위험을 모면하기 위해 선행에 힘쓰기를 멈추어야 할까? 그리고 어떤 이들이 주장하는 것처럼 '오직 믿음'에 기대를 걸며 살아가면 되는 것일까? 물론 터무니없는 발상이다. 바울을 비롯한 모든 성경은 우리 삶이 하나님의 부르심에 합당해야 한다고 가르친다. 여기에는 선택의 여지가 없다. 우리는 선하게 살아야 하며, 이것이 우리를 자신의 나라와 영광으로 부르시는 하나님께 합당한 삶의 자태다. 행위구원론의 위험과 무관하게, 적어도 우리의 삶은 선한 행위 자체의 가부를 따지는 것은 아닌 셈이다.

행위구원론 벗어나기?

행위구원론적 논리를 피하기 위해 우리가 시도하는 통상적 방식의 하나는 구원 자체를 '이미 주어진' 선물로 만드는 것이다. 우리의 삶과 무관하게 구원은 이미 주어졌으므로, 선행의 중요성을 아무리 강조해도 행위구원론의 위험은 생겨나지 않는다. 하지만 구원이 이미 주어진 마당이라, 우리의 선행을 자극할 만한 논리가 마땅치 않다. 그래서 우리는 종종 감사의 윤리를 동원한다. 아무 조건 없이 주신 은혜에 감사하여 하나님께 순종한다는 것이다. 하지만 성경에서 이런 식의 '감사의 윤리'를 찾기는 어렵다. 물론 하나님이 우리를 용서하신 것처럼 우리도 서로를 용서하는 것이 마땅하다는 가르침은 있다. 하지만 이는 은혜를 받은 자의 삶이 그 받은 은혜와 어울리는 삶이어야 한다는 필연성이지, 조건 없이 받은 용서에 대한 감사의 표현으로 (안 해도 어쩔 수 없는) 순종에 힘쓴다는 말은 아니다. 용서하지 않는 종의 비유가 말해 주는 교훈은 다른 것일 수 없다. 하나님의 은혜에 합당치 않은 행동, 곧 은혜 속에 담긴 하나님의 거룩한 의도를 무시하는 삶은 먼저 받은 용서조차 취소되는 심판의 운명으로 이어진다. 주님^{Master}이신 하나님과 우리 인간의 관계 사이에는 그저 '주신 은혜에 대한 자발적 감사'로는 아우를 수 없는 당위와 의무의 차원이 있다. 무시하면 큰일 나는 그런 차원이 있는 것이다. 이를 가르치기 위해 하나님은 종종 우리의 행동을 근거 삼아 자신의 행동을 결정하신다.

사심 없는 선행?

그래서 우리는 선행 아닌 그 선행의 동기를 문제시하기도 한다. 선행 자체는 좋은 일이지만, 그 선행을 근거로 구원을 얻으려는 의도가 오만하다는 것이다. 하나님 앞에서 이런 식의 오만은 하나님의 은혜를 아예 부정하는 행위로, 그래서 약속받은 구원을 박탈당할 만한 행위로 간주될 수밖에 없다. 거액을 헌금한 것은 감사했지만, 그 기부가 장로 직분을 염두에 둔 행동이었음을 아는 순간 고마운 마음이 사라지는 것처럼, 우리의 선행은 아름답지만, 그것이 구원을 얻으려는 '불순한' 동기의 산물이 되는 순간 가장 추악한 교리적 악이 된다는 논리다. 그렇다면 우리에게 필요한 것은 '사심 없는 선행'일 것이다. 선행을 하되, 그것으로 구원을 얻으려는 오만한 마음은 없어야 한다는 이야기다. 동일한 선행의 삶을 살면서도, 우리가 그것을 구원의 근거로 오해하는 순간 우리는 믿음을 상실하는 것이고, 따라서 우리의 선행 역시 무의미해진다.

하지만 이런 식의 '불트만적' 상황이 얼마나 현실성이 있는 것일까? 참된 의미에서 선행을 하는 사람이 정말 자신의 선행을 구원의 근거로 착각할 수 있을까? 선행이라는 것 자체가 그런 오해와는 어울리지 않는 삶의 태도가 아닐까? 사도행전 8장에 나오는 사마리아의 마술사 시몬의 경우를 생각해 보자. 사마리아 사람들에게 성령이 임하게 하는 베드로의 '능력'을 본 마술사 시몬은 많은 돈을 내며 베드로로부터 그 능력을 사고 싶어 했다. 당연히 베드로는 분개했다. 돈으로 살 수 없는 하나님의 선물을 돈으로 살 수 있다고 오해했기 때문이다. 사실 성령의 임재 혹은 그 임재를 중재하는 능력은 인간적 수단으로 확보할 수 있는 것이 아니다. 돈이 아니라 그 무엇으로도 될 수 있는 일이 아니다. 그런데 그가 인간적 수단을 제시하여 그것을 얻고자 했다는 것은 그가 애초에 은혜의 선물인 성령에 대해 무지했다는 사실을 반증한다.

반면 성령의 선물을 받고 그 임재 아래 살아가는 사람들은 그것이 인간적 수단으로 될 일이 아님을 잘 안다. 성령을 아는 사람들이라면 인간의 노력으로 성령을 좌지우지하려는 시도를 할 리가 없다는 이야기다. 물론 그렇다고 해서 성령의 선물이 인간적 몸짓과 무관하게 주어지는 것은 아니다. 성령은 순전히 하나님의 선물이지만, 여기에는 "회개하고 죄 사함을 받으라"는 선행조건이 달릴 수도 있다. 성령의 선물은 회개하고 죄 용서를 경험하는 사람들에게 주어진다. 오순절 날 베드로의 설교를 들은 예루살렘 사람들 역시 회개하며 성령의 선물을 고대했을 것이다. 하지만 그렇다고 그들의 회개를 자신들의 행위로 성령을 '사려는' 행위구원론적 움직임으로 규정할 수는 없다. 이는 하나님의 선물과는 무관한 헛된 인간적 수단이 아니라, 성령의 선물과 본질을 같이하는 믿음의 움직임이기 때문이다. 사마리아 사람들을 위해 기도하고 안수했던 베드로가 자신의 행동을 '성령을 얻기 위한 수단'으로 간주할 수 있었겠는가? 오히려 이는 성령이 하나님의 선물임을 알기에 수행하는 겸허한 믿음의 몸짓이 아닌가?

이전 글에서도 말했지만, 적어도 나의 경험 세계 속에서 "율법을 지켜 의롭다 하심을 얻겠다"는 율법주의, "선한 행위로 구원을 얻겠다"는 공로주의는 현실에서는 찾아볼 수 없는 상상 속의 괴물인 것처럼 보인다. 추상적 사고 속에서만 가능할 뿐, 실제 삶에서는 구현될 수 없는 어려운 발상이라는 이야기다. 율법을 자기 편의대로 이용하여 칭의의 조건으로 삼을 수는 있을 것이다. 그리고 이런저런 인상적 '몸짓'을 내세워 구원을 주장할 수도 있을 것이다. 하지만 많은 경우 그런 조작적 노력들은 율법의 참 뜻을 존중하며 '선한' 행위를 사모하는 겸허한 경건과 구별된다. 참된 순종을 힘쓰는 사람 편에서 그 순종으로 구원을 얻으려 드는 것은 불가능한 일처럼 보인다.

우리가 교리적으로 염려하는 행위구원론적 태도는 믿음의 햇살이 없는 음지에서만 기생하는 버섯과 같다. 성령을 돈으로 살 수 있다고 생각하는 사람은 마술사 시몬처럼 애초에 성령을 모르는 사람뿐이다. 당연히 그는 돈과 같이 성령과 무관한 수단들 혹은 성령의 본질과 어긋나는 헛된 수단들로 그 성령을 확보하려 들 것이다. 구원이 하나님의 선물인 줄 아는 사람, 그리하여 구원과 상통하는 삶의 자태를 보이는 사람은 애초부터 그 구원에 대해 행위구원론적 발상을 갖기 어렵다. 반대로 정말 행위구원론적 발상을 가진 사람이라면 아예 구원을 모르는 사람일 것이며, 따라서 그는 구원과 어울리지 않은 헛된 수단들을 동원하여 구원을 사려고 노력할 것이다. 물론 그의 시도는 허망하다. 행위구원론적 발상이 교리적 독이어서가 아니라, 그가 구사하는 수단들이 무익한 것들이기 때문이다. 물론 이는 제대로 된 의미에서의 행위구원론적 상황이 아니다. 선행 아닌 엉터리 행위로 구원에 이르려 하는 어리석음일 뿐이다.

순종의 열망

　　　　우리의 일상 속에서 겸허한 순종의 태도와 위험한 행위구원론적 발상을 구분할 수 있다는 발상도 다시 생각해야 한다. 내용적으로 보자면, 성령을 따르는 삶이나 율법에 순종하는 삶은 모두 사랑으로 수렴된다. 적어도 겉으로는 (도덕적으로) 율법을 지키려는 모습과 성령의 인도를 따르는 모습을 구분하기 어렵다. 그렇다면 우리는 누군가의 순종을 보고, 이를 '믿음의 순종'인지 '율법에 대한 순종'인지, 성령의 인도를 따르는 것인지 율법의 계명을 지키는 행위인지 구별할 수 있을까? 과연 율법의 요구에 순종하는 행위가 성령의 인도를 따르는 행위와 구별되는 것일까? 책상에서 개념적 엄밀성에 집착하는 이들에게는 이런 식의 구분이 매력적일지 모르지만, 교인들의 성숙을 염려하는 목회자의 입장에서 이런 식의 추상적 구분은 '탁상공론'일 가능성이 크다. 앞에서 말한 것처럼, 구원이 우리 삶이 궁극적 목표로 남아 있는 한, 이 양자의 구분은 무의미하다. 부활이라는 목표를 추구하며 현재를 인내하는 바울의 모습은 건강한 믿음의 표현일까, 오만한 행위구원론적 발상일까? 사도행전의 바울은 "우리가 하나님 나라에 들어가려면 많은 고난을 겪어야 한다"고 말한다. 이를 직역하면 "우리는 많은 환난을 통하여 하나님 나라에 들어가야만 한다"는 말이다(행 14:22). 여기서 환난을 인내하는 성도들의 삶은 하나님 나라에 들어가기 위한 공로주의적 태도일까, 겸허한 믿음의 순종일까? 바울은 현재의 환난이 인내를 낳고, 인내는 연단된 성품으로 이어지며, 이 성품으로부터 구원의 소망이 자라나온다고 말한다(롬 5:3-4). 물론 우리가 현재의 삶을 인내하는 것은 그 인내가 구원에 이를 것임을 알기 때문이다. 말하자면, 구원이 우리 인내의 동기다. 그렇다면 구원에 이르기 위해 현재의 고난을 인내하는, 혹은 고난을 인내함으로써 구원에 이르고자 하는 우리의 삶은 행위구원론적 발상의 결과가 아닌가? 그렇다고 우리가 구원이라는 '불순한' 동기를 제쳐 두고 순수한 인내의 태도에만 마음을 모아야 할 것인가? 오히려 찾아보기도 어려운 행위구원론을 염려하느라 가뜩이나 찾아보기 어려운 순종의 열심마저 방해하는 잘못을 저지르는 것은 아닐까?

현실로부터 시작하는 생각

많은 사람들은 행위구원론의 위험에 대해 목소리를 높인다. 나의 강의나 글을 두고도 그런 염려를 피력하는 사람들이 있다. 그럴 때마다 나는 늘 질문이 생긴다. 앞에서 이야기했던 것처럼, 신학자들끼리의 학문적 싸움이 아니라면 행위구원론을 염려해야 할 상황이 좀처럼 없기 때문이다. 상식의 눈으로 우리 교회를 바라보는 사람이라면 우리가 교회가 행위구원론의 위험에 처해 있다고 진단하지는 않을 것이다. 현재 우리의 상황은 누가 보아도 그 반대의 경우다. 행위로 의롭게 되려는 사람들이 문제가 아니라, 야고보가 염려했던 것처럼 행위 없이 의롭게 되려는 사람들이 문제다. 저급한 도덕적 수준으로 화려한 종교적 수사를 배반하는 설교자들, 주일 교회에서의 화려한 영성과는 달리 세상에서는 무기력하기 짝이 없는 신자들. 우리의 현실을 생각하면 이런 모습들이 우리의 마음에 가장 먼저 떠오른다. 이런 상황에서, 정말 순종의 삶을 살려고 노력하는 사람들은, 그 동기가 무엇이든 칭찬의 대상이지 비난의 대상은 아니다.

선한 삶을 위한 노력은 그 어떤 이유에서든 비난의 대상이 아니다. 당시 교회의 행위구원론적 신학을 교리적으로 비난했던 루터와 칼뱅도 면죄부와 같은 썩은 폐습들을 공격한 것이지 교회의 아름다운 행실을 비난하지는 않았다. 그러니까 실질적으로 그들이 공격한 행위구원론은 참된 선행이 아니라 면죄부 같은 '썩어빠진' 행태나 관습과 결합된 구원론이다. 그래서 건강한 의미의 순종에 관한 대목에서 그들의 논의는 종종 보다 복잡한 방식으로 꼬인다. 전문가가 아니라 큰소리를 칠 수는 없지만, 나는 종교개혁자들의 신학 바탕에도 온전한 순종과 거룩한 교회에 대한 깊은 관심이 자리하고 있었다고 생각한다. 교회를 어지럽히는 악한 관습을 깨뜨리기 위해, 그 관습을 지탱하는 '공로주의적' 발상의 뿌리를 뽑고자 했던 것이다. 그리고 만약 그들이 다시 살아나 오늘의 우리 교회를 본다면, 아마 그들은 그들의 교리가 이처럼 오용되고 있다는 사실에 경악을 금치 못할 것이다.

오늘 우리의 현실은 순종에 대한 새로운 열망을 필요로 한다. 예수께서 그리고 그 뒤의 사도들이 그랬던 것처럼, 순종하지 않고서 하나님 나라에 들어갈 수 없다는 사실을 보다 분명히 선포할 수도 있겠고, 바울이 하는 것처럼 새로운 순종의 근거와 가능성과 원리를 상세히 풀어 가며 선포할 수도 있을 것이다. 새로운 삶에 대한 초대이든 그렇지 못한 삶에 대한 신랄한 경고이든, 우리는 순종의 메시지를 선명하게 선포해야 하고 그 목소리에 귀를 기울여야 한다. 적어도 우리가 이 땅에서 살아가는 한, 우리 믿음이 삶으로 표현될 수밖에 없다는 사실을 깨달아야 할 것이고, 그 깨달음 속에서 선한 삶으로 우리 믿음의 위력을 드러내려는 노력이 계속되어야 할 것이다.

믿음의 상상력을 고대하며

물론 여기에는 믿음이 필요할 것이다. 우리에게 다가와 우리 삶을 새롭게 하시는 창조의 하나님, 생명의 하나님께 대한 신뢰가 필요한 것이다. 죽음과 절망의 현실에 주눅 들고, 그리하여 우리가 믿는 복음조차 그 절망의 펀치에 멍든 듯이 보이는 이때에, 생명을 창조하시는 하나님을 향한 믿음이, 그 믿음으로 우리 삶을 살아가려는 사람들이 필요하다. 하나님께서 예수를 죽은 자 가운데서 살리신 것이 분명하다면, 우리가 이 믿음에 주저할 이유는 없을 것이다. 하나님은 지금 우리에게도 동일한 하나님이시기 때문이다.

갈라디아서에 관한 글을 마치면서, 옛날 선지자들이 가졌던 믿음의 상상력이 우리에게도 있었으면 좋겠다는 바람을 새삼 추스른다. 마른 뼈가 가득한 죽음의 골짜기에서 생명을 창조하는 하나님에 대한 환상을 볼 수 있었던 에스겔의 그 놀라운 상상력, 인간의 악함에 절망하고 또 절망하던 눈물의 선지자였으면서도 순종하는 백성을 창조하실 새 언약의 날들을 상상하고 그것을 선포할 수 있었던 예레미야의 그 놀라운 상상력이 오늘 우리에게도 있었으면 좋겠다. 이런 상상력은 현실에서 연역되거나 귀납된 결론이 아니다. 이는 오히려 절망의 세상에 위로부터 내리는 기적과 같은 이야기다. 우리의 미래는 아마 이런 거룩한 상상력의 사람들에 의해 좌우될 것이다. 세속의 가치에 물들어 이대로가 좋다고 희희낙락하는 세속화된 기독교인들도 아니고, 어두운 얼굴로 세상의 악을 비난하기에 여념이 없는 창백한 비판가들도 아니다. 우리의 연약함과 실패에 가슴을 치면서도 하나님의 새로운 창조를 기대할 줄 아는 선지자 같은 사람들, 바로 그 사람들의 집요한 믿음 속에서 우리 교회의 미래를 그려 볼 수 있을 것이다. 그 비전을 갖고 성도들과 씨름하며 섬겼던 바울처럼, 우리에게도 그 비전을 외치며 현실과 맞서는 믿음의 사람들이 더 많아졌으면 좋겠다.

주

1장

1. 고대인들이 기록한 문서들이 어떻게 오늘날 우리를 위한 하나님의 말씀으로 다가오는가 하는 물음은 보다 깊은 사색이 필요한 주제다. 나 역시 이전 책에서 이에 대한 짧은 묵상을 제시한 적이 있다. 『네가 읽는 것을 깨닫느뇨?』(서울: SFC, 2010).

2. 권연경, "주의 만찬과 '자기를 살핌'", 「개혁신학」 16(웨스트민스터신학대학원대학교, 2004), 177-206; 권연경, 『네가 읽는 것을 깨닫느뇨?』(서울: SFC, 2008), 262-271.

2장

1. 이제 인식의 주관성은 상식이 되었다. 대표적으로 Peter Berger & Thomas Luckman, *The Social Reconstruction of Reality: A Treatise in the Sociology of Knowledge* (New York: Doubleday/Anchor Books, 1967). 물론 인식의 상대성을 인식한다고 해서 절대적 상대주의에 빠질 필요는 없다. 서로 다른 주체들이 자신만의 주관성을 잃지 않으면서도 소통과 대화를 통해 공감의 토대를 확보할 수 있기 때문이다.

2. 갈라디아의 상황을 재구성하려는 노력에서 바울 자신의 관점이 중요하다는 사실은 종종 무시된다. 이 점은 나의 첫 연구에서 가장 먼저 강조했던 사항이기도 하다. *Eschatology in Galatians: Rethinking Paul's Response to the Crisis in Galatia* (Tübingen: Mohr Siebeck, 2004), 26-50. 여기서 나는 바울 아닌 선동자들의 관점에 대한 과도한 관심이 바울의 텍스트를 해석하는 데 미치는 부정적인 영향을 다각도로 지

376

적한 바 있다. 바울의 관점에 관한 다음 장의 논의 역시 상당 부분 이 책의 논의에 바
탕을 둔 것이다.

3. 가령, "예수 그리스도를 통해 깨끗하게 되었다"는 신학적 진술은 상황에 따라 거듭난
신자들의 상태를 재확인하며 축복하는 말일 수도 있고, 고린도전서 6장에서처럼 "그
렇게 깨끗해진 사람들이 이제 와서 무슨 짓이냐?" 하며 악을 행하는 신자들을 야단치
는 목적으로 활용될 수도 있다(고전 6:9-11, 19-20).

4. 이 책의 5장, '바울 구원론의 미래적 관점'을 보라.

5. 새번역은 '겪는다'는 단어를 '(성령을) 체험한다'는 의미로 옮겼다("여러분의 그 많은 체험
은", 3:4). 주석들 중에서도 이런 입장을 따르는 경우가 적지 않다. 헬라어 용법상 이 단
어 자체는 부정적 경험('고난을 겪다')과 긍정적 경험('체험하다') 둘 다를 가리킬 수 있지
만, 바울 및 신약에서 이 단어는 일관되게 '고난을 겪다'는 의미로 사용된다. 또한 '성
령을 체험한다'는 표현은 현대적 조어일 뿐 신약의 가르침은 아니다. 신약에서 성령은
하나님이 '주시고' 우리가 '받는' 것이지, 우리 '경험'의 대상은 아니다. 성령을 받은 우
리는 이 성령에 이끌리며 그 열매를 맺는다.

6. 권연경, "헛됨의 두려움-바울 신학을 보는 한 관점," 「신약연구」6(2007), 351-385.

7. 역시 이 구절을 다루고 있는 이 책의 19장, '초심으로 돌아가라'를 보라.

8. 구약과 신약 모두에서 '돌아섬'(히브리어로 '슈브')은 하나님과 그의 백성 사이의 상호적
역동을 나타내는 핵심적 용어로 널리 활용된다(가령, 행 7:39, 42).

3장

1. 나는 그렇게 생각하지 않지만, 2:16은 "예수 그리스도의 믿음/신실함으로 의롭다 하
심을 얻는다"고 번역할 수도 있다. 본문이 예수의 신실함을 언급하든 아니든, 우리가
예수를 믿어 의롭다 하심을 얻는다는 사실은 그대로 남는다.

2. 이 점은 Sanders가 1세기 유대교가 율법주의적 종교가 아니었음을 강조하면서 지적했
던 사항 중 하나다.

3. 나의 생각에 이런 식의 '완벽한 순종' 개념은 그리스도의 대속이 유일한 구원의 길임
을 강조하려는 의도에서 생겨난 사후적 개념으로 보인다.

4. John M. G. Barclay, "Mirror-Reading a Polemical Letter: Galatians as a Test Case,"
Journal for the Study of New Testament 31 (1987), 73-93. 이에 대한 나의 비판은,
권연경, "Mirror-Reading and Historical Reconstruction," 「신약연구」14/2 (2015),
244-270.

5. 율법 실천의 범위에 대한 보다 상세한 논증은 권연경, "갈라디아의 선동자들은 율법

준수를 요구하였는가?", 「한국기독교신학논총」 56 (2008), 59-85. 이 점에서 나의 입장은 대다수 학자들의 견해와 다르다. 전통적 관점과 새 관점을 막론하고, 학자들은 갈라디아의 상황이 율법의 특정 항목들뿐 아니라 율법 전체를 지키려는 열심을 드러낸다고 생각한다. 새 관점과의 차이에 대해서는 다음 장에서 언급할 것이다.

4장

1. N. T. Wright, *New Testament and the People of God* (Edinburgh: T&T Clark, 1992). 한역, 박문재 역, 『신약성서와 하나님의 백성』(서울: 크리스찬다이제스트, 2003).

2. 신약성경에는 '할례자'나 '무할례자'라는 단어가 따로 존재하지 않는다. '할례'(페리토메)와 '무할례'(아크로뷔스티아, 문자적으로 남자 생식기의 '포피')가 그런 사람을 가리키는 환유로 자주 사용되었다. 그럴 때는 각각 '할례자'와 '무할례자'로 번역된다. 물론 '할례자'는 대부분 '유대인'이라는 말과 같은 의미로 사용된다. 사실 할례가 유대인만의 관습은 아니었지만, 그럼에도 불구하고 '유대적'이라는 인식이 널리 퍼져 있었다.

3. 사도행전에서 이방 선교는 빌립(8장) 혹은 스데반 박해 시 흩어졌던 헬라파 신자들에 의해 독자적으로 시작되지만(11장), 사도행전의 흐름 속에서 베드로의 고넬료 전도(10장)는 무할례자의 구원과 관련된 신학적 장애물을 제거하는 전략적 의미를 갖는다. 이 사건 후 이방 선교의 태동에 관한 묘사가 이루어지고(11장 후반), 예루살렘 이야기를 최종적으로 마무리한 후(12장), 본격적인 이방 선교 이야기가 펼쳐진다(13장 이후).

4. 이 단어는 "손(捐)할례당"(개역), "(몸을) 상해하는"(개역개정), "살을 잘라 내는 할례"(새번역), "거짓된 할례"(가톨릭성경) 등으로 다양하게 번역 혹은 의역되었다. 헬라어로는 어원적으로 '둘레 자르기'(peri-tome)를 뜻하는 할례에 빗대어, 직역하면 '절단/거세'(kata-tome)를 의미하는 단어로 언어유희를 한 셈이다. 유대인들에게 할례가 얼마나 소중했는가를 생각하면 매우 격한 '악담'인 셈이다.

5. 이 본문은 이 책의 18장, '안디옥 이야기'에서 보다 자세히 다루어진다.

6. 우리로 치면, 신자다운 신실한 삶에는 큰 관심이 없으면서 방언에만 집착하며 구원의 여부를 따지던 일부 그리스도인들, 혹은 성도들의 거룩함에는 무관심한 채 헌금에만 열을 올리는 목회자들의 모습과 유사하다. 나는 주일성수에는 목숨을 걸면서 사랑을 실천하는 일에는 거의 무관심했던 나의 예전 모습이 떠오른다. 로마서에서 바울이 비판하는 '유대인' 대화 상대자의 모습도 다르지 않다. 이에 관해서는 권연경, 『로마서 산책』(서울: 복 있는 사람, 2010), 97-116을 보라.

7. '율법의 행위들'에 관해서는 권연경, 『갈라디아서 어떻게 읽을 것인가』(서울: 성서유니온, 2013), 107-116 및 주 22에 제시된 나의 다른 글들을 참고하라.

1. 권연경, *Eschatology in Galatians*, 1장 참고.

2. 나는 자주 '행위구원론자'라는 비판을 받는다. 그럼에도 불구하고 나는 세련되고 안전한 그리고 종종 무책임한 교리적 진술보다는 성경의 적나라한 주장과 경고를 액면 그대로 받아들이는 것이 옳다고 믿는다. 적어도 내가 알기로는, 바로 그런 태도가 '오직 성경'(*sola Scriptura*)의 원리에 더 잘 어울린다. 성경이 "행하는 자라야 하나님 나라에 들어간다"고 강조하고, 성경 자체가 "행위로 의롭다 하심을 얻는다"고 주장한다면, 우리는 과연 무엇을 두려워하는 것일까? 특히 현재 교회의 현실을 생각하면, 어떤 부분을 더 강조하는 것이 교회의 파수꾼으로서 더 책임 있는 자세가 될까?(겔 33:1-9)

3. 물론 종종 "구원을 얻었다"는 진술이 등장한다(엡 2:5). 하지만 이는 신자의 회심 체험을 '구원'이라는 단어로 표현한 것이지, 마지막 심판 때 주어질 구원이 이미 주어졌다고 말하는 것이 아니다(5:5). 어두웠던 과거와의 강한 대조를 의식하며 "구원을 얻었다"고 말할 수도 있고, "구원의 길에 들어섰다"는 급진적 변화를 강조하면서 과거형 표현을 사용할 수도 있다. 하지만 이런 표현은 결코 구원의 소망이라는 미래적 전망을 훼손하지 않는다. 그 구원에 이를 때까지의 신실해야 한다는 요구 역시 마찬가지다. 보다 상세한 논의는 다음을 참고하라. 권연경, "에베소서의 종말론과 미래," 「신약논단」 (2018), 145-180.

4. 종종 제기되는 주장과는 달리, 신약에는 소위 '감사의 윤리'가 거의 나타나지 않는다. 받은 구원에 감사하는 마음으로 순종하자는 논리보다는, 우리에게 주어진 새로운 정체성에 어울리게 살아가라는 권고 혹은 종말의 구원(갈라디아서에서는 의의 소망, 하나님 나라, 영생)을 향해 신실하게 살아가라는 권고가 주를 이룬다. 감사는 신자의 핵심적 자태 중 하나이지만, 그것이 순종의 주된 동기로 제시되지는 아니다.

5. 물론 비유 속의 모든 세부사항을 기계적으로 적용하면 곤란하다. 바울의 의도는 "제대로 달려야 한다"는 것이지, 마지막 심판 때 "한 사람만 상을 받는다"는 것이 아니다. 구원은 주의 임재를 사모하며 열심히 달린 모든 이들에게 주어질 것이다(딤후 4:7-8).

6. 사실 바울의 논증 전체가 선명한 이분법적 논리에 근거한다. 권연경, 『갈라디아서 어떻게 읽을 것인가』, 36-40을 보라.

6장

1. 최근의 한 사례로는, Douglas A. Campbell, *The Deliverance of God: An Apocalyptic Rereading of Justification in Paul* (Grand Rapids: Eerdmans, 2009).

2. 물론 대부분의 진술들은 칭의의 시점에 관심이 없다. 바울이 당면한 과제는 칭의의

'언제'가 아니라 '어떻게'를 분명히 해명하는 것이기 때문이다. 로마서와 갈라디아서에서 칭의 관련 단어들이 사용되는 방식의 차이에 관해서는 권연경, *Eschatology in Galatians*, 70-73을 참고하라.

3. 현재 널리 사용되는 헬라어 신약 본문을 결정한 위원회는 이 부분이 바울의 작성한 원문의 일부가 아니라, "성화의 신적 측면이 너무 도외시되었다고 생각한 일부 경건한 필사자들에 의한" 난외주였을 것으로 판단했다. 이 부분을 빼면 문장의 균형이 잘 맞는다는 사실도 그런 판단에 일조했다. 하지만 운율을 깨뜨리는 '더 어려운' 독법이 원문일 가능성도 배제할 수 없다. '혹은 이미'('에 에데')라는 표현이 두 번 반복되는데, 다른 사본의 필사자들이 실수로 앞의 것을 건너뛰었을 수 있다. 브루스 M. 메츠거, 장동수 역,『신약 그리스어 본문 주석』(대한성서공회 성경원문연구소, 2005), 530.

4. 학자들은 흔히 구원이 이미 **부분적으로** 이루어졌고, 우리는 그 **완전한 성취**를 기다린다는 식으로 설명한다. 하지만 이는 우리가 아직 '보이지 않는' 것, 곧 아직 현실이 되지 않은 것을 소망한다는 바울의 말과 배치된다(24절). 로마서 8장에서 바울의 의도는 '이미와 아직'의 멋진 도식을 그려 보이려는 것이 아니라 고난 중에 참고 기다려야 하는 신자들의 현재를 생생하게 묘사하는 것이다(25절). '성령의 첫 열매'는 장차 완성될 전체 구원의 부분적 성취가 아니다. 항간의 오해와는 달리, '첫 열매'라는 표현에는 '부분이 전체를 대표한다'는 식의 개념이 없다. 구약에서도 '첫 열매'는 전체 수확을 '대표'하는 일부가 아니라, 처음 난 것은 다 하나님의 것이라는 생각을 표현하는 것이다. 곧 사람들에게 속한 수확과는 '구별된' 수확이며, 하나님만을 위해 '성별된' 예물을 가리킨다.

5. 최근 김세윤 교수 역시 칭의의 '종말론적 유보'와 행위 심판 및 '탈락의 가능성'에 관해 강조한 바 있다.『칭의와 성화』(서울: 두란노, 2013), 78-80, 283-290. 이 때문에 전통적 관점의 강력한 옹호자라 할 수 있는 그를 새 관점주의자로 오해하는 웃지 못 할 상황도 발생한다.

7장

1. 권연경,『로마서 산책』(서울: 복 있는 사람, 2010), 191-194.

2. 여기서 글의 초점을 잃지 않기 위해 소위 '피스티스 크리스투'(πίστις Χριστοῦ, 그리스도의 믿음)와 관련된 논쟁은 다루지 않았다. 나는 '그리스도께서 보여주신 믿음/신실함'이 아니라 '그리스도를 믿는 (우리의) 믿음/신실함'이라는 전통적 견해를 지지한다. 이 논쟁의 대략에 대해서는, Michael F. Bird & Preston M. Sprinkle, *The Faith of Jesus Christ: Exegetical, Biblical, and Theological Studies* (Peabody, MA: Hendrickson

Publishers, 2010)를 참고하라.

3. 우리는 십자가가 생긴 모양에 신경을 쓰지만, 당시 유대인의 입장에서는 '나무에 달렸
다'는 사실이 보다 중요했다(행 5:30; 13:29; 벧전 2:24). 당시 십자가는 여러 가지 모양
이 있었다.

4. 이런 과정에는 십자가와 부활 이전에 예수께서 주신 가르침에 대한 회고 혹은 '기억'
이 결정적인 작용을 했을 것이다(가령, 막 10:45; 요 14:26). 물론 부활 직후 예수께서 메
시아의 죽음과 부활에 대해 가르치신 것 역시 같은 내용이었을 것이다(눅 24장).

5. "우리가"라고 주어를 붙인 새번역은 오역이다. 로마서 8:15에서는 우리가 "아바 아버
지!"를 외치는 반면, 갈라디아서에서는 성령이 이 외침의 주체다. 물론 "우리 영과 더불
어" 그렇게 하신다는 점에서, 두 본문 사이의 실질적인 차이는 없다. 갈라디아서에서는
성령의 결정적 역할을 강조하는 것이 해당 본문의 가장 중요한 의도 중 하나다.

8장

1. 많은 학자들은 여기서 한 걸음 더 나아가 성령이 새 시대 도래에 대한 증거라고 생각
한다. 물론 바울이 그렇게 말한 적은 없다. 학자들이 여러 근거로 그렇게 추론한 것이
다. 이에 대해서는 나중에 따로 다루기로 하자. 이에 관해서는 권연경, "The Spirit Is
Not the New Age," 「한국기독교신학논총」 57 (2008), 143-160을 참고하라.

2. 개역개정은 "고난도 함께 받을지니라" 하고 풀었지만, 원래는 매우 강한 조건문("only
if")이다.

3. 여기서의 "보증"(헬라어로, 아라본)을 단순한 보증을 넘어 미래 구원의 (부분적) '선불
금'의 의미로 해석하는 경향이 많지만, 이는 어휘론적으로나 고린도후서의 문맥상
으로 성립되기 어려운 주장이다. 이를 위해선 졸고, "Ἀρραβών as Pledge in Second
Corinthians," NTS 54 (2008), 525-541을 보라.

4. 창세기에서 "여종의 아들을 내쫓으라"는 말은 아브라함을 향한 사라의 요구였다(창
21:10). 바울은 사라의 "내 아들 이삭"을 "자유를 가진 여자의 아들"로 살짝 바꾸어 사
라의 요구를 성경 자체의 권위 있는 선언으로 만들었다. 사라의 요구가 결국 하나님의
뜻과 같다는 판단에 근거한 '창조적' 해석이었을 것이다.

9장

1. 사실 우리말 번역의 치명적 약점의 하나는 매우 빈번한 접속사의 생략이다. 바울의 논
증을 개별 절 혹은 문장 단위로 분리하여 전체 논증의 흐름을 따라가면서 핵심 논점을
파악하는 작업을 힘들게 만든다. 안타깝게도 보다 최근의 번역들 역시 이 점에서는 전

혀 개선된 모습을 보여주지 못한다.

2. 이 표현은 수동태로 '사랑에 의해 움직여지는 믿음'으로 이해할 수도 있고, 재귀적 의미로 '사랑을 통해 **일하는** 믿음'으로 이해할 수도 있다. 물론 실질적인 의미는 대동소이하다. 믿음은 언제나 사랑의 형태로 그 본래 모습을 드러낸다. 이는 야고보가 강조한 믿음, 곧 행위와 **함께 일하고**, 행위를 통해 제 모습을 드러내는 믿음과 전혀 다르지 않다(약 2:17-18, 22, 24, 26).

3. 바울의 거침없는 논리와는 별개로, 많은 신자들은 우리의 구체적 일상 속에서 성령이 실제 어떻게 작용하는 것인지 궁금해 한다. 로마서 5-8장에 이르는 긴 논증은 하나님의 사랑, 은혜의 통치, 그리스도와 함께 죽고 살아남, 성령에 의한 관심사의 변화 등의 이야기를 통해 이런 물음에 대한 (부분적인) 답을 제공한다.

4. "알지 못합니까?"라는 도입구는 이것이 교회 내의 상식이었음을 말해 준다(고전 6:9-10). "분명히 알아 두십시오"라는 말도 마찬가지다(엡 5:5).

5. 사실 루터도 5:6을 주석할 때는 "사랑이 없으면 애초에 믿음도 아니다" 하고 못을 박는다. 그런데 이런 진술이 수동적 믿음과 능동적 믿음을 구분하는 그의 구원론과 논리적으로 어떻게 연결되는지는 선명치 않다. 이런 논리적 긴장이 당시의 신학적 투쟁에서는 역동적으로 작용했겠지만, 이후 신학적 발전 과정에는 일방적 치우침의 원인으로 작용했을 것이다.

6. 진정한 믿음은 반드시 행위의 열매로 이어진다는 무책임한 발언도 마찬가지다. 참 믿음을 가진 신자의 삶에서도 순종은 끊임없는 투쟁의 결과이며, 포도나무(예수) 안에 있는 가지(신자)이면서도 열매를 맺지 못하는 경우가 비일비재하다(요 15:2). 열매가 없는 사람을 볼 때마다 "애초에 믿음을 갖지 못한 사람"이라 불러야 하는가? 바울은 행위가 없는 신자를 보고 그 믿음의 진정성을 의심하는 대신 가진 믿음에 합당한 열매를 보이라고 다그친다.

7. 25절의 "행한다"(스토이케오)는 16절의 "걷다, 행한다"(페리파테오)와는 전혀 다른 단어로, '대열에 맞추어 행진한다'는 정도로 풀이할 수 있다.

8. 성령께서는 하나님의 사랑으로 우리를 감동시켜 순종하게 만들기도 하고, 새로운 삶의 비전을 선명히 보여 그것을 따르도록 하게 하신다. 처음부터 하나님의 의도는 우리를 적당히 주물러 원하는 결과를 만드는 것이 아니라 하나님의 '자녀'로, 곧 그와 역동적 관계를 맺을 수 있는 동반자로 우리 자신을 성숙하게 하는 것이다(엡 1:4-5).

1. 이번 장의 논의를 좀 더 자세히 소개한 글로는 권연경, "살리는 복음, 살릴 수 없는 율법," *Canon & Culture* 5/2 (2011), 45-80.

2. 이는 종종 '도덕적 결함 이론'(moral deficit theory)이라 불린다. 율법에 대한 열성으로부터 바울의 공동체 내부의 도덕적 결함을 읽어 내려는 시도다. 내가 보기에 이는 유대 율법 혹은 그 율법의 주창자들을 호의적으로 평가하려는 시도가 지나쳐 오히려 바울을 왜곡하는 사례 중 하나다.

3. 권연경, 『행위 없는 구원? - 새롭게 읽는 바울의 복음』(서울: SFC, 2006), 83-96.

4. 사도 바울의 제사장적 사명의 핵심은 '거룩한 공동체'였다. 권연경, 『행위 없는 구원?』, 52-96.

5. Dunn이나 Wright 같은 학자들은 '율법의 행위들'이 **원칙적으로** 율법 전체를 포괄한다고 인정하면서도, 갈라디아의 위기 상황에서 **실제로** 문제가 되었던 것들은 할례, 절기 준수 및 음식 규정 등의 특정 항목들이었다고 생각한다. 영어식으로 말하자면, 이는 케이크를 그대로 갖고 있으면서 그것을 먹으려고도 하는 모순된 시도처럼 보인다 (to have the cake and eat it). 그렇다면 적어도 갈라디아의 상황에서는 '율법의 행위들'이 이들 특정 항목들을 가리킨다고 말하는 것이 솔직하지 않을까? 가령, Dunn, *The New Perspective on Paul* (Grand Rapids: Eerdmans, 2005), 213-226.

6. 에베소서 2:11-21은 그리스도의 십자가 죽음이 어떻게 유대인과 이방인을 가르는 율법의 장벽을 허물었는지 잘 설명해 준다. 옛 관점과 새 관점 사이에 해빙 무드가 조성되면서 자주 인용되는 본문이 에베소서 2장이다. Wright, *Justification: God's Plan and Paul's Vision* (London: SPCK, 2016), 144-152(새 관점); 김세윤, 『칭의와 성화』(서울: 두란노, 2013), 49(전통적 관점).

7. 로마서 문맥에서도 동일한 논증이 가능하다. 권연경, 『로마서 산책』, 191-208. 이 장의 제목은 '참을 수 없는 율법의 연약함'이다.

8. 전통적 관점의 가장 강력한 대변자 중 한 사람인 Stephen Westerholm 역시 이 사실을 역설한다. *Perspectives Old and New* (Grand Rapids: Eerdmans, 2004), 268-269.

9. Preston M. Sprinkle, *Paul & Judaism Revisited: A Study of Divine and Human Agency in Salvation*(Downers Grove, IL: IVP, 2013). 주로 사해 사본과 바울의 관점을 비교한 흥미로운 연구다.

10. 이 구절은 종종 '율법 아래 있을 필요가 없다'는 식으로 잘못 풀이된다. 바울의 의도는 성령으로 충분하니까 율법이 **필요 없다**는 것이 아니라, 율법 아래 있는 것은 육체 아래 있는 것과 마찬가지라는 것이다.

11장

1. 율법이 유대적 정체성의 핵심이라는 사실은 별다른 논증을 필요로 하지 않는다. 가령, J. D. G. Dunn, *The New Perspective on Paul: Collected Essays* (Tübingen: Mohr Siebeck, 1998)에 실린 글들을 보라.

2. 이 책 10장의 주 9에 제시된 연구도 이 점을 매우 강조한다.

3. 많은 인문학자들의 지혜가 역동성을 잃는 곳이 바로 이 지점에서다. 인간의 가능성을 신뢰할수록 잘못된 사회에 대한 처방은 피상적일 공산이 크다. 그래서 많은 이들의 멋진 제안은 "우리가 조금만 더 노력한다면" 하는 불가능한 조건을 동반한다. 하지만 바로 이것이 문제의 본질이 아닌가? 다소 거칠게 말하면, "우리가 이 문제만 해결할 수 있다면, 우리의 문제는 해결될 것이다" 하는 식이다. 인간의 근원적 한계에 대해서는 당위적·원론적 진술에 그친다는 점에서, 많은 인문학적 제안들 역시 바울이 말하는 율법의 한계를 공유하는 셈이다.

12장

1. 로마서 7장에서처럼 여기서도 바울은 이스라엘의 한 지체로서의 '나'에 관해 이야기한다. 하지만 그렇다고 해서 이 포괄적 '나'를 집단적 '이스라엘'로만 간주하고, 일체의 개인적 차원을 배제하려는 시도는 문제가 있다. 복음을 하나님과 이스라엘 사이의 언약 이야기로 읽으려는 N. T. Wright의 시도는 우리가 놓쳐서는 안 되는 거대한 언약적 흐름을 잘 보여주지만, 동시에 개인의 내밀한 구원 이야기로서의 차원을 소홀히 할 위험을 드러내기도 한다. 그런 점에서 에베소서 2:1-10의 개인적 회심 이야기와 2:11-22의 사회적·교회적 연합의 결합은 시사하는 바가 크다.

2. "율법의 의로 치자면 흠이 없다"는 주장이 도덕적 차원을 포함한다고 생각하는 이가 많지만, 바울의 실제 관심은 철저히 자신의 유대적 정체성에 국한된다. 3-4절에서 밝힌 것처럼, 그의 자랑거리들은 "육체를 신뢰하는" 사람들이 중요시하는 외면적 조건들에 대한 묘사다. "성령으로 섬기는" 삶과 대척에 있는 허망한 삶이다.

3. 이는 구약 자체의 지평 내에서는 사실상 불가능한 진술이다. 바울의 율법·구약 읽기는 철저히 그리스도라는 새로운 계시에 의해 이끌린다. Peter Enns는 이 점을 특히 강조한다. *Inspiration and Incarnation* (Grand Rapids: Baker, 2005).

4. 신학에 관심을 가진 이들은 '율법의 제3의 기능'(tertius usus legis)과 관련된 오랜 논쟁을 떠올릴 것이다. 굳이 규정하자면, 나의 입장은 율법에 대한 루터주의적 입장보다는 칼빈주의적 입장에 가깝다. 물론 개별 학자들의 입장을 이해하는 데는 이런 식의 유형론이 언제나 유익한 것은 아니다.

5. 어떤 학자들은 여기서 기독교적 사랑이 온 율법의 '성취'라는 로마서 식의 설명을 내
   놓는다(롬 13:8-10). 가령, John M. G. Barclay, *Obeying the Truth*(Regent College
   Publishing, 2005), 139-142. 보다 최근의 논의로는 Martinus de Boer, *Galatians*
   (Louisville: Westminster John Knox Press, 2011), 342-350을 보라. 하지만 이 구절에서 바
   울이 말하려는 것은 사랑에 관한 율법 자체(레위기)의 계명 속에 온 율법이 '집약되어
   있다'는 것이지, 그리스도인의 사랑이 율법을 '성취한다'는 것이 아니다. 바울의 말은
   지켜야 할 모든 계명이 사랑의 정신으로 집약된다는 수사적 논증이다. 사랑의 계명은
   율법 자체를 해체하는 자살폭탄이 아니다. 애초에 율법이 폐기되었다는 말을 할 요량
   이었다면, 레위기 계명의 권위에 의존하는 일 자체가 논리적 혹은 신학적 자살행위였
   을 것이다. 물론 로마서 구절 역시 율법의 중요성을 전제한 논증이며, 결코 율법의 폐
   기를 말하는 것은 아니다.
6. 고린도후서 3:3의 "살로 된 마음 판"이라는 한 구절은 이 두 선지자의 비전을 절묘
   하게 결합한다. "돌(굳은) 마음" 대신 "살(부드러운) 마음"을 주시리라는 에스겔의 비
   전과 "돌판"이 아니라 "마음(판)"에 율법을 기록하실 것이라는 예레미야의 비전이다
   (겔 36:26; 렘 31:34). 개역개정에는 "육의 마음 판"이라 모호하게 번역되었지만, (표
   준)새번역은 아예 "살"이라는 단어를 생략해 버렸다. 에스겔과의 관련성을 생각지 못
   한 치명적인 오역인 셈이다. 가톨릭성경은 "살로 된 마음이라는 판"이라고 정확하게
   옮겼다.
7. 그리스도의 법과 관련해서는 간헐적으로 이 법이 율법인지, 십자가 이전 남기신 예수
   의 가르침인지, 혹은 사랑이라는 계명인지, 아니면 사랑이라는 원리인지 하는 등의 논
   의가 있어 왔다. 내가 보기에는, 바울의 관심은 사랑의 실천을 강조하는 것이지 이 그
   리스도의 법의 출처를 밝히려는 것은 아니다. 아마 바울은 그리스도의 가르침이 사
   랑이고, 그게 바로 율법이기도 하다고 대답했을 것이다. 이에 대한 최근의 논의로는
   조호형, "갈라디아서 6:2에 나타난 '그리스도의 법'에 대한 연구," 「신약연구」 14/4
   (2015), 516-543을 보라.

13장

1. 당연한 이야기지만, 여기서 '성경'은 당시 유대인들 및 초대교회의 성경, 곧 지금 우리
   의 구약성경을 가리킨다. 신약성경의 글들이 작성되고, 수집되고, 지금의 형태를 갖추
   며 '성경'으로 받아들여지기까지는 여러 세기가 흘러야 했다.
2. Peter Enns가 강조하는 것처럼, 당시 유대인들은 구약을 문자적으로 읽었고 기독교인
   들은 기독론적으로 재해석했다는 주장은 사실과 다르다. 쿰란 공동체의 여러 문서들

이 보여주는 것처럼, 당시 유대교 내의 다양한 그룹들은 모두 나름의 입장에서 옛날의 본문을 현재화하며 읽었다. 이 책 12장의 주 3을 참조하라.

3. 독자들의 이해를 돕기 위해 바울은 창세기 본문의 "그가 믿었다"를 "아브라함이 믿었다"로 명시하여 인용했다.

4. 14절에 두 번 나오는 접속사 '하나'(in order that)는 목적 혹은 결과를 나타낸다.

5. 29절 문두의 접속사는 '혹은'(or)을 의미하는데, 논리적으로 '만약 그렇지 않다면'이라는 의미를 갖는다. 이는 29절 이하의 물음이 그 앞의 논증과 같은 주장이라는 사실을 분명히 보여준다. 곧 할례를 주장하며 하나님을 유대인만의 하나님으로 제한하려는 시도에 대한 반대 논증인 것이다. N. T. Wright, 장용량, 최현만 옮김, 『로마서』(에클레시아북스, 2014), 156 및 주 131.

6. '작은 것에서 큰 것으로'(a minori ad maius)의 논증으로 불리기도 하고, 유대식으로 '가벼운 것에서 무거운 것으로'(칼 바호메르)라 불리기도 한다. 매우 보편적인 수사법의 하나다.

7. 구약 본문에 '약속'(에팡겔리아)이라는 단어가 나오지는 않는다. 하지만 하나님이 아브라함에게 땅과 상속자에 대한 약속을 '말씀해 주신' 이야기는 매우 분명히 그리고 반복적으로 나타난다.

8. 대부분의 번역은 18절을 "아브라함에게 (유업을) 주셨다"고 번역하지만, 문법적으로 이는 분명한 오역이다. 여기 나온 동사 '카리조마이'는 직접목적어가 없을 경우 '주신다'가 아니라 '은혜로이 대하다, 호의를 베풀다' 혹은 '용서하다' 등의 의미가 된다. 자세한 것은 권연경, 『갈라디아서』, 158쪽, 주 16과 거기 제시한 나의 논문을 참고하라.

9. '스페르마'는 직역하면 '씨'다. 여기서는 사람이 낳는 씨이니까 '후손'이 되는 셈이다. 남자의 '정자'를 의미하는 영어의 sperm이 이 단어에서 나왔다. 또 실제 히브리어나 헬라어에서 '씨'를 가리키는 단어(제라, 스페르마)는 단수가 복수를 겸할 수 있는 집합명사다. 창세기 문맥에서는 분명 복수 개념으로 사용되었다. 그래서 여기서 바울의 논증을 억지라고 생각하는 이들도 많다. 하지만 당시에 대한 지식이 많지 않은 오늘 우리의 입장에서 당시 바울의 논증의 타당성을 판단하는 것은 그리 현명한 일은 아닐 것이다. 3장 말미로 가면 이 단어는 다시 집합적 개념으로 확장된다. 바울은 나름의 분명한 논리 하에 단수/복수 관련 논증을 전개하고 있는 것으로 보인다.

14장

1. 예수의 비유와 관련해서는 문학비평가 Leland Ryken의 노력이 돋보인다. *How to Read the Bible as Literature* (Grand Rapids: Zondervan, 1984), 특히 199-203. 최근

에는 예수의 비유 연구자들 사이에서도 이 점은 널리 인정된다. 가령, Robert Stein,
Introduction to the Parables of Jesus (Philadelphia: Westminster, 1981), 64-116.

2. 자세한 설명은 이 책의 4장에 제시한 바 있다.

3. 『로마서 산책』, 117-136.

4. 고린도후서 3장은 옛 언약과 새 언약의 차이가 성령의 역사에 있음을 잘 보여준다. 히브
리서 역시 육체의 예법에 머무는 옛 언약의 제사와 실제로 죄를 해결하고 양심을 깨끗
게 하는 새 언약의 제사(십자가)를 선명하게 대조한다(8:7-12; 9:13-14; 10:1-18, 22).

15장

1. 헬라어로 은혜는 '카리스'이고, 당시 통상적 인사말은 '카이레인'이었다. 신약에서는
이 인사가 야고보서 1:1과 사도행전 15:23에 나온다. 나머지 경우는 대개 기독교적
방식으로 살짝 변형되거나 길어지는 모습을 보인다.

2. "스스로 잘라 버리기를 원하노라"는 표현은 할례처럼 자르는 둥 마는 둥 하지 말고 아
예 "거세하는" 것이 어떠냐는 빈정거림이다(가톨릭성경). 새번역은 "자기의 그 지체를
잘라 버리는 것이 좋겠습니다"로 옮겼다. 대개 모호하게 번역된 빌립보서 3:2도 마찬
가지다. 이 책의 4장, 주 4를 보라.

3. 기쁨과 감사로 가득한 데살로니가전서와 비교해 볼 수 있을 것이다. 성도들의 인내와
믿음을 감사하는 이 편지에서는 감사 이야기가 3장까지 길게 늘어나 있다(3:9).

4. 이 부분에 대해서는 『갈라디아서 어떻게 읽을 것인가』, 36-40을 보라.

16장

1. J. Louis Martyn, "Epistemology at the Turn of the Ages," in *Theological Issues in
the Letters of Paul* (Edinburgh: T&T Clark, 1997), 89-110. 갈라디아서를 해석하는 입
장은 많이 다르지만, 바울의 인식 혁명과 관련하여 유익한 통찰을 담고 있다. 내가 처
음 갈라디아서를 배웠던 스승이기도 하다.

2. 이 부분에 관해서는 Anthony Thiselton, 김귀탁 역, 『교리의 해석학』(새물결플러스,
2016)을 보라. 나 역시 이 책에 실린 여러 추천사들 중 하나를 보냈다.

3. George Lyons, *Pauline Autobiography: Toward a New Understanding* (SBLDS 73;
Atlanta: Scholars Press, 1988); B. R. Gaventa, "Galatians 1 and 2: Autobiography as
Paradigm," *Novum Testamentum* 28 (1986), 309-326.

4. 개역개정은 "사람을 따라 된"으로, 새번역과 가톨릭성경은 "사람에게서 비롯된"으로
옮겼다. 모두 완료적 의미로 이해할 수 있다.

5. 개인의 삶에서는 "모태로부터"가 되겠지만, 더 큰 역사를 염두에 두면 "세상의 창조 이전부터"가 될 것이다(요 17:24; 엡 1:4; 벧전 1:20).

17장

1. 오랜 오해와는 달리, 회심 후 아라비아 체류는 회심의 충격 후 기도와 묵상을 했던 시간이 아니라 그 지역에서 복음을 전했던 기간이었을 것이다. 회심 직후 다메섹에서 활발하게 예수를 전했다는 사도행전의 기록 역시 이런 판단을 뒷받침한다(행 9:19-22).

2. 참고로 게바는 예수 당시 유대인의 일상어인 아람어로 '바위, 반석'인데, 예수께서 시몬에게 주신 별명이다. 이를 헬라어로 번역한 것이 베드로다. 그의 본명은 시몬, 곧 "요나(요한)의 아들 시몬"이다(마 16:17; 요 21:15-17). 마태복음 16:18은 절묘한 언어유희인 셈이다.

3. C. H. Dodd, *The Apostolic Preaching and Its Development* (London: Hodder & Stoughton, 1944), 16. 이 위트 있는 발언은 최근의 주석에서도 자주 인용된다.

4. 학자들은 가령 로마서 1:3-4, 고린도전서 15:3-7, 갈라디아서 1:4 등에서 이런 고백의 흔적을 볼 수 있다고 추측한다. 바울 서신에서 초대교회의 공통된 고백의 흔적을 포착하려는 시도는 합리적이지만, 이를 바울 자신의 사상과 분리거나 대조하는 것은 역사 아닌 역사소설의 영역에 속할 것이다.

5. 바울 당시 로마 제국의 삶을 특징짓는 중요한 면모 중 하나가 이동성(mobility)이었다. Wayne Meeks, *The First Urban Christians* (New Haven: Yale University Press, 1983), 16-23; J. S. Stambaugh & D. Balch, *New Testament in Its Social Environment* (Philadelphia: Westerminster/John Knox Press, 1986), 37-62.

6. 이 대목에서 바울이 자발적으로 디도의 할례를 시행했다고 '상상하는' 학자들이 있다. 이런 상상의 타당성 여부는 독자의 판단에 맡긴다.

7. J. L. Martyn, "A Tale of Two Churches," in *Theological Issues*, 25-36. 이는 그가 요한복음을 예수 이야기와 요한 공동체 이야기의 중첩으로 해석하며 활용했던 "two-level drama" 도식을 갈라디아서 해석에 적용한 것이다. *History and Theology in the Forth Gospel* (Philadelphia: Westerminster/John Knox Press, 2003/1968).

8. 가령, Daniel Boyarin, *A Radical Jew: Paul and the Politics of Identity* (Berkerly, CA: UCP, 1997). 철학자들의 바울 읽기에 대한 소개로는 Dominik Finkelde, 오진석 역, 『바울의 정치적 종말론』(도서출판b, 2015)을 보라.

388 9. 바울이 받은 은혜를 다른 사도들이 "보고, 알았다"는 것은 거기에 그만한 객관적 물증

이 있었다는 것을 의미한다. 이는 예루살렘 회의 맥락에서 바울과 바나바가 그들의 선
교에서 "하나님께서 그들과 함께 행하신 일들"을 여러 차례 상세히 보고했던 이야기
와 연결된다(행 15:3-4, 12).

18장

1. 이 본문은 새 관점 학자들이 특히 많은 관심을 쏟는 본문이다. J. D. G. Dunn, "The
   Incident in Antioch," *Jesus, Paul and the Law: Studies in Mark and Galatians*
   (Louisville, KT: Westminster/John Knox Press, 1990), 129-182.

2. 그래서 이 사건은 종종 바울의 선교와 신학이 독자 노선을 걷기 시작한 계기로 해석되
   곤 한다. 바로 앞의 주 1에 언급된 Dunn도 그중 하나다. 또한 Jürgen Becker, *Paulus:
   Apostle der Völker* (Tübingen: Mohr Siebeck, 1998), 99-131도 보라.

3. 앞에서 언급한 것처럼, 사도행전에서 고넬료 전도 사건의 배치는 전략적이다. 연대적
   으로는 11:19-21의 이야기보다 늦지만 이방인 선교에 대한 신학적 정당성을 분명히
   하는 의미에서 더 앞에 두었다. 이 책의 4장을 보라.

4. 바울의 싸움을 '정체성'의 문제로 간주하는 이들은 이 구원의 문제를 소홀히 하는 경
   향이 있다. 이방인 개종자들에게 궁극적으로 중요한 것은 유대인·하나님의 백성이라
   는 현재적 정체성이 아니라 그 정체성이 가져다줄 미래의 구원이었다(살전 1:10; 벧전
   1:8-9; 행 16:30). 바울의 구원론을 '하나님의 백성' 새롭게 만들기로 파악하는 Wright
   의 시도는 그런 점에서 미래적 구원의 중요성을 과소평가할 위험을 안고 있다. 미래
   자체가 부정되는 것은 아니지만, 논의의 무게 중심은 현저히 그리스도를 통한 '성취'
   의 시점으로 옮겨온다. 물론 이는 많은 바울 신학자들의 공통된 경향이기도 하다. N.
   T. Wright, *Paul and the Faithfulness of God: Book II* (Minneapolis: Fortress, 2013),
   774-1042. 이 장의 제목은 "The People of God, Freshly Reworked"다. (『바울과 하나
   님의 신실하심』, 크리스챤다이제스트)

19장

1. 데살로니가전서처럼, 함께 했던 아름다운 시간에 대한 추억은 의도치 않은 이별의 아
   픔을 위로하고 서로를 격려하는 수단이 되기도 한다. "내가 기억합니다"(1:3) 혹은 "여
   러분도 기억하시겠지만……"(2:9) 등의 표현들이 그렇다.

2. 이 구절에 대한 보다 상세한 논의는 이 책의 7장, '왜 믿음인가'를 보라.

3. 4:15과 6:11을 기계적으로 해석하여 그 "연약함" 혹은 "육체의 가시"가 일종의 눈병
   일 것으로 추정하기도 하고, 어떤 이는 간질이 아니었을까 추정하기도 한다. 자유롭게

상상할 수는 있지만, 알 수는 없는 일이다.

4. 좀 더 자세한 논의로는 권연경,"바울과 성령: 바울의 사역에서 성령의 충추적 역할에 대한 탐구,"「개혁신학」17 (웨스트민스터신학대학원대학교, 2004), 59-86를 참조하라.

20장

1. 이 책의 10장, 주 1에 언급된 논문을 참고하라.

2. 르네 지라르, 김치수, 송의경 옮김, 『낭만적 거짓과 소설적 진실』(한길사, 2001). 생존에 필수적인 '욕구'와 그렇지 않은 '욕망'과의 구별은 에피쿠로스의 글에서도 중요하게 활용된다. 신학적 차원을 빼고 본다면, 이는 에리히 프롬이 말한 삶의 방식, 곧 '존재적 생존'과 대비되는 의미에서의 '소유적 생존'과 겹친다. 에리히 프롬, 김진홍 역, 『소유냐 삶이냐』(홍성사, 1979).

3. 이 책의 7장에서 상세히 다루었던 사항이다.

4. 권연경, "에베소서에 나타난 구원의 목적," 개혁신학 18(웨스트민스터신학대학원대학교, 2005), 53-91.

성구색인

391

찾아보기